Sabine Hahn
Gender und Gaming

Edition Medienwissenschaft

Sabine Hahn (Mag. Kulturwissenschaften, Soziologie, Journalistik), geb. 1976, forscht und lehrt zu Digitalen Medien, insbesondere Frauen und digitalen Spielen, u.a. an der Universität zu Köln. Zuvor war sie selbst rund zehn Jahre in der Spieleindustrie beschäftigt, mit Stationen bei englischen, koreanischen und amerikanischen Unternehmen.

Sabine Hahn

Gender und Gaming

Frauen im Fokus der Games-Industrie

[transcript]

Bei der vorliegenden Arbeit handelt es sich um eine an der Philosophischen Fakultät der Universität zu Köln angenommene Dissertation.

Bibliografische Information der Deutschen Nationalbibliothek
Die Deutsche Nationalbibliothek verzeichnet diese Publikation in der Deutschen Nationalbibliografie; detaillierte bibliografische Daten sind im Internet über http://dnb.d-nb.de abrufbar.

Umschlagkonzept: Kordula Röckenhaus, Bielefeld
Umschlagabbildung: © 2016 Electronic Arts Inc. Mirror's Edge and the DICE logo are trademarks of Electronic Arts Inc. or its subsidiaries.
Druck: Majuskel Medienproduktion GmbH, Wetzlar
Print-ISBN 978-3-8376-3920-9
PDF-ISBN 978-3-8394-3920-3

Gedruckt auf alterungsbeständigem Papier mit chlorfrei gebleichtem Zellstoff.
Besuchen Sie uns im Internet: *http://www.transcript-verlag.de*
Bitte fordern Sie unser Gesamtverzeichnis und andere Broschüren an unter: *info@transcript-verlag.de*

Inhalt

Vorwort

Frauen stehen seit geraumer Zeit im „Fokus der Games-Industrie". Aber auch innerhalb der Wissenschaft wird diskutiert, welche Rolle Frauen in der „Gamer-Kultur" einnehmen. Das vorliegende Buch widmet sich eben dieser Fragestellung, wobei es davon ausgeht, dass es unterschiedliche Ebenen gibt, auf denen der Aspekt des sozio-kulturellen Geschlechtes im Hinblick auf digitale Spiele wirksam ist. Die Grundannahme, dass diese miteinander in einem positiven Zusammenhang, einem „Virtuous Cycle", stehen, wird dabei analytisch wie empirisch skizziert. Zudem verdeutlicht die vorliegende Untersuchung die Relevanz der Fragestellung der Existenz und Beschaffenheit eines „Virtuous Cycle", u.a. um damit weitere Untersuchungen anzustoßen.

Die Idee zu dieser Arbeit ist im Verlauf meiner eigenen Karriere innerhalb der Spieleindustrie gewachsen, insofern ist meine eigene Biografie für die vorliegende Betrachtung initial, jedoch nicht ausschlaggebend. Mit großem Interesse werde ich jedoch die weitere Entwicklung des Themas verfolgen, als Forscher, aber auch aus privatem Interesse.

Mein aufrichtiger und herzlicher Dank gilt an dieser Stelle Benjamin Beil und Jeffrey Wimmer, die mich im Verlauf meiner Promotion jederzeit umfassend und wertschätzend unterstützt haben, mit inhaltlichem wie auch persönlichem Feedback und die vor allem von Anbeginn an mein Forschungsvorhaben bzw. dessen Relevanz geglaubt haben.

Mein besonderer Dank gilt allen Gesprächspartnern, die mir und meinem Forschungsvorhaben Zeit und Aufmerksamkeit geschenkt haben und ohne die die vorliegende Arbeit nicht möglich gewesen wäre.

Mein persönlicher Dank gilt all jenen, die mich während der Arbeit am vorliegenden Buch begleitet und unterstützt haben; insbesondere meinen Töchtern.

Köln, im Februar 2017 Sabine Hahn

Einleitung

> To play video games has become the norm; not to play video games has become the exception.
> J. JUUL/A CASUAL REVOLUTION: 34

Digitale Spiele sind mittlerweile Teil der Populärkultur und der Alltagsunterhaltung sowie ein „Zeichen für die Kultur der Moderne“.[1] Zu Beginn des 21. Jahrhunderts erleben digitale Spiele einen kulturellen (und wirtschaftlichen) Aufstieg: „Wie die früheren audiovisuellen Leitmedien Theater, Film und Fernsehen prägen sie nun als zentrale audiovisuelle Ausdrucks- und Erzählform digitaler Kultur unsere Welt- und Selbstwahrnehmung.“[2]

Der Bundesverband für Interaktive Unterhaltungssoftware e.V. konstatiert: „Knapp jeder zweite Deutsche spielt mittlerweile digitale Spiele – Tendenz steigend. Das zeigt, dass Spiele für immer mehr Menschen fester Bestandteil ihres Medienalltages geworden sind.“[3]

Digitale Spiele haben in den letzten Jahren eine rasante wirtschaftliche Entwicklung gezeigt: mit jährlichen Wachstumsraten von fünf bis zehn Prozent[4] gehört die Spieleindustrie global zu den am schnellsten wachsenden Bereichen der Unterhaltungsindustrie. Weltweit wurden laut dem Marktforschungsunternehmen *New Zoo* im Jahr 2015 ca. 88 Milliarden US Dollar mit digitalen Spielen umgesetzt, für 2016 werden Zahlen um die 95 Milliarden Dollar prognostiziert.[5]

1 Thimm 2010

2 Freyermuth 2015: 11

3 Webseite des Branchenverbandes BIU (Mai 2016)

4 Vgl. u.a.: Müller-Lietzkow, Bouncken, Seufert 2006; Branchenverband BIU 2014

5 Statista 2016

AUSGANGSLAGE

Allein in Deutschland wurden 2014 ca. 2,7 Milliarden Euro mit digitalen Spielen umgesetzt.[6] Innerhalb Europas stellt Deutschland damit den größten Markt und ist mit einem Anteil von rund fünf Prozent am Weltmarkt gleichzeitig einer der wichtigsten Märkte weltweit. In der deutschen Spieleindustrie, die einen zentralen Bestandteil der Kultur- und Kreativwirtschaft bildet[7], sind gegenwärtig ca. 13.000 Beschäftigte entlang der Wertschöpfungskette von digitalen Spielen beschäftigt, ca. 450 Unternehmen befassen sich hauptsächlich mit der Entwicklung und/oder Vermarktung von digitalen Spielen.[8]

Insgesamt liegen die Umsätze mit digitalen Spielen bereits seit einigen Jahren deutlich vor denen mit Kinofilmen oder Musik[9]; im Jahr 2013 entfielen laut der Gesellschaft für Konsumforschung GfK 15% der Umsatzanteile im deutschen Entertainmentmarkt auf digitale Spiele, im Vergleich mit 13% für Musik und 11% für Kino.[10] „Verglichen mit den Kindertagen handelt es sich inzwischen um einen der professionellsten Teilmärkte der Medienwirtschaft, dessen Umsatzvolumen allein im Bereich Spielesoftware mit ca. 25–35 Mrd. Dollar weltweit [...] die internationale Filmindustrie überholt hat und sich deutlich dem Volumen der Musikindustrie (ca. 40 Mrd. Dollar) nähert."[11] Sorgten Schlagzeilen wie „Spiele Industrie greift Hollywood an"[12] vor einigen Jahren noch für Aufsehen, bemüht sich die Filmindustrie mittlerweile durch Kooperationen mit Unternehmen der Spieleindustrie um kommerzielle Partizipation am Spielemarkt. So „stellen Computerspielverfilmungen mittlerweile einen wichtigen Zugmotor für die Filmindustrie dar."[13]

---

6 Das ist mehr, als die Fußballbundesliga im Vergleichszeitraum umsetzte. Vgl.: http://www.sueddeutsche.de/digital/gamescom-spielen-ohne-rot-zu-werden-1.2590395 (Stand Februar 2016)

7 Monitoring Kultur- und Kreativwirtschaft 2011: 57

8 Zahlen: Branchenverband BIU; vgl. www.biu-online.de

9 Während der Umsatz mit Computer- und Videospielen in Deutschland 2010 ca. 1,56 Milliarden Euro betrug wurden mit Kinofilmen nur 920 Millionen umgesetzt (Quelle: Games Branchenverband BIU, Spitzenorganisation der Filmwirtschaft SPIO, GfK).

10 Quelle: http://www.gfk-compact.de/index.php?article_id=291&clang=0

11 Müller-Lietzkow, Bouncken, Seufert 2006: Vorwort

12 http://www.handelsblatt.com/technologie/it-tk/it-internet/computerspiele-machen-mehr-umsatz-als-kinofilme-spiele-industrie-greift-hollywood-an/2312700.html

13 Wimmer 2013: 127; Beispiele sind u.a.: „Lara Croft: Tomb Raider – Die Wiege des Lebens" (2003); „Silent Hill: Revelation 3D" (2012); „Resident Evil: Retribution"

Ein außergewöhnliches Beispiel der Konvergenz ist *Angry Birds* des finnischen Unternehmens Rovio Entertainment, das nicht nur das bislang erfolgreichste mobile Spiel aller Zeiten[14] ist, sondern auch ein gewinnbringendes Beispiel globaler Produktdiversifikation. Zunächst im Dezember 2009 als iPhone-Spiel veröffentlicht und später auch für andere Betriebssysteme zugänglich gemacht, gibt es mittlerweile u.a. Brettspiele, Plüschtiere, Spielzeug, Bettwäsche, Party- und Dekoartikel, Bekleidung, Lebensmittel sowie einen Kinofilm. Der Onlinehändler Amazon listete im April 2016 allein 34.900 *Angry Birds*-Produkte.

Diese Aufzählung erklärt, warum Peter Vesterbacka mittlerweile öffentlich verkündet, dass Rovio keine Games-Firma, sondern ein Entertainment-Unternehmen sei: „We are a triple E company. We focus on entertainment, education, and being entrepreneurs. There was Mickey Mouse, then there was Mario, now there's Angry Birds.“[15]

Digitale Spiele haben jedoch nicht nur einen Wirtschaftsgutcharakter, sondern auch einen Kulturgutcharakter: „Computerspiele sind nicht (mehr) nur als ein Unterhaltungsmedium, sondern auch – und das in zunehmendem Maße – als ein Massenmedium und damit auch als ein Kulturgut zu verstehen.“[16] Seit 2008 werden digitale Spiele auch offiziell als Kulturgut anerkannt: „Seit 2008 sind Computerspiele in Deutschland auch in die Liste der Kulturgüter aufgenommen, der Bundesverband der Entwickler von Computerspielen (G.A.M.E.) befindet sich als Vertreter der Computerspieleindustrie im Deutschen Kulturrat.“[17]

Der Geschäftsführer des Deutschen Kulturrates Olaf Zimmermann erklärte 2009 anlässlich der Eröffnung der weltweit größten Spiele-Messe Gamescom: „Ich freue mich sehr, dass die gesamte Debatte um Computerspiele als Kulturgut mit der Verleihung des von Kulturstaatsminister Bernd Neumann ausgelobten Deutschen Computerspielepreises am 31. März in München einen positiven Höhepunkt gefunden hat. Diese Verleihung zeigte, dass Computerspiele in Deutschland nicht mehr nur ein Wirtschaftsgut, sondern auch ein Kulturgut sind.“[18]

(2012); „Halo Nightfall“ (2014); „Need for Speed“ (2014) oder „Warcraft: The Beginning“ (2016)

14 Mit plattformübergreifend über 500 Millionen Downloads; vgl. http://winfuture.de/news,66358.html

15 http://www.pocketgamer.biz/news/59326/brand-power-rovios-peter-vesterbacka-on-why-games-alone-arent-enough/

16 Wimmer 2013: Vorwort

17 Wimmer 2013: 11

18 Vgl. http://kulturrat.de/detail.php?detail=1630&rubrik=72 (Stand August 2014); Der 2009 etablierte und von der Bundesregierung geförderte, jährlich stattfindende „Deut-

Nachdem zu Beginn des Jahrhunderts die sogenannte „Killerspieldebatte" die mediale Berichterstattung sowie den politischen Diskurs bestimmte, zeigten sich führende Personen des öffentlichen Lebens und der Politik in jüngster Vergangenheit digitalen Spielen aufgeschlossener gegenüber. Diese Entwicklung spiegelt sich auch im in den letzten Jahren steigenden Interesse der deutschen Politik wider, das längst über die monetäre Förderung der Branche in Form des Deutschen Computerspielpreises hinaus, bis hin zu sogenannten LAN-Parties im Deutschen Bundestag[19] geht und sich wohl primär auf die Synergieeffekte der Spieleindustrie „als Motor für Wirtschaft und Wissenschaft"[20] stützt. Auch der damalige Vizekanzler Philipp Rösler schmückte sich während der zweiten Politiker-LAN-Party im Deutschen Bundestag im Mai 2013 damit, ein „Gamer der ersten Generation" zu sein.[21]

Digitale Spiele prägen und beeinflussen als dominierendes Massenmedium den Alltag breiter Bevölkerungsschichten weltweit. „Digitalen Spielen wird nicht mehr ein minderer kultureller Wert attestiert [...], sondern sie stehen im Zentrum der gesellschaftlichen Diskussion."[22] Laut Branchenverband BIU spielen rund 34 Millionen Deutsche digitale Spiele, davon rund 29 Millionen regelmäßig. Das Durchschnittsalter der Nutzer digitaler Spiele beträgt 34,5 Jahre. Rund die Hälfte (48%) der Spieler sind weiblich.

Im Jahr 2014 spielten also in Deutschland rund 16,5 Millionen Frauen digitale Spiele.[23] Diese Feststellung, die auch durch andere Studien[24] belegt werden kann, ist insofern relevant, als digitale Spiele seit ca. Ende der 70er Jahre des letzten Jahrhunderts lange als „Boys' Toys" galten, zu denen Frauen kaum Zugang hatten.[25]

---

sche Computerspielepreis" gilt – neben dem „Deutschen Entwicklerpreis" – als die wichtigste Preisverleihung der deutschen Games Industrie.

19 Vgl. http://www.spiegel.de/netzwelt/games/lan-party-im-bundestag-wenn-politiker-computerspiele-lernen-a-747394.html (Stand August 2014)

20 http://www.golem.de/news/2-politiker-lan-der-bundestag-spielt-wieder-1304-98555.html

21 http://video.golem.de/games/10771/vizekanzler-philipp-roesler-auf-der-politiker-lan-2013.html

22 Jöckel 209: 15

23 BIU Online: http://www.biu-online.de/marktdaten/infografik-nutzer-digitaler-spiele-in-deutschland-2014/ (Stand Mai 2016)

24 GfK; „Essential Facts about the Computer and Video Game Industry 2104" (Entertainment Software Association)

25 Vgl u.a.: Vermeulen 2011; Kerr 2006; Kafai et al. 2008.

Abbildung 1: Nutzer digitaler Spiele in Deutschland 2014

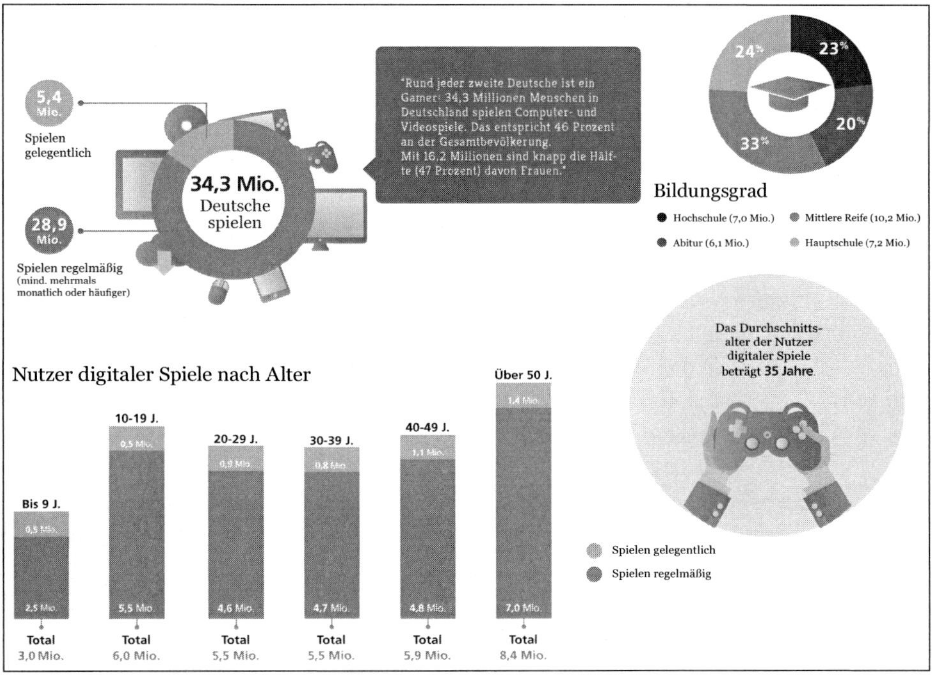

Quelle: Bundesverband Interaktive Unterhaltungssoftware

Dabei sind Frauen als relevante Zielgruppe für die Spieleindustrie in zweierlei Hinsicht interessant: als Spieler und als „Nur-Käufer" von digitalen Spielen. Frauen treffen nämlich auch Kaufentscheidungen für männliche Familienangehörige: Laut „Essential Facts 2014" (ESA) waren in Nordamerika 48% der Spieler Frauen (52% Männer), im Vergleich zu 50% der Käufer (50% Männer).

Obwohl Frauen lange Zeit die am schnellsten wachsende Zielgruppe für Computer- und Videospiele waren[26], wurde offensichtlich an ihren Interessen buchstäblich „vorbei"-entwickelt. Die nordamerikanische Computerspieleforscherin Tracy Fullerton spricht diesbezüglich vom sogenannten „Henne-und-Ei-Problem", das bis heute ein in der Computerspielforschung häufig zitiertes und untersuchtes Phänomen ist[27]: „In our conversations with female game design students and game designers we also identified the ‚chicken and egg' problem that more girls and women would be interested in games if more games existed

26 Vgl. ESA 2005

27 Vgl. u.a.: Prescott & Bogg 2013

that girls and women liked to play, and if work environments could be found that were more supportive of their values and work styles."[28]

Dieses „Henne-und-Ei-Problem" wird auch als „Virtuous Cycle" bezeichnet: „[...] The authors refer to this as the ‚virtuous cycle' making games that appeal to women and girls attract more women to work on games, resulting in the creation of more games that appeal to women and girls."[29]

Die Tatsache, dass Mädchen und Frauen mittlerweile Computer- und Videospiele ebenso häufig und intensiv nutzen wie Jungen und Männer, konfrontiert die Spieleindustrie mit Fragen, etwa, ob die Angebote an digitalen Spielen dem weiblichen (Konsum-) Interesse gerecht werden, ob die Branche Mädchen und Frauen attraktive Beschäftigungsmöglichkeiten bieten kann[30] und ob ausreichend Ausbildungsmöglichkeiten bzw. –angebote bestehen, die auch für junge Frauen und Mädchen interessant sind. Hier möchte die vorliegende Arbeit ansetzen.

Nach Sichtung des bisherigen, sich kontinuierlichen erweiternden Forschungsstandes kann konstatiert werden, dass zwar zu unterschiedlichen Aspekten im Hinblick auf Frauen und Computer- und Videospiele bereits intensiv geforscht wurde, so z.B. zu der ästhetischen Darstellung von Frauen innerhalb von Spielen (vgl. u.a. Richard 2004; Grapenthin 2009); oder auch zu den Konsumgewohnheiten der weiblichen Zielgruppe (vgl. u.a. Graner Ray 2004; Krause 2010), andere Aspekte jedoch bislang wenig untersucht wurden, etwa die Situation von Frauen innerhalb der Unternehmen der Spieleindustrie. Vor allem aber konnten keine Arbeiten identifiziert werden, die sich explizit mit der analytischen und empirischen Erforschung des sogenannten Virtuous Cycle beschäftigen.

Die vorliegende Arbeit möchte also unterschiedliche Fragestellungen im Hinblick auf Frauen und digitale Spiele erörtern, dabei einerseits bereits bestehende Forschungsergebnisse darlegen und andererseits auch eine Beziehung zwischen diesen Aspekten im Sinne des sogenannten Virtuous-Cycle-Konzepts analytisch herstellen und empirisch untersuchen.

28 Fullerton et al. in Kafai et al. 2008: 162

29 Prescott & Bogg 2013: 128

30 Vgl. u.a. Kafai et al. 2008; Consalvo 2008

Begriffsbestimmung „Digitale Spiele“

„Eine klare und vor allem umfassende Definition des Begriffs ‚Computerspiel‘ zu geben, ist nicht einfach. Das liegt in erster Linie an der Mannigfaltigkeit des Phänomens, das durch die Bezeichnung abgedeckt werden muss.“[31] Die Unmöglichkeit einer allgemeingültigen Definition liegt auch am Untersuchungsgegen–stand selbst bzw. dem Umstand, dass sich digitale Spiele aufgrund des rasanten technologischen Wandel äußerst dynamisch transformieren und diversifizieren. „Mit den Begriffen ‚Computerspiel‘, ‚Videospiel‘ aber auch ‚Bildschirmspiel‘ stehen verschiedene Bezeichnungen für einen mehr oder weniger identischen Untersuchungsgegenstand zur Verfügung.“[32]

Der Medienwissenschaftler Benjamin Beil argumentiert: „Für eine erste Annäherung an das Computerspiel erscheint es somit vielmehr sinnvoll, sich klarzumachen, was Computerspiele nicht sind: sie sind erstens in der Regel keine reinen Spielkonstrukte und zweitens keine ‚echten‘ interaktiven Erzählungen.“[33]

In Anlehnung an die irische Computerspieleforscherin Aphra Kerr erscheint es zweckmäßig, im Folgenden primär von „digitalen Spielen“ zu sprechen. „Digitale Spiele“ bietet sich als Oberbegriff an, weil darin einerseits die Abgrenzung zu klassischen, analogen Spielen deutlich wird und andererseits tatsächlich alle Spiele, unabhängig von Plattform, Genre etc. eingeschlossen werden können.

Da in wenigen Sätzen nicht zusammengefasst werden kann, was seit über einem Jahrzehnt den noch jungen Wissenschaftszweig der Game Studies beschäftigt, soll das Charakteristische von digitalen Spielen hier nur kurz aufgezeigt werden.[34] Digitale Spiele können insofern vor allem beschrieben werden als: durch Freiwilligkeit, Geschlossenheit, Regelung, Fiktivität, Zweckfreiheit/Unterhaltung und Interaktivität bestimmte Handlungen.[35] (Eine genauere Begriffsbestimmung erfolgt noch an anderer Stelle.)

---

31 Wimmer 2013: 13

32 Jöckel 2009: 21; Spielekonsolen (z.B. Xbox, Playstation, Gamecube etc.), die lange Zeit die Spieleindustrie dominierten, verlieren mittlerweile zunehmend an Bedeutung, während der Anteil von „Mobile Games“ und „Online Games“ stetig wächst.

33 Beil 2013: 28

34 Dabei erscheint es notwendig zu betonen, dass es äquivalent zum klassischen, analogen Spiel nicht „das“ Spiel gibt, sondern verschiedene Spielformen und -genre.

35 Vgl. u.a. Callois 1960; Raessens & Goldstein et al. 2005; Kerr 2006; Jöckel 2009; Juul 2010; Krause 2010

RELEVANZ DER ARBEIT

Die Computerspieleforschung ist zwar noch ein sehr junges Feld, dennoch haben sich in den letzten Jahren zahlreiche Veröffentlichungen mit den unterschiedlichsten Facetten von Computer- und Videospielen beschäftigt:[36] von der u.a. Analyse der medialen Produkte (u.a.: Richard 2004; Wimmer 2013; Kerr 2006; Bryce & Rutter 2006; Juul 2010) über die Erforschung der Beschäftigungsbedingungen in der Spieleindustrie (vgl. u.a.: Teipen 2006; Wimmer & Sitnikova 2012; Prescott & Bogg 2013) hin zu medienökonomischen oder -politischen Arbeiten (vgl. u.a.: Bevc & Zapf 2009; Müller-Lietzkow 2010, 2012).

Digitale Spiele scheinen sich auch großer Beliebtheit für Dissertationen zu erfreuen: Exemplarisch sollen die Arbeiten von Britta Neitzel (2000), Sven Jöckel (2009), Melanie Krause (2010), Judith Ackermann (2011) und Anna Hoblitz (2014) erwähnt werden. Die zunehmende Beliebtheit der Computerspieleforschung kann u.a. mit der Generation der Wissenschaftler begründet werden, die mit Spielekonsolen aufgewachsen sind.[37]

Auch zum Thema Frauen und digitale Spiele existieren zahlreiche Untersuchungen, wobei primär die ästhetische Darstellung weiblicher Figuren innerhalb der Spiele im Fokus zu stehen scheint.[38] Jedoch konnte bislang keine Arbeit identifiziert werden, die sich dezidiert mit der Frage der Existenz und Wirksamkeit des Virtuous Cycle beschäftigt, also dem Zusammenhang zwischen (a) Frauen als Konsumenten von digitalen Spielen, (b) der quantitativen und qualitativen Repräsentation von Frauen *in* digitalen Spielen, (c) dem Angebot an digitalen Spielen für Frauen und sowie (d) der Mitwirkung von Frauen an der Produktion und Vermarktung von digitalen Spielen im Kontext der Computerspieleindustrie.

Genau diesen Beitrag möchte die vorliegende Arbeit leisten, indem sie das Konzept des Virtuous Cycle darstellt und analytisch wie empirisch exploriert. Sie versteht sich insofern als medienkulturwissenschaftlichen Debattenbeitrag.

---

36 Die Perspektiven bei der Auseinandersetzung mit digitalen Spielen könnten nicht unterschiedlicher sein, wobei der Medienwissenschaftler Christoph Klimmt dem medien- und kulturwissenschaftlichen Zugang eine „zentrale Bedeutung“ zuspricht. Klimmt in Quandt et al. 2009: 64

37 „Perhaps rather than a shift in the structure of academia, the recent surge in publications about digital games reflects the entry of researchers who grew up in the Pong, Atari, NES and BBC Micro years into academia.“ Rutter & Bryce 2006: 2

38 Vgl. u.a.: Cassell & Jenkins et al. 1998; Richard 2004; Kafai et al. 2008

ERKENNTNISINTERESSE

Primäres Erkenntnisinteresse ist zum einen der Versuch, vielfältige bei der Auseinandersetzung mit dem Thema „Frauen und digitale Spiele" relevante Aspekte zusammenzufassen und nicht, wie bislang im Diskurs, isoliert voneinander zu untersuchen. Zum anderen sollen diese Aspekte im Hinblick auf eine mögliche Kausalität, nämlich das Konzept des Virtuous Cycle, analytisch und empirisch exploriert werden.

Zugrunde liegt dabei die Frage: Gibt es einen Zusammenhang zwischen Frauen als Konsumenten und Zielgruppe von digitalen Spielen einerseits und der Darstellung von Frauen innerhalb dieser bzw. auch dem Angebot an digitalen Spielen für Frauen andererseits, sowie dem Anteil an Frauen innerhalb der Wertschöpfungskette der Spieleindustrie. Weil davon ausgegangen wird, dass ein so komplexes und vielschichtiges Thema wie die Frage nach dem Zusammenhang zwischen Frauen als Konsumenten, Protagonisten, Zielgruppe und Produzenten von digitalen Spielen nicht ohne „Stimmen aus dem Feld" ermittelt werden kann, legt die Arbeit besonderes Gewicht auf die empirische Begründung dieser analytischen Kausalität.

Die erwähnten Teilbereiche der geplanten Auseinandersetzung können im Sinne einer schematischen Vereinfachung analytisch zusammengefasst wie folgt dargestellt werden:

Abbildung 2: Modell der Teilbereiche der Arbeit

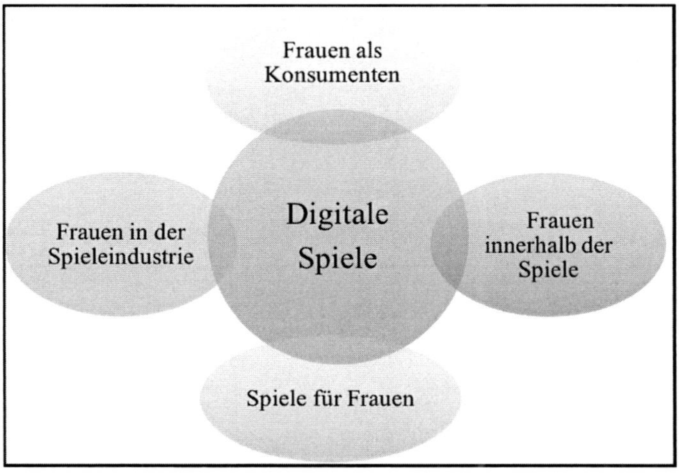

Quelle: Eigene Grafik

AUFBAU DER ARBEIT

Im zweiten Kapitel erfolgt eine theoretische Rahmung des Forschungsgegenstandes, bei der zunächst digitale Spiele als Kulturgut und als Medium dargestellt werden, darauf aufbauend werden die Game Studies als junge Disziplin dargestellt sowie eine Grundlage für die Verwendung des Gender-Begriffs erarbeitet. Abschließend wird die Spieleindustrie als Wirtschaftsfaktor beleuchte- Das dritte Kapitel legt den Forschungsgegenstand zum Thema Frauen und digitale Spiele dar, wobei die einzelnen Ebenen des Virtuous-Cycle-Konzepts differenziert betrachtet werden: Frauen als Konsumenten, ästhetische Darstellung weiblicher Charaktere, das Produktangebot für die weibliche Zielgruppe sowie Frauen als Beschäftigte. Das vierte Kapitel ist der empirischen Untersuchung gewidmet. Zunächst wird das methodische Vorgehen näher beschrieben und das gewählte Untersuchungsdesign erklärt werden, anschließend wird die Datenerhebung erläutert, von der Vorbereitung und Durchführung bis zur Auswertung und Analyse. Anschließend werden im fünften Kapitel die Ergebnisse der Erhebung aufgezeigt. Im letzten Kapitel folgen Resümee, kritische Würdigung, die Einordnung der dargestellten Ergebnisse sowie ein Ausblick in die Zukunft.

Die vorliegende Arbeit bemüht sich im Sinne der Lesbarkeit explizit um eine einfache und verständliche Sprache sowie eine klare Struktur. Daher wurde, wenngleich das Thema per se eine gendersensible Sprache erfordern würde, die maskuline Form als Standard gewählt, sofern nicht anders spezifiziert. „Der Forscher", zum Beispiel, bezieht sich insofern selbstredend auf männliche und weibliche Forscher gleichermaßen. Diese Entscheidung mag eventuell im Hinblick auf die Auseinandersetzung mit dem Thema Gender irritieren, jedoch wurde die Lesbarkeit des Textes wichtiger bewertet als die gendersensible Sprache.

Frauen und digitale Spiele – der Forschungsgegenstand

Bei der Auseinandersetzung mit digitalen Spielen gibt es zweifelsohne vielfältige Perspektiven und Anknüpfungspunkte, jedoch bedingen forschungspragmatische Gründe eine Beschränkung auf die Darstellung nur ausgewählter Aspekte. Vorliegend sollten zur Erarbeitung eines analytischen Ausgangspunktes vorrangig folgende Punkte relevant sein: die Einordnung von digitalen Spielen (u.a. kulturphilosophische Perspektive auf Spiele und digitale Spiele als Kulturgut), die Spieleindustrie als Wirtschaftsfaktor, der Status Quo der Computerspieleforschung und Gender in Games & Gaming (eine begriffliche Annäherung).

Zur Einordnung von digitalen Spielen

Einführend soll zunächst kurz, überblicksartig und insofern stark reduziert auf die kulturelle Bedeutung von digitalen Spielen hingewiesen werden.

Prolog: Homo Ludens

Zentraler Ausgangspunkt der medienkulturwissenschaftlichen Auseinandersetzung mit digitalen Spielen ist sowohl John Huizingas Werk *Homo Ludens – Vom Ursprung der Kultur im Spiel* (1938), worin der niederländische Kulturphilosoph eine Theorie der Kultur entwirft, in der das Spiel grundlegendes Element jeglicher Gesellschaft ist, als auch andererseits der Versuch des französischen Soziologen Roger Caillois in *Die Spiele und die Menschen: Maske und Rausch* (1960), Huizingas analytisch-theoretisches Konstrukt zu erweitern.

Für Huizinga ist „Spiel älter als Kultur", es beinhaltet eine „sinnvolle Funktion" – für Tiere und Menschen gleichermaßen – und ist ein wichtiger „Kulturfaktor".[1] Für ihn entsteht Kultur in Form von Spiel, wobei Kultur ohne einen gewissen Spielgehalt nicht bestehen kann. In seiner anthropologischen Analyse, die die unterschiedlichen sprachlichen Begrifflichkeiten für Spiele und deren Bedeutungen sowie unterschiedliche Aspekte, wie z.B. Spiel und Recht, Spiel und Krieg, Spiel und Dichtung, Spiel und Philosophie untersucht, geht Huizinga weit in der Geschichte zurück, um zu zeigen, welche Bedeutung das Spiel im Leben unterschiedlicher Völker besitzt. Er stellt dem *Homo sapiens* bzw. *Homo faber* den *Homo ludens* gegenüber: „Dennoch scheint mir Homo ludens, der spielende Mensch, eine ebenso wesentliche Funktion wie das Schaffen anzugeben und neben Homo faber einen Platz zu verdienen."[2]

Huizinga definiert Spiel als „eine freiwillige Handlung oder Beschäftigung, die innerhalb gewisser festgesetzter Grenzen von Zeit und Raum nach freiwillig angenommenen, aber unbedingt bindenden Regeln verrichtet wird, ihr Ziel in sich selber hat und begleitet wird von einem Gefühl der Spannung und Freude und einem Bewusstsein des ‚Andersseins' als das ‚gewöhnliche Leben'."[3]. *Homo Ludens* bietet bis heute grundlegende und elementare Erkenntnisse für eine kulturkritische Theorie des Spiels. „John Huizinga is one of the greatest scholars of play in the twentieth century. [...] According to Huizinga, play and games, which have been maligned in recent history as trivial and frivolous, are in fact at the very centre of what makes us human. ‚Play is older than culture', as Huizinga puts it".[4]

Zudem ist seine Definition von Spiel so differenziert, dass sie auch in der Gegenwart, trotz kritischer Einordnung, Anspruch auf Gültigkeit hat. „Mit seinen Beschreibungen leistete Huizinga nichtsdestotrotz wesentliche Beiträge für die akademische Spieleforschung, denn er analysierte die Bedeutung des Spielebegriffs in einer Vielzahl von Sprachen und kulturellen Kontexten. Aus diesen Analysen zog er den – aus heutiger Sicht – etwas zu pauschalen Schluss, dass das Spiel die Grundlage jeglicher Zivilisation sei. Seine Überlegungen zur kulturellen Funktion des Spieles werden trotzdem noch häufig zitiert und diskutiert."[5]

Der französische Philosoph und Soziologe Roger Caillois, der in *Die Spiele und die Menschen: Maske und Rausch* „die Grundlagen einer von den Spielen

1 Huinzinga 2006: 9ff

2 Ebd.: 7

3 Ebd. 37

4 Salen & Zimmerman in Raessens & Goldstein 2005: 59

5 Wimmer 2013: 37

ausgehenden Soziologie [...] erarbeiten" wollte[6], kritisierte jedoch Huizingas Definition von Spiel als zu allgemein, aber auch zu begrenzt, da diese z.B. Wette und Glücksspiel ausschließe, die jedoch wichtig in dieser Analyse seien. Caillois definierte sechs fundamentale Regeln von Spiel:

- Spiel ist eine *freie* Betätigung
- Spiel ist eine (von Raum/Zeit) *abgetrennte* Betätigung
- Spiel ist eine *ungewisse* Betätigung
- Spiel ist eine *unproduktive* Betätigung
- Spiel ist eine *geregelte* Betätigung
- Spiel ist eine *fiktive* Betätigung

Weiterhin schlägt er vier (analytische) Kategorien für das Spiel vor: „Nach Prüfung der verschiedenen Möglichkeiten schlage ich zu diesem Zwecke eine Einteilung in vier Hauptrubriken vor, je nachdem, ob innerhalb des jeweiligen Spiels das Moment des Wettstreits, des Zufalls, der Maskierung oder des Rausches vorherrscht. Ich bezeichne sie als Agon, Alea, Mimicry und Ilinx.[7] [...] Dennoch umfassen diese Bezeichnungen noch nicht den ganzen Umkreis des Spiels. Sie teilen es in Quadranten, deren jeder von einem ursprünglichen Prinzip regiert wird."[8]

Dieses ursprüngliche Prinzip bewegt sich laut Caillois auf zwei entgegengesetzten Polen – Paidia bzw. Ludus[9]. „Ludus und paidia sind keine Kategorien des Spiels, sondern Spielweisen."[10] Während „Paidia" die ursprüngliche Begabung zur Improvisation und Fähigkeit zur Freude sowie die spontane Manifestation des Spieltriebes meint, wird mit „Ludus" der Hang zur Meisterung künstlicher Schwierigkeiten bzw. (antrainierte) Geschicklichkeit beschrieben, der in Abhängigkeit von der Mode steht und aus der aus der Atmosphäre des Wettbewerbs lebt. „Ludus erscheint als Komplement und Weiterentwicklung der paidia, der er diszipliniert und bereichert."[11]

Caillois definiert Spiel als „eine parallele, unabhängige Beschäftigung, die im Gegensatz steht zu den Verhaltensweisen und Entscheidungen des gewöhnli-

6 Callois 1960: 78

7 Die Kategorisierung soll an dieser Stelle nicht detailliert aufgezeigt werden (vgl. Caillois 1960: 22ff.).

8 Callois 1960: 19

9 Caillois 1960: 36ff.

10 Ebd.: 63

11 Ebd.: 39

chen Lebens, und zwar durch die spezifischen Züge, die ihm eigen sind und die es zum Spiel machen."[12]

Im Hinblick auf die geplante Auseinandersetzung zum Thema Frauen und digitale Spiele erscheint folgendes Zitat besonders markant und soll daher den kurzen kulturphilosophischen Exkurs abschließen: „In der Tat, wenn die Spiele Faktoren und Spiegelbilder der Kultur sind, folg daraus, dass eine Zivilisation, und innerhalb einer Zivilisation eine Epoche, bis zu einem gewissen Grade durch ihre Spiele charakterisiert werden kann. Sie bringen notwendigerweise ihre allgemeine Physiognomie zum Ausdruck und liefern nützliche Hinweise auf die Vorlieben, die Schwächen und die Stärken einer bestimmten Gesellschaft in diesem oder jenem Augenblick ihrer Entwicklung."[13]

Digitale Spiele: Eine begriffliche Annäherung

> Bismarck hat gesagt: Die erste Generation schafft Vermögen, die zweite verwaltet es und die dritte studiert Kunstgeschichte. Wenn mandiese einleuchtende Reihe fortsetzen will, dann wohl am besten so: Die vierte Generation spielt Videospiele.
>
> A. ROSENFELDER/DIGITALE PARADIESE: 101

Auf die kulturelle Relevanz von Spielen allgemein wurde bereits hingewiesen. Im Folgenden wird nun eine Annäherung an den Begriff *Digitale Spiele* versucht. Dabei scheint es zweckmäßig, zunächst unterschiedliche Perspektiven und Ansatzpunkte darzustellen, die verschiedenen existierenden Begriffsbestimmungen aufzuzeigen sowie zu klären, welche im Rahmen der vorliegenden Arbeit verwendet wurden.

Zunächst kann argumentiert werden: „Computerspiele sind Spiele mit dem Computer. Im Normalfall meint man damit, dass der Computer einerseits die Spielumgebung und andererseits zugleich den Gegner darstellt oder simuliert."[14] Insofern wären digitale Spiele also in der Nähe des Spiels, als einer der ältesten Kulturtechniken des Menschen[15], zu verorten und ihr zeitgenössischer Erfolg darauf zurückzuführen, dass „der Spieltrieb des Menschen ein angeborenes Sozial-

12 Ebd.: 73

13 Ebd.: 92

14 Krotz in: Quandt, Wimmer, Wolling. 2008: 27

15 Vgl. Huizinga. 2006. Homo Ludens – Vom Ursprung der Kultur im Spiel.

verhalten [ist] und zu den ältesten Kulturtechniken [zählt]".[16] Mit anderen Worten: „Humans have been playing games for at least as long as we have been reading, writing and perhaps even speaking – and this latest great resurgence of gameplaying has deep roots in both our cultural and our biological history."[17] Ähnlich wie analoge Spiele zeichnen sich auch digitale Spiele u.a. durch klare Regeln aus: „Klare Spielregeln sind das zentrale Kriterium aller Spiele (vgl. Juul 2005, 48). Sie definieren die Spielwelt, machen das Spiel wiederholbar und lassen das Spiel entstehen. [...] In diesem Aspekt sind digitale Spiele stringenter als ihr klassisches Pendant, da sie eine Aufweichung der Regeln in keiner Situation zulassen – ein Verstoß gegen die Regeln kann sogar zu einer Fehlfunktion und somit zum Abbruch des Spiels führen."[18]

Digitale Spiele könnten also als zeitgenössische Variante des menschlichen Spieles interpretiert werden, was jedoch u.U. nicht weit genug greifen und dem vielschichtigen Charakter digitaler Spiele nicht umfassend gerecht werden würde.

Es bleibt festzustellen, dass „ein Computerspiel nicht nur eine elektronische Version eines herkömmlichen Spieles darstellt, sondern dass die Transformation ins Virtuelle zusätzlich eine Vielzahl an Besonderheiten mit sich bringt."[19]

Diese sind laut dem Kommunikationswissenschaftler Jeffrey Wimmer:

- Die Spielesituation wird durch den Spieleort kontextualisiert;
- das Spieleempfinden wird von der Steuerung bzw. den Eingabegeräten geprägt;
- Leistungsfähigkeit der Hardware ist entscheidend für das Spieleerleben;
- das soziale Umfeld des Spielers kann wichtige Rolle einnehmen.

Die Bedeutung von Regeln sowie die Aktivität des Spielers betont auch der dänische Computerspielforscher Jesper Juul, wenn er digitale Spiele als „an activtity taking place on the basis of formally defined rules and containing an evaluation of the efforts of the player"[20] beschreibt.

Die nordamerikanischen Gamedesigner Katie Zalen und Eric Zimmermann konstatieren allgemein: „A game is a system in which players engage in an arti-

16 Wimmer 2013: 9

17 Chatfield 2010: 4

18 Thimm.2010: 39

19 Wimmer 2013: 40

20 Vgl. Jöckel 2009: 25

ficial conflict, defined by rules, that results in a quantifiable outcome."[21] Etwas konkreter definiert der südamerikanische Gamedesigner und Computerspielforscher Gonzalo Frasca Computer- und Videospiele als: „Any forms of computer-based entertainment software, either textual or image-based, using an electronic platform such as the personal computer or consoles and involving one or multiple players in a physical or networked environment."[22]

Wobei hier m.E. die Betonung des Computers als Abspielmedium kritisch ist. War es zu Beginn der Entwicklung der Computer- und Videospiele noch legitim, diese im Hinblick auf ihre jeweilige Plattform zu benennen, erscheint es im Zuge der Evolution digitaler Spiele und der rasanten Diversifizierung (im Hinblick auf Genre und Spiele-Plattformen) jedoch problematisch, unverändert von „Computer- und Videospielen" zu sprechen, da diese Begrifflichkeit aktuelle Entwicklungen m.E. ausschließt. Daher soll hier für die Verwendung eines allgemeingültigen Oberbegriffes plädiert werden, sofern nicht explizit spezifische Formen des digitalen Spieles gemeint sind.

Die irische Computerspielforscherin Aphra Kerr, der ebenfalls alle bestehenden Begriffsbestimmungen zu eng waren, schlägt in *The Business and Culture of Digital Games* (2006) den allgemeinen Begriff „Digital Games" („digitale Spiele") vor: „This book uses the term ‚digital games' to refer to the entire field and embrace arcade, computer, console and mobile games in all their diversity. Digital Games emerged as a useful designation for the field during the formation of the Digital Game Research Association (DIGRA) in 2003)."[23]

Zudem verweist dieser Begriff auf Differenzen wie auch Gemeinsamkeiten zu „analogen" Spielen: „Für Kerr ist der Begriff ‚Digital Games' am besten als Oberbegriff geeignet, um sowohl die Differenzen als auch die historischen Gemeinsamkeiten zwischen digitalen und nicht-digitalen Spielen zu charakterisieren."[24]

Auch der Medienwissenschaftler Gundolf Freyermuth bevorzugt den Begriff des „digitalen Spiels" und schlägt vor, noch allgemeiner nur von „Game" zu sprechen: „Ich werde dagegen, um die Konzentration auf Spiele zu betonen, die auf digitaler Technologie basieren, primär von digitalen Spielen sprechen und parallel dazu den Begriff Game synonym benutzen, da er sich im Deutschen (anders als im Englischen) nur auf digitale Spiele bezieht."[25]

---

21 Juul 2005: 30

22 Wimmer 2013: 13

23 Kerr 2006: 3

24 Jöckel 2009: 22

25 Freyermuth 2015: 12

In der vorliegenden Arbeit soll primär der Begriff „digitale Spiele" verwendet werden, um allen aktuellen und zukünftigen Erscheinungen gerecht zu werden bzw. diese mit einzuschließen. „Dabei wird davon ausgegangen, dass der Begriff ‚digitales Spiel' einen zweckmäßigen Oberbegriff für verschiedene Formen des Spielens mithilfe von Eingabegeräten über eine Rechnereinheit an einem Bildschirm (vgl. Fritz 1997a, S. 81) darstellt und andere Begriffe wie ‚Computerspiel' bzw. ‚PC-Spiel' oder ‚Videospiel' bzw. ‚Konsolen-Spiel' sinnvollerweise als Unterbegriffe zu verstehen sind."[26]

Digitale Spiele als Kulturgut

Der offizielle Kulturgutcharakter wurde digitalen Spielen nach jahrelanger Diskussion im August 2008 zugestanden. Nachdem sich im Februar 2008 der Deutsche Bundestag mit dem Thema Computerspiele beschäftigte, wurde einige Monate später der Bundesverband der Entwickler von Computer- und Videospielen *GAME*[27] als jüngstes Mitglied in den Deutschen Kulturrat in der Sektion Film und Audiovisuelle Medien aufgenommen. Im Zuge dessen wurden Computer- und Videospiele zum Kulturgut deklariert.

Dieser Entscheidung waren lange Debatten über die Einordnung der Spieleindustrie vorangegangen und auch die Resonanz auf diese Entscheidung war gemischt[28]. Zu groß waren offensichtlich die Ressentiments gegenüber einer Branche, die noch wenige Jahre zuvor – ausgehend vom Schulamoklauf im April 2002 in Erfurt, seitdem erstmals in Deutschland der Zusammenhang zwischen sogenannten gewaltverherrlichenden Computerspielen und tatsächlich von Jugendlichen ausgeübter Gewalt diskutiert wurde – mit Bezeichnungen wie „Killerspiele"[29] medial am Pranger stand. Der Geschäftsführer des Kulturrates Olaf Zimmermann bewertete die Aufnahme des *GAME* positiv.

Begründet wurde die Aufnahme des *GAME* damit, dass die Spieleindustrie Auftraggeber für Künstler unterschiedlicher Sparten sei (bspw. Grafiker, Desig-

26 Jöckel 2009: 21

27 Das Primärziel des „GAME" ist spartenübergreifend und bundesweit Fragen der Kultur- und Kreativwirtschaft in die kulturpolitische Diskussion einzubringen.

28 Vgl.: http://www.kulturrat.de/detail.php?detail=1375&rubrik=72

29 Auf diese Debatte wird hier bewusst nicht weiter eingegangen, sondern nur im Hinblick auf die umstrittene Aufnahme des GAME in den Deutschen Kulturrat verwiesen. Vgl. hierzu u.a.: Jörg Müller-Lietzkow. 2010. „Die ‚Killerspieldebatte', Jugendmedienschutz und deren mögliche wirtschaftliche Konsequenzen". Paderborner Universitätsreden 117

ner, Komponisten, Drehbuchautoren u.ä.) sowie mit den zeitgenössischen kulturellen Vorlieben der Jugend.

Zudem beschloss der Deutsche Bundestag 2008 einen Preis zur Förderung der Entwicklung von digitalen Spielen in Deutschland. Der *Deutsche Computerspielpreis*, der im Mai 2009 zum ersten Mal vergeben wurde, sollte den Wirtschaftsstandort Deutschland im Hinblick auf die Spieleindustrie fördern, wobei „besondere Anreize [...] für die Entwicklung innovativer, kulturell und pädagogisch wertvoller Spielkonzepte und -inhalte gesetzt" werden. Der *Deutsche Computerspielpreis*, der herausragende deutsche Spieleproduktionen in sieben Kategorien prämiert, ist mit insgesamt 470.000 Euro (2016) dotiert und damit die höchstdotierte Auszeichnung für digitale Spiele in Deutschland. Seit 2014 wird er in Zusammenarbeit der beiden Branchenverbände *GAME e.V.* und *BIU e.V.* sowie dem Bundesministerium für Verkehr und digitale Infrastruktur, in dessen Zuständigkeit digitale Spiele seit 2014 liegen, verliehen.[30]

Um den Kulturgutcharakter digitaler Spiele weiter zu belegen, seien noch zwei weitere Aspekte exemplarisch angeführt: Einerseits soll die seit 2010 (anfänglich in Köln, später in Dortmund und ab 2016 in Düsseldorf) stattfindende *Next Level Konferenz* erwähnt werden, die vom NRW-Kultursekretariat in Zusammenarbeit mit dem Kultusministerium NRW veranstaltet wird[31]. Interessant ist an dieser Veranstaltung zum einen die thematische Ausrichtung – es wurden und werden vielfältige Aspekte rund um das Thema digitale Spiele aus akademischer wie künstlerischer Perspektive untersucht und dargestellt[32], andererseits ist aber auch die Organisationsform bzw. Trägerschaft der *Next Level* relevant: sie ist nicht-kommerzieller Natur und wird ausschließlich durch öffentliche Mittel (des Landes NRW) finanziert. Die Konferenz wurde im Jahr 2016 bereits zum siebenten Mal ausgerichtet und präsentierte dabei wieder Vorträge, Panel sowie gestalterische Arbeiten rund um künstlerische, bildungsrelevante und kreativwirtschaftliche Aspekte des Computerspielens.

---

30 Vgl. hierzu: http://game-bundesverband.de/de/biu-g-a-m-e-neue-zustandigkeit-fur-den-deutschen-computerspielpreis-bietet-chance-zur-inhaltlichen-modernisierung/

31 Die *Next Level* wird an dieser Stelle u.a. exemplarisch hervorgehoben, weil die Autorin dort im Dezember 2014 an einem Panel zum Thema „Gender in Games & Gaming" teilnahm. Informationen zur Veranstaltung im Internet: http://www.nrw-kultur.de/_wp_admin/wp-content/uploads/2014/09/24.10.2014_Next-Level-Conference-2014-im-Dortmunder-U.pdf

32 „Hier werden Computer- und Videospiele vor allem mit Blick auf ihre künstlerischen und kulturellen Potenziale betrachtet." Im Internet: http://spielkultur.ea.de/themen/gesellschaft-und-kultur/next-level-conference-2012-call-for-ideas (Stand Juli 2015)

Andererseits sei auch die Diskussion rund um Computerspiele in Bibliotheken erwähnt. Nachdem Computer- und Videospielen im Jahr 2008 der Kulturgutcharakter zuerkannt wurde, war eine der naheliegenden Forderungen, diese zukünftig auch in wissenschaftlichen und öffentlichen Bibliotheken zu integrieren, was m.E. aber (primär aus finanziellen Gründen) bis heute nur sehr langsam und sukzessive umgesetzt wird. „Computerspiele sind ein Kulturgut und gehören auch in Bibliotheken. Sie sind guten Büchern ähnlicher, als manch einer glaubt. Für Bibliotheken wären sie ein starker Attraktivitätsbonus."[33] Bis heute werden digitale Spiele trotz ihres definitorisch gegebenen Kulturgutcharakters noch nicht gleichberechtigt innerhalb von Bibliotheken der Öffentlichkeit zugänglich gemacht.

Abbildung 3: Plakat der Next Level Konferenz 2011

Quelle: http://www.geemag.de/wp-content/next-level-conference.jpg

33 http://www.dasbibliothekswissen.de/Warum-Games-in-Bibliotheken-gehören%3F---Teil-1.html

Digitale Spiele als Medium

> Spiele sind Medien, das scheint unbestritten. Dennoch wird es selten unternommen, analoge oder digitale Spiele im Kontext der Geschichte und Theorien der Medien zu situieren.
>
> G. FREYERMUTH/GAMES – GAME DESIGN – GAME STUDIES: 45

Im Folgenden soll die vorliegende Arbeit in den bestehenden akademischen Diskurs eingeordnet werden. Dabei werden zunächst die untersuchten Aspekte rund um digitale Spiele benannt und anschließend zentrale Diskurse aufgezeigt.

In der bisherigen kultur- und sozialwissenschaftlichen Forschung zu digitalen Spielen existieren unterschiedliche Perspektiven und Paradigmen, die sich teils unvereinbar bzw. gar widersprüchlich und teils einander ergänzend gegenüberstehen. Im psychologischen Bereich werden digitale Spiele primär als mögliche Ursachen für bestimmte Verhaltensmuster (u.a. Spielesucht, digitale Spiele und Gewalt) untersucht (Kausalitätsparadigma). Im Bereich der Mediensoziologie und Medienpädagogik werden Selektion, Rezeption und Wirkung von digitalen Spielen in unterschiedlichen Zielgruppen (z.B. Kinder) sowie ein möglicher positiver Einsatz von Spielen (u.a. Gamebased Learning, Serious Games u.ä.) näher erforscht.[34] Die Medienökonomie untersucht beispielsweise die Spieleindustrie (und ihre Akteure) und beschreibt diese als zentralen Teil der Unterhaltungsindustrie bzw. der Kultur- und Kreativbranche.

Im kommunikationswissenschaftlichen Bereich werden digitale Spiele primär als Mittel zum Informationsaustausch erforscht, aber auch die Kontexte digitaler Spiele sind von Interesse.[35] „Die empirische Kommunikationswissenschaft hat erst spät begonnen, das Massenmedium Computerspiel für sich zu entdecken. Gerade die deutschsprachige Community war lange Zeit fast ausschließlich der öffentlich-politischen Kommunikation und der Journalismusforschung verschrieben und hat sich erst relativ spät für ‚Neue Medien‘ interessiert.“[36]

Innerhalb der Medienkulturwissenschaften standen sich lange unterschiedliche Betrachtungsweisen digitaler Spiele gegenüber: das narratologische Para-

---

34 Vgl. Hombach & Thon (Hg.) 2015: 15

35 Vgl.: Jeffrey Wimmer „Kontextualisierung vs. Komplexitätsreduktion. Medienwirkung aus kulturtheoretischer Perspektive.“ In: Schweiger & Fahr (Hg.)2013: 113-128

36 Bevc & Zapf 2009: 65

digma, welches Spiele als interaktive Text versteht, sowie das ludologische Paradigma, das spielerische Aspekte des Mediums digitales Spiel (u.a. Regeln, Handlungsanweisungen usw.) fokussiert.

Auf den für die Game Studies zentralen Diskurs zwischen Narratologen und Ludologen wird später noch näher eingegangen. Hier soll nur angemerkt werden, dass digitale Spiele aufgrund ihres narrativen Charakters[37] als Texte verstanden und auch mit Methoden der Literaturwissenschaft analysiert werden können: „Literary theory and criticism have played a significant role in the formation of digital game studies. Important works such as Espen Aarseth's (1997) ‚Cybertext' and Janet Murrays's (1997) ‚Hamlet on the Holodeck' used the terminology of literary studies – terms such as ‚text', ‚narrative', ‚protagonist' and so forth – to describe digital media."[38]

Insofern könnten digitale Spiele also, so die Narratologen, auch mit Methoden der Literaturwissenschaft analysiert werden. „However, literary theory can be a valuable tool for understanding the inner working of digital games, the appeal they hold for players and the significance they have within their cultural context."[39]

Inzwischen gilt der ursprünglich dominierende Narratologie-versus-Ludologie-Diskurs als überwunden. Marshall McLuhan folgend gilt es vor allem die Eigenschaften eines Mediums zu studieren und nicht nur dessen Botschaften[40]: „The medium is the message."[41] Im Folgenden werden daher die mittlerweile zentralen Debatten um Intermedialität einerseits und Interaktivität andererseits näher erläutert.

Der *Intermedialitäts-Diskurs* konzentriert sich auf die Untersuchung der Beziehungen zwischen Medien und dabei insbesondere auf Möglichkeiten ästhetischer Kopplungen und Brüche sowie auf die Gleichzeitigkeit verschiedener Ausdrucksformen (im Hinblick auf digitale Spiele z.B. Ton und Bild und Text). Intermediale Beziehungen können innerhalb und zwischen den traditionellen Künsten, den analogen technischen sowie den digitalen Medien bestehen. „Wie einst die industriellen Medien Film und Fernsehen keinen radikalen Bruch mit

---

37 Vgl. hierzu u.a.: Britta Neitzel. 2001. Gespielte Geschichten. Struktur- und prozessanalytische Untersuchungen der Narrativität von Videospielen, e-pub.uni-weimar.de/opus4/files/69/Neitzel.pdf (Mai 2014)

38 Kücklich in Bryce & Rutter 2006: 95

39 Kücklich in Bryce & Rutter 2006: 95

40 „McLuhan calls a medium an extension of ourselves for just this reason; it structures and informs our understanding and behaviour." – Bogost 2011: 2f.

41 Marshall McLuhan. Understanding Media. 2001: 9

dem vorindustriellen Medium Theater bedeuteten, sondern auf vielfältige Weise dessen ästhetische Interessen auf höherem technologischen Niveau fortsetzen [...] so sind nun die digitalen Spielformen der Gegenwart den älteren Medien Theater, Film und Fernsehen mehr als von Ferne verwandt."[42] Digitale Spiele können also als in der Tradition sogenannter „klassischer" Medien stehend und als deren technologisch bedingte Weiterentwicklung bzw. Transformation verstanden werden.

Der Medienwissenschaftler Gundolf Freyermuth differenziert unterschiedliche Arten von Medien, in Abhängigkeit von den für die Rezeption notwendigen Hilfsmitteln. Primäre Medien (wie z.B. Mimik oder Gestik) erfordern noch keinerlei Technik, sekundäre Medien (z.B. Zeichnungen, Fotografie u.ä.) benötigen ein Gerät bzw. Technik, tertiäre Medien (z.B. Fernsehen oder Radio) erfordern sowohl beim Sender als auch beim Empfänger Geräte und sogenannte quartäre Medien (digitale Spiele) involvieren schließlich den Konsumenten derart, dass er zum Mitgestalter (bzw. zum „Spieler") wird.

„Mediengeschichtlich verbinden sich daher mit quartärer Medialität – dem Übergang zum digitalen Transmedium und seiner technisch fundierten Mehrweg-Kommunikation – Konsequenzen sowohl für die Produktion wie die Rezeption von Audiovisionen."[43] Zum einen komme es bei digitalen Spielen zu einer Verschmelzung gestalterischer Souveränität und zum zweiten auf Seiten der Rezeption zu einer Steigerung der Rezeptionsweisen. „In der Virtualität lässt sich so erstmals dem Prinzip nach arbiträr zwischen fremdbestimmter, selbstbestimmter und interaktiver Nutzung medialer Artefakte wählen beziehungsweise wechseln. Damit scheint das digitale Transmedium einen historischen Um- oder Rückschwung im Hinblick auf das kulturell dominierende Verhalten gegenüber ästhetischen Artefakten einzuleiten."[44]

Der Intermedialitäts-Diskurs betont zudem, dass digitale Spiele einen spezifischen Medienträger[45] sowie spezifische Abspielgeräte („Plattformen") benötigen, die mit dem Konsumenten und dem Spiel in einer wechselseitigen Beziehung stehen. Das jeweilige Spieleerlebnis ist insofern abhängig vom jeweiligen Spiel und dem Spieler, aber auch von der Spieleplattform. „The analysis of digital games needs to take into account the interdependency of player and game.

42 Freyermuth 2015: 46f.

43 Ebd.: 56f.

44 Ebd.: 57

45 Im Vergleich z.B. zu Fernsehen oder Radio, die auch technische „Datenträger" für die Mediennutzung voraussetzen, ist die Differenziertheit der technischen Abspielgeräte für digitale Spiele hervorzuheben.

Games, from Minesweeper to Halo, come into existence through a feedback loop between hardware, software, screen and player. Terms such as ‚feedback loop' derive, like simulation, from the language of computing, and suggest that we might think of the relationship between player and digital games as not only ‚interactive' but also ‚cybernetic'."[46] Andererseits wird betont, dass durch die Nutzung der Medieninhalte bzw. Spiele diese nicht nur rezipiert oder gespielt, sondern durchaus auch verändert werden – der Nutzer kann z.B. Spielfiguren individualisieren, die Handlung (mit)gestalten, Optionen wählen usw.

Für den *Interaktivitäts-Diskurs* ist das Moment der Interaktivität bzw. Immersion zentral, das als spezifisches Kennzeichen des Mediums digitales Spiel betrachtet wird. Jedes Spieleerlebnis wird zu einem einmaligen, einzigartigen, nicht reproduzierbaren. „Diese Art von regeländernder Interaktivität mit dem Medium ist ein Spezifikum von Computerspielen, das kaum ein Äquivalent in anderen Unterhaltungsmedien hat."[47]

Jöckel spricht diesbezüglich von einer „Synthese aus Spiel und Medium".[48] Dabei ist für ihn der wesentliche Unterschied zwischen interaktiver und klassischer Unterhaltung zum einen, dass die Nutzenden zu handelnden Akteuren werden und zum anderen, dass die Nutzenden nur bedingt Kontrolle über das Erlebnis haben.[49] Ein wichtiger, die Nutzung digitaler Spiele bestimmender Aspekt, ist für ihn die Unterhaltung.

Digitale Spiele erfordern im Vergleich zu anderen Medien eine andere Art der Auseinandersetzung bzw. Beschäftigung mit dem Medium: „Videogames simulate the texture of the real world in two ways: through visual appearance or effects. [...] Unlike painting and sculpture (which forbid touch) and music (which cannot accommodate it), videogames require user participation."[50] Insofern ist der Rezipient digitaler Spiele sowohl passiv (Zuschauer) als auch aktiv (Spieler): „The player in a digital game is both the spectator and the protagonist."[51]

Die deutsche Medienwissenschaftlerin Britta Neitzel, die sich intensiv mit den Themen Interaktivität, Immersion und Involvierung digitaler Spiele beschäftigt hat, unterscheidet in acht verschiedene Formen der Involvierung[52] und be-

46 Bryce & Rutter 2006: 142

47 Bevc & Zapf 2009: 21

48 Jöckel 2009: 30

49 Ebd.: 41

50 Bogost 2011: 79, Hervorhebung im Original

51 Kerr 2006: 38

52 Neitzel in Beil 2013: 22

schreibt diese als „eine Eigenschaft von Medien, die eine Beteiligung von Nutzern zulässt. [...] Interaktivität im wörtlichen Sinn hingegen bezieht sich auf die Möglichkeiten des Umgangs mit digitalen Medien.“[53]

Auch für den Kommunikationswissenschaftler Jeffrey Wimmer sind die Immersion einerseits, also ein Eintauchen in die virtuelle Realität des Spieles, als auch die damit eng verbundene Interaktivität andererseits, relevante Kennzeichen von digitalen Spielen[54]; ebenso wie der Aspekt der Unterhaltung: „Augenscheinliches Charakteristikum von Computerspielen ist der Akt der Unterhaltung, da sie ihren Spielern Vergnügen und Abwechslung bieten.“[55]

Mit Wimmer soll an dieser Stelle zusammenfassend konstatiert werden, dass „ein Computerspiel nicht nur eine elektronische Version eines herkömmlichen Spieles darstellt, sondern dass die Transformation ins Virtuelle zusätzlich eine Vielzahl an Besonderheiten mit sich bringt.“[56] Diese Besonderheiten sind nach Wimmer: dass die Spielesituation durch den Spieleort kontextualisiert wird (also wo wird gespielt, vor dem PC/einer Spielekonsole usw.) und dass das Spieleempfinden von der Steuerung bzw. den Eingabegeräten geprägt wird, aber auch von der Leistungsfähigkeit der Hardware und der Tatsache, dass das soziale Umfeld des Spielers eine wichtige Rolle einnehmen kann, abhängt.

Diese theoretische Vorbetrachtung soll vor allem der Verortung der vorliegenden Arbeit in den zeitgenössischen medienkulturwissenschaftlichen Diskurs dienen. Angemerkt sei an dieser Stelle noch, dass die Perspektiven auf digitale Spiele nach wie vor so vielfältig sind wie die unterschiedlichen Disziplinen, die sich mit diesen beschäftigen. Daher gilt m.E. für die Computerspielforschung nach wie vor: „The young field of computer game studies is in a state of productive chaos. It is an amalgam of researchers from different disciplines bringing wildly contradictory assumptions to the table [...]“[57]

53 Ebd.: 80f.

54 Vgl. Wimmer 2013: 56f.

55 Ebd.: 35

56 Ebd.: 40

57 Juul 2005

Digitale Spiele und Medienwirkungs- und -nutzungsforschung

> Computerspielwelten prägen die Gesellschaft daher nicht nur aufgrund des Ausmaßes ihrer Nutzungsreichweite, sondern auch hinsichtlich ihrer Bedeutung und Sinngehalte.
>
> J. WIMMER/MASSENPHÄNOMEN COMPUTERSPIELE: 40

Digitale Spiele sind mittlerweile fest in der Alltagskultur verankert und gelten schon längst nicht mehr nur als Teenager-Hobby.[58] Also wird „die Tatsache, dass die heutigen Kinder und Jugendlichen mit Computerspielen aufwachsen, unsere Kultur nicht unbeeinflusst lassen."[59]

Sie beeinflussen und verändern nicht nur die Alltagskultur, sondern auch die Medienkultur insofern, als dass der Umgang mit (digitalen) Medien zunehmend spielerischer wird: „Doch der Einfluss der Computerspiele geht über das rein Quantitative hinaus, die gegenwärtige Medienkultur ist durchdrungen vom Spielerischen."[60]

Ein kurzer Exkurs zur Medienwirkung digitaler Spiele erscheint im Rahmen der vorliegenden Arbeit also durchaus angebracht, wobei insbesondere die Verknüpfung zur Manifestation von Geschlechterrollen und Vorstellungen über diese skizziert werden soll. Denn, so der Kommunikationswissenschaftler Jeffrey Wimmer: „Computerspielwelten stellen für ihre Spieler also Lebenswelten für Selbstkonstruktion, Identitätserprobung und Gemeinschaftserfahrung dar. Sie sind als eine Art soziales Labor jenseits körperlicher Widerstände und realweltlicher Hindernisse zu verstehen."[61]

In der vorliegenden Untersuchung gilt es insofern insbesondere den Zusammenhang von ästhetischer Darstellung (und narrativer Ausgestaltung) weiblicher Spielfiguren und deren Wirkung/Wirksamkeit auf die weiblichen Konsumenten zu thematisieren bzw. auch im Rahmen der Interviews zu erfragen. Dabei geht es konkret um die Frage, inwieweit die Ästhetik zeitgenössischer digitaler Spiele die Ausbildung von Geschlechteridentitäten beeinflusst.

---

58 „Videogames are not a subcultural form meant for adolescents but just another medium woven into everyday life." –Bogost 2011: 7

59 Quandt, Wimmer, Wolling 2009: 28

60 Neitzel in Thimm 2010: 107

61 Wimmer 2014: 275

Bereits seit den fünfziger und sechziger Jahren des letzten Jahrhunderts ist innerhalb der Kommunikations- und Medienwissenschaften bekannt, dass es keine ausschließlich passive Mediennutzung gibt. „Computerspiele verlangen wie alle Spiele, dass der Spieler aktiv in das Spiel involviert ist. Lesen was in einem Buch steht, und verstehen, was eine Fernsehsendung kommuniziert, bedarf ebenfalls der fokussierenden und interpretierenden Aktivität des Lesers bzw. Zuschauers, ohne die es nichts gibt, was man Wahrnehmung oder Konstruktion von Wirklichkeit nennen könnte."[62]

Laut Beasley & Standley prägen Medien generell auch die Geschlechterbilder: „Media content … has also been demonstrated to affect attitudes toward acceptable gender role behavior. Decades of research in other media content categories have established a strong correlation between consumption of media content and attitudes toward acceptable gender-related clothing and behavior."[63]

Dabei ist die Qualität der Rezeption digitaler Spiele (u.a. aufgrund der Immersion) eine besondere: „Um ein Computerspiel zu spielen, muss der Spieler aber nicht nur wahrnehmen, selektieren, interpretieren sondern in zweierlei Weise darüber hinaus aktiv sein."[64]. Nach Sabine Trepte und Leonard Reinecke wirken digitale Spiele im Vergleich zu klassischen Medien prägender auf das Verhalten, „weil sie ein weit größeres Ausmaß an Aktivität der Nutzerinnen und Nutzer voraussetzen."[65]

Der Spieler ist selbst als aktiv handelnde Spielfigur verantwortlich für den Spielverlauf[66] und von daher ist seine individuelle Prädisposition spezifisch wirksam im Hinblick auf die Spielerfahrung(en).[67] „Es lässt sich schlussfolgern, dass man Computerspielen nicht allein eine starke Wirkkraft unterstellen sollte, sondern dass in ihnen auch stets gesellschaftliche und individuelle Bedürfnisse, Interessen und Konflikte zum Ausdruck kommen."[68]

---

62 Krotz in Quandt, Wimmer, Wolling 2008: 29

63 Beasley & Standley 2002: 280

64 Krotz in Quandt, Wimmer, Wolling 2008: 29

65 Trepte & Reinecke 2013: 229

66 „Die Realität des Spiels wird vom Computersystem aus Hard- und Software und vom Nutzer sowie eventuellen Mitspielern gemeinsam hergestellt." – Krotz in Quandt, Wimmer, Wolling 2008: 30

67 Auf unterschiedliche Rezipienten hat ein und dasselbe Produkt (Spiel) unterschiedliche Wirkungen bzw. wird von diesen unterschiedlich aufgefasst, wahrgenommen bzw. rezipiert, im Gegensatz zu anderen Massenmedien, bei denen alle Rezipienten den gleichen, unveränderbaren Inhalt beziehen.

68 Wimmer 2013: 92

Einerseits kommen also in digitalen Spielen gesellschaftliche Interessen, Wert- und Normvorstellungen sowie individuelle Bedürfnisse der Spieleentwickler zum Ausdruck. Andererseits prägen die Spiele wiederum die individuellen Wert- und Normvorstellungen und das Handeln der Spieler, die sich bewusst mit den Medieninhalten beschäftigen.[69] Und schließlich sind die individuellen Wert- und Normvorstellungen, die das Handeln jeden Spielers aktiv, aber auch unbewusst prägen und beeinflussen, mittelbar und unmittelbar wichtig für den Spielverlauf. Jeffrey Wimmer schreibt in diesem Zusammenhang:

> „Computerspiele bieten Spielerinnen und Spielern eine komplexe Erfahrungsstruktur und damit bedeutungsgenerierende Freiräume, die neben der Spiellogik und dem Spielerlebnis stets auf repräsentative Aspekte verweisen. Diese Struktur ist allerdings nicht isoliert zu betrachten, sondern wird erst durch die Spielhandlungen der Nutzerinnen und Nutzer erfahrbar und damit letztlich durch deren Praktiken analytisch nachvollziehbar."[70]

An anderer Stelle spricht Wimmer sogar vom „moralischen Charakter" digitaler Spiele[71], wobei dieser Aspekt seiner Auffassung nach in der bisherigen Forschung eher vernachlässigt wurde: „Computerspiele können sowohl als moralische Objekte als auch als Agenten ethischer Werte verstanden werden. [...] Die Moral von Computerspielen liegt also nicht nur in dem, was sie sagen, sondern auch, wie sie es erzählen."[72] Laut Wimmer sind insofern auch die Fragen nach der ethischen Verantwortung von Spieleentwicklern bzw. der Spieleindustrie sowie nach der Rolle von digitalen Spielen als kulturelles Korrektiv im Vergleich zu anderen Massenmedien zentral (und zu untersuchen) im Hinblick auf die Rezeptionsforschung digitaler Spiele.[73]

---

69 „Auf individueller Ebene stellen Computerspiele neben einer zunehmenden Zahl anderer digitaler Kommunikationsmedien Sozialisierungs- und Identitätsangebote dar und prägen zunehmend das kommunikative Handeln der Menschen. Sie ergänzen, erweitern und/oder substituieren dabei direkt erfahrbare Interaktion und Kommunikation." – Wimmer 2013: 149f.

70 Wimmer 2014: 275

71 „So gesehen kann das virtuelle Eintauchen in Computerspielwelten – jenseits der Zerstreuung und bloßen Unterhaltung – nicht nur einen Akt der individuellen Empfindung, sondern auch unter den geschilderten Bedingungen einen zutiefst ethischen wie moralischen Charakter besitzen." – Wimmer 2014: 275

72 Wimmer 2014: 275

73 Vgl. Wimmer 2014: 281

Bryce und Rutter merken an (2002), dass die geschlechtliche Repräsentation in Computer- und Videospielen mit der anderer Freizeitaktivitäten bzw. gesamtgesellschaftlicher Geschlechtsrollenbilder übereinstimmen.[74] Digitale Spiele prägen also (analog zu anderen Medien) die subjektiven Vorstellungen der Rezipienten im Hinblick auf Geschlechtsbilder, weshalb die ihnen inhärenten geschlechterspezifischen Darstellungen und Rollenmuster kritisch analysiert werden sollten. Dadurch, dass die Nutzer von digitalen Spielen während der Rezeption mit Ästhetiken, Handlungen oder auch Texten (u.a. gesprochene Sprache im Spiel) in Kontakt kommen, werden – nicht nur, aber eben auch – geschlechtsspezifische Rollen, Werte und Normen transportiert. Wie bereits an anderer Stelle angemerkt, ist jedoch der Konsum von digitalen Spielen auch durch Immersion gekennzeichnet, das heißt, es kann m.E. im Vergleich zu anderen, herkömmlichen Medien von einem intensiveren Kontakt mit diesen Geschlechtsbildern ausgegangen werden.

Ein medienpsychologisches Modell, das für das Erkenntnisinteresse der vorliegenden Arbeit relevant ist und insofern exemplarisch vorgestellt werden soll, ist das medienpsychologische Mediennutzungsmodell von Trepte und Reinecke. Sie konstatieren, dass der Prozess der Mediennutzung zwangsläufig geschlechtsspezifisch verläuft.[75]

„Im Hinblick darauf, dass in allen Medieninhalten eine geschlechtsbezogene Botschaft transportiert wird, verläuft der Prozess geschlechtsspezifisch ab. Zum einen weil die dargebotenen Medieninhalte niemals geschlechtsneutral sein können und zum anderen, weil die Rezipientinnen und Rezipienten geschlechtstypisch reagieren, zum Beispiel aufgrund unterschiedlicher Rollensozialisation oder geschlechtsbezogener Persönlichkeitsmerkmale. Mediennutzung verläuft also als eine Interaktion von Personen- und Medieneigenschaften."[76]

---

74 „We suggest that the gendering of computer gaming is consistent with the reinforcement and reproduction of societal gender roles, and the gendering of particular leisure activities. However, we build upon this by taking a more complex view of both gender and gaming, suggesting that the activity also provides possibilities for resistance to traditional conceptualisations of masculinity and femininity." – Bryce & Rutter 2002: 244

75 Wobei kritisch wird angemerkt wird, dass die Operationalisierung der Variable Geschlecht komplex ist. „... es wird jedoch nur selten reflektiert, welche Dimensionen die Variable Geschlecht letztlich operationalisiert und mit welchen Theorien Geschlechterunterschiede erklärt werden können." – Trepte & Reinecke 2013: 229

76 Trepte & Reinecke 2013: 229

Bezogen auf den zentralen Untersuchungsgegenstand bedeutet dies, das die Einstellungen, Überzeugungen und Verhalten der Nutzer bzw. Spieler in enger Wechselwirkung mit der Mediennutzung stehen, d.h. also mit den unterschiedlichen durch digitale Spiele bewusst und unbewusst vermittelten Inhalten und Botschaften. Wobei im Hinblick auf das zentrale Forschungsinteresse der vorliegenden Arbeit relevant ist, wie bzw. wodurch innerhalb der Spiele Geschlechtsrollenvorstellungen und -werte vermittelt werden und inwieweit dies seitens der Spieleentwickler bewusst forciert wird.

Abbildung 4: Medienpsychologisches Modell der Mediennutzung

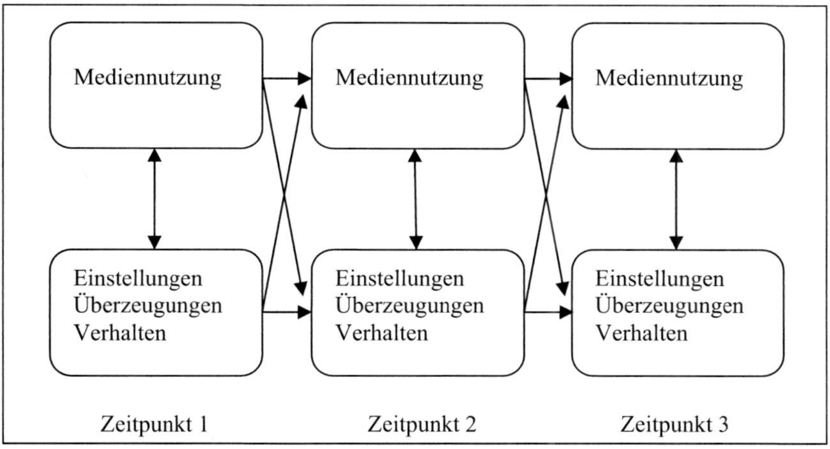

Quelle: Trepte und Reinecke 2013: 231

Eine andere, m.E. weitergehende Perspektive, die im Hinblick auf die an dieser Stelle aufgeworfene Frage nach der Medienwirkung relevant ist, ist die der Medienaneignung bzw. „kommunikativen Aneignung“. Diese Konzepte haben sich laut dem deutschen Kommunikationswissenschaftler Andreas Hepp zu wichtigen Konzepten innerhalb der qualitativen Medienforschung entwickelt[77], weshalb sie im Folgenden kurz dargestellt werden sollen.

Die Grundannahme im Konzept der kommunikativen Aneignung ist, „dass der alltägliche Umgang mit Medien aus der Perspektive der ‚Menschen‘ bzw. ‚Leute‘ nicht mit Konzepten eindimensionaler Wirkung, Manipulation oder (individuellen) Gratifkation gefasst werden kann“[78]. Stattdessen brauche es einen

77 Hepp 2005: 77

78 Hepp 2005: 67

„sowohl aktiven als auch kulturell umfassend kontextualisierten Prozess des ‚sich-zu-eigen-Machens' von Medieninhalten". Durch Aneignungspraktiken würden „konsumierende Produkte" den Nutzer in ihren Besitz nehmen und zum Teil des eigenen, kulturellen Eigentums machen. „Solche Argumente von (Medien-)Konsum als einem Gesamtprozess der kulturell kontextualisierten Aneigung gingen in den jüngeren Arbeiten der Cultural Studies in etablierte Vorstellungen vom Kreislauf der Kultur ein."[79]

Im Kern des Prozesses der Aneignung steht laut Hepp „die kulturelle Lokalisierung (oder auch Domestizierung) von (Medien-)Produkten, d.h. deren ‚Integration' in der jeweils eigenen Lebenswirklichkeit bzw. Alltagswelt des Lokalen".[80]

Des Weiteren lässt sich Mediennutzung nach Hepp in unterschiedliche Phasen unterteilen: die prä-kommunikative Phase (Medienauswahl), die kommunikative Phase (Medienrezeption) und die post-kommunikative Phase (Medienaneignung); wobei Prozesse der kommunikativen Aneignung sowohl vor als auch während der Rezeption ablaufen können.

Der wohl wichtigste Punkt des Konzeptes der kommunikativen Aneignung, vor allem im Kontext der vorliegenden Untersuchung, ist jedoch, dass „insbesondere bei der Nutzung von digitalen Medien (z.B. Chat-Rooms im Internet oder verschiedene Formen der Mobilkommunikation) auf Handlungsebene Rezeption und Aneignung kaum mehr gegeneinander gestellt werden können: Aneignung ist hier gleichzeitig ein Prozess der personalen Generierung von ‚Medieninhalten'."[81] Medienrezeption und Medienaneignung sind also als symbiotischer Prozess der individuellen *Generierung* von Medieninhalten zu verstehen bzw. Mediennutzung wird also insgesamt als ein Prozess der Medienaneignung verstanden, wobei der Begriff Aneignung darauf hindeutet, „dass sich Menschen eingebettet in kulturelle Kontexte in einem aktiven Prozess Medieninhalte zu Eigen machen".[82]

Auf eben jene Kontextualisierung verweist im Übrigen der Kommunikationswissenschaftler Jeffrey Wimmer ausdrücklich in seiner 2013 erschienenen Monographie „Massenphänomen Computerspiele"[83] Laut Wimmerübernehmen digitale Spiele eine soziale Funktion im Alltag ihrer Spieler, so dass deren Gedanken und Emotionen durch diese geprägt werden.

79 Ebd.

80 Hepp 2005: 68

81 Hepp 2005: 69

82 Hepp 2005: 69

83 Wimmer 2013: 79ff.

Abbildung 5: Der Kreislauf der Medienkultur

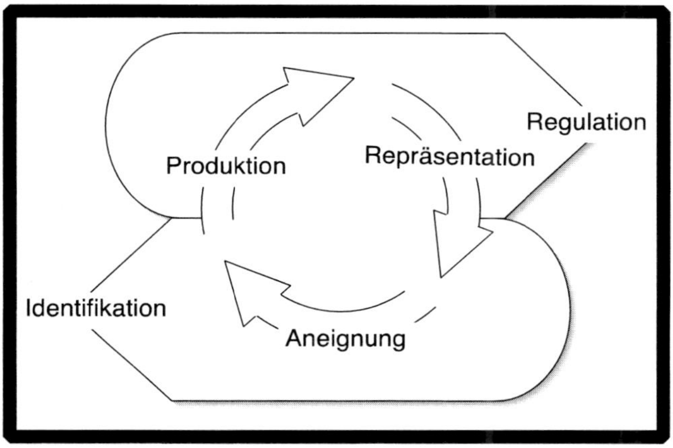

Quelle: Hepp 2005: 68

Dem Kreislauf der Medienkultur folgend, hängen Produktion von Medieninhalten, Repräsentation in diesen und deren Aneignung zusammen. Eine ähnliche Analogie also wie die des Virtuous Cycle. Insofern könnte das Konzept der kommunikativen Aneignung durchaus hilfreich sein, den Zusammenhang der im Rahmen der vorliegenden Arbeit angenommenen unterschiedlichen Ebenen (Produktion, Konsum, Ästhetik und Angebot) im Hinblick auf Genderkonstruktion von digitalen Spielen besser zu beschreiben bzw. auch theoretisch innerhalb der Kommunikationswissenschaft zu verankern.

Übertragen auf den Untersuchungsgegenstand bedeutet dies, dass eine *Medienwirkung* nicht nur während des Spielens stattfindet, sondern bereits in der vorgelagerten Phase, in der sich der Spieler für ein Spiel entscheidet (prä-kommunikative Phase) sowie auch nach dem Spielen (post-kommunikative Phase), wenn der Spieler u.U. gewisse Inhalte (u.a. Sätze, Zitate oder auch Verhaltensweisen) in seine Alltagswelt überträgt und insofern eine kommunikative Aneignung stattfindet.

Darüber hinaus würde es zudem bedeuten, dass Gender(re)konstruktion – im Sinne individueller Zuschreibung von Geschlechterrollen und -bildern – in unterschiedlichen Phasen der Mediennutzung stattfindet: Während der präkommunikativen Phase würde sich ein Spieler demnach Spiele je nach geschlechtsspezifischen Geschlechterpräferenzen aussuchen und in der post-kommunikativen Phase würden bestimmte Spieleinhalte, die insofern wie gezeigt meist nicht geschlechtsneutral sein können – in die Alltagswelt des Spielers übertragen.

Der Verdienst des Modells der kommunikativen Aneignung in Bezug auf die vorliegende Untersuchung ist deren Zirkularität. Es wird nicht von einem einseitigen Wirkungsmechanismus ausgegangen, derart, dass Inhalte von digitalen Spielen diejenigen beeinflussen, die sie spielen, sondern es wird etwas differenzierter aufgezeigt, inwieweit die Medieninhalte digitaler Spiele in die Alltagswelt der Spieler bzw. deren kulturellen Kontext übertragen werden und insofern bereits auch die nächste Mediennutzung (bzw. -auswahl) prägen. Zudem wird betont, dass die Ebenen Produktion, Reproduktion und Aneignung im Zusammenhang stehen.

Auf ein Beispiel konkretisiert würde dies auch bedeuten, dass sich ein Spieler bei denjenigen digitalen Spielen, die Wahlfreiheiten z.B. im Hinblick auf den zu spielenden Avatar bzw. den Spielprotagonisten zulassen, diese in Abhängigkeit von seinem kulturellen Kontext auswählt. Da dieser durch vorangegangene Mediennutzung beeinflusst und geprägt wurde, entsteht ein „Kreislauf der Medienkultur". Insofern wäre auch zu erklären, warum geschlechtsspezifische Darstellungen – sei es ästhetisch oder narrativ – Geschlechterbilder nicht nur prägen, sondern auch reproduzieren.

Medieninhalte digitaler Spiele können so also in die Alltagswelt der Spieler bzw. in deren kulturellen Kontext übertragen werden und insofern auch tatsächliches Verhalten sowie Norm- und Wertvorstellungen prägen und beeinflussen. Insofern wäre tatsächlich kritisch zu beleuchten – sowie empirisch zu untersuchen –, wie sich die ästhetische und narrative Darstellung der Geschlechter bzw. auch von Geschlechtlichkeit in zeitgenössischen digitalen Spielen darstellt und ob bzw. in welche Richtung sich diese entwickelt.

DIGITALE SPIELE ALS WIRTSCHAFTSFAKTOR

> Digital Games cannot be understood without any attention to the late capitalist economic system from which they emerge and the changing political, social and cultural contexts in which they are produced and consumed.
> A. KERR/THE BUSINESS AND CULTURE OF DIGITAL GAMES: 4

Digitale Spiele haben in den letzten Jahren eine rasante Entwicklung gezeigt, vor allem wirtschaftlich. Dabei begann ihr „Siegeszug" – im Sinne einer rasanten, von Jahr zu Jahr im zweistelligen Prozentbereich wachsenden Entwicklung – erst Mitte der achtziger Jahre. „The video game industry is one of the fastest growing sectors in the U.S. economy. According to research firm Gartner, global video game sales will reach $111.1 billion by 2015 [...] Worldwide, sales in 2013 topped $93 billion, according to Gartner."[84]

Wenngleich innerhalb der vorliegenden, medienkulturwissenschaftlichen Arbeit digitale Spiele primär als Medium analysiert werden sollen, scheint ein kurzer Blick auf die ökonomische Relevanz der Spieleindustrie notwendig.

Die irische Computerspieleforscherin Aphra Kerr setzte sich 2006[85] mit der Spieleindustrie als „Kulturindustrie" auseinander, wobei sie u.a. die Produktionszusammenhänge zu beschreiben versuchte.

> „Digital games appear to epitomize an ideal type of global post-industrial neo-liberal cultural product. As products they are based on the innovative fusion of digital technologies and cultural creativity; as a media industry they exploit global networks of production and distribution with little to no regulation; and as a cultural practice they embody the liberal ideals of individual choice and agency."[86]

Die Spieleindustrie gehört global zu den umsatzstärksten und am dynamischsten wachsenden Bereichen der Unterhaltungsindustrie. Das Marktforschungsunternehmen *New Zoo* prognostizierte im Mai 2014 ein Umsatzvolumen von $102 Milliarden bis 2017 bei einer jährlichen Wachstumsrate von acht Prozent. Ob $111 Milliarden bis 2015 (Gartner) oder $102 Milliarden bis 2017 (New Zoo) – die Spieleindustrie generiert auf globalem Level substanzielle Umsätze.[87] Nicht zuletzt auch Apples Markteintritt mit dem ersten iPhone (2007) sorgte dafür, dass digitale Spiele zu einem wichtigen, wenn nicht gar *dem* wichtigsten Bereich der Unterhaltungsindustrie heranwuchsen.

---

84 Studie „Games Improving The Economy" der Entertainment Software Association (ESA); http://www.theesa.com/wp-content/uploads/2014/11/Games_Economy-11-4-14.pdf (Stand: Juli 2015)

85 Kerr 2006: The Business and Culture of Digital Games.

86 Kerr 2006: 1

87 Seit ca. 2006/2007 sogar mehr als die bis dahin umsatzstärksten Medien Musik und Film bzw. Kino. So sorgten Anfang des 21. Jahrhunderts Schlagzeilen wie *„Videogames now outperform Hollywood movies"* dafür, dass digitale Spiele als ernstzunehmendes Unterhaltungsprodukt akzeptiert wurden. Im Internet u.a. (Stand Mai 2015) http://www.theguardian.com/technology/gamesblog/2009/sep/27/videogames-hollywood

Spieleindustrie als Teil der Kultur- und Kreativwirtschaft

In Deutschland veröffentlicht das Bundesministerium für Wirtschaft und Energie (BMWE) seit einigen Jahren unter der „Initiative Kultur- und Kreativwirtschaft der Bundesregierung" den Report *Monitoring der Kultur- und Kreativwirtschaft.*[88] Dieser untersucht primär die Bedeutung der Kultur- und Kreativwirtschaft für die Gesamtwirtschaft und stellt die Entwicklung wirtschaftlicher Kennzahlen pro Branche dar. Demnach kann die Spieleindustrie als der Teilbereich des Kulturmarktes definiert werden, in welchem „diejenigen Kultur- und Kreativunternehmen erfasst [werden], welche überwiegend erwerbswirtschaftlich orientiert sind und sich mit der Schaffung, Produktion, Verteilung und/oder medialen Verbreitung von kulturellen/kreativen Gütern oder Dienstleistungen befassen".[89] Es wird konstatiert, dass „die Software- und Games-Industrie, mit 30 Milliarden Euro der zweitstärkste Teilmarkt" sowie auch „der dynamischste Teilmarkt in der Kultur- und Kreativwirtschaft" ist.[90]

Eine qualitative Einschränkung dieses umfangreichen Reports, der bislang eine der wenigen offiziellen Quellen für statistische Angaben über die deutsche Spieleindustrie darstellt, besteht darin, dass die Spieleindustrie mit der Software-Branche zusammen dargestellt wird, was selbstredend die Aussagekraft dezidiert über die Games-Sparte vermindert.

Digitale Spiele und Software sind m.E. nicht nur vom Endprodukt, sondern auch von den Produktionsprozessen her grundsätzlich voneinander zu unterscheiden, weshalb auch die bislang erbrachten Zahlen (z.B. Unternehmen, Angestellte, Umsatz u.ä.) mit analytischer Vorsicht zu behandeln sind.

An dieser Stelle sollte lediglich darauf hingewiesen werden, dass die Spieleindustrie in Deutschland als Teil der Kultur- und Kreativwirtschaft verstanden wird, gegenwärtig noch in Verbindung mit „Software" als eine von zwölf voneinander unterscheidbaren Branchen, zukünftig voraussichtlich jedoch als autarke Branche.

Die deutsche Spieleindustrie

Digitale Spiele erfreuen sich auch innerhalb Deutschlands in den letzten Jahren wachsender Beliebtheit: Gegenwärtig spielen laut dem Branchenverband *BIU*

88 Umgesetzt bzw. durchgeführt wird der Report vom Zentrum für Europäische Wirtschaftsforschung (ZEW), in Mannheim und dem Fraunhofer Institut für System- und Innovationsforschung ISI in Karlsruhe.

89 Bundesministerium für Wirtschaft und Technologie 2012

90 Ebd.

rund 34,5 Millionen Deutsche digitale Spiele. Dabei hat sich die Spieleindustrie zu einem ernstzunehmenden Wirtschaftszweig entwickelt, der als „personalstarke Medienteilbranche“ sowohl beschäftigungswirksam als auch technologisch wertvoll ist.[91] Die deutsche Spieleindustrie setzte laut dem Branchenverband BIU 2015 ca. 2,8 Milliarden Euro um – rund 2 Milliarden allein mit Software – und ist damit der zentrale Wachstumstreiber innerhalb der Kultur- und Kreativwirtschaft.[92]

Die heutigen Spielprojekte kommen „in Bezug auf Arbeitsaufwand, Budget und technischer Qualität Spielfilmproduktionen sehr nah, Computer- und Videospiele sind zum festen Bestandteil der Unterhaltungsindustrie geworden.“[93]

Innerhalb Europas ist Deutschland der zweitgrößte Games-Markt, global betrachtet an fünfter bzw. sechster Stelle.[94] Je nach Spielgenre bzw. Plattform, das/die betrachtet wird, ist der deutsche Markt mitunter aber auch für einige Anbieter der wichtigste (z.B. im Bereich PC Games bzw. auch für das Genre Strategie-Spiele). Dabei soll an dieser Stelle weniger der statistische Wert von Interesse sein, als allein die Aussage, dass der deutsche Markt für digitale Spiele im weltweiten Vergleich sehr wichtig ist.

Gegenwärtig sind in Deutschland ca. 13.000 Beschäftigte in rund 450 Unternehmen innerhalb der Spieleindustrie angestellt, wobei die meisten dieser Unternehmen (276) als Entwickler fungieren, einige nur Spiele verlegen („Publisher“, 67) und die übrigen als „hybride“ Unternehmen digitale Spiele sowohl entwickeln als auch veröffentlichen. Zählt man auch die Beschäftigten in angrenzenden Bereichen hinzu, die sich auch digitalen Spielen widmen, läge die Anzahl der durch die Computer- und Videospielbranche gesicherten Arbeitsplätze bei rund 30.000.[95]

Dabei haben nahezu alle weltweit namhaften Publisher auch in Deutschland eine Repräsentanz[96]; einige wenige haben auch eigene Entwicklungsstudios.

„In Deutschland sind leider vielfach nur Tochterunternehmen der großen Publisher angesiedelt. Sie übernehmen vor allem Marketing- und PR-Aufgaben sowie Lokalisierung der Spiele für den deutschen Markt.“[97]

91 Vgl. Müller-Lietzkow 2006 bzw. Müller-Lietzkow in Kaminski/Lorber (Hg.) 2008

92 Die Spieleindustrie ist nach dem Pressemarkt der zweitstärkste Teilmarkt der Kultur- und Kreativwirtschaft. Vgl.: Bundesministerium für Wirtschaft und Technologie 2012

93 Müller-Lietzkow, Bouncken, Seufert 2006: 21

94 Vgl. Müller-Lietzkow 2008

95 Vgl hierzu BIU Online: http://www.biu-online.de/de/fakten/arbeitsmarkt.html

96 Müller-Lietzkow, Bouncken, Seufert 2006: 67

Für die Unternehmen der Branche sind generell sehr junge Teams, flach strukturierte und dynamische Hierarchien, unkonventionelle Beschäftigungsbedingungen (z.B. Flexibilität der Beschäftigung, variable Entgeltmodalitäten, Betonung des Sozial- und Freizeitlebens etc.) sowie ein signifikantes Geschlechter-Ungleichgewicht charakteristisch.[98] Bislang liegen kaum organisationstheoretische Untersuchungen innerhalb der deutschen Spieleindustrie vor; einzig auf die Arbeiten von Teipen (2006) und Wimmer und Sitnikova (2012) kann verwiesen werden.[99]

„Bei allem Optimismus darf aber nicht vergessen werden, dass Deutschland als Entwicklungsregion dennoch weltweit nur eine untergeordnete Rolle spielt."[100] Die Ursachen, so die Autoren, seien primär der Mangel an internationaler Kompetenz deutscher Entwicklerstudios, die Tatsache, dass in Deutschland kaum Konsolenspiele (sondern primär PC- und Browserspiele) entwickelt würden sowie der Umstand, dass Spieleentwicklung aufgrund des Lohnkostenniveaus schlicht und ergreifend zu teuer sei. M.E. sollte in diesem Zusammenhang aber auch die kaum vorhandene finanzielle Förderung und strukturelle Unterstützung der deutschen Spieleindustrie benannt werden.

Schließlich soll auch noch darauf verwiesen werden, dass sich spezifische Ausbildungsmöglichkeiten für die Spieleindustrie erst seit einigen Jahren entwickeln. Bis vor einiger Zeit waren noch Kompetenz, persönliche Referenzen und erfolgreich abgeschlossene Projekte das zentrale Zugangskriterium bei der Jobvergabe.[101]

Laut Müller-Lietzkow et al. „erfolgt die Aus- und Weiterbildung in Deutschland noch immer autodidaktisch"[102], weil entsprechende Ausbildungsinstitutionen in nicht ausreichendem Maße zur Verfügung stehen.[103]

---

97 Müller-Lietzkow, Bouncken, Seufert 2006: 15

98 Vgl. u.a.: Teipen 2006; Kerr 2006; Prescott & Bogg 2011

99 Jeffrey Wimmer and Tatiana Sitnikova. 2012: „The Professional Identity of Gameworkers Revisited. A Qualitative Inquiry on the Case Example of German Professionals"

100 Müller-Lietzkow, Bouncken, Seufert 2006: 100

101 Vgl. Teipen 2006

102 Müller-Lietzkow, Bouncken, Seufert 2006: 102 bzw. 13

103 Allerdings kann dieser Einschätzung im Jahre 2015 entgegengehalten werden, dass sich mittlerweile doch vielfältige Angebote entwickelt haben. Eine gute Übersicht bietet der Branchenverband BIU auf seiner Webseite. Im Branchenreport des BIU für 2012 wird von mittlerweile ca. 80 Ausbildungsstätten in Deutschland gesprochen.

Gundolf Freyermuth, Gründungsdirektor des *Cologne Game Lab*, kritisiert diesbezüglich: „Seit zwei Jahrzehnten wächst die Branche weltweit schneller als alle anderen Sparten audiovisueller Kunst und Unterhaltung. Digitale Spiele sind längst umsatzstärker als Spielfilme und zumindest bei den jüngeren Generationen auch kulturell einflussreicher. Doch nur sehr allmählich realisieren das zeitgenössische Bewusstsein und die Institutionen diesen Umstand.“[104] Jedoch sieht er eine allmähliche institutionelle Etablierung von Game Design und Game Studies an staatlichen Hochschulen (als „sukzessive Akademisierung“) ab ca. 2008/9.

> „Charakteristisch für den gegenwärtigen Umgang mit digitalen Spielen an deutschen Universitäten, Fach- und Kunsthochschulen ist zweierlei: zum einen der starke zeitliche Abstand von einem guten Jahrzehnt in der Einrichtung von Studiengängen im Verhältnis nicht nur zu den angelsächsischen, sondern auch zu vielen skandinavischen und asiatischen Ländern; zum zweiten die strikte Zweiteilung zwischen theoretisch-wissenschaftlichen Studiengängen, die an den Universitäten angesiedelt sind, und künstlerisch-handwerklichen Ausbildungsgängen, wie sie von den Kunst- und Fachhochschulen angeboten werden.“[105]

Dabei hat sich das Ausbildungs- und Weiterbildungsangebot im Bereich der Spieleindustrie in den letzten Jahren durchaus entwickelt. Mittlerweile bieten zahlreiche Hochschulen allgemein angelegte Qualifizierungen bzw. Zusatz- und/oder Wahlangebote im Bereich Interactive Media oder Gaming an. Zudem wurden vereinzelt private Fach- und Hochschulen gegründet, die dezidiert für die Spielebranche ausbilden. Dennoch zeigt auch hier der Blick auf internationale Angebote das (deutsche) Entwicklungspotential auf, wobei die allmähliche Differenzierung des Angebotes zeitgleich einerseits im eher akademisch ausgerichteten Bereich (durch Stellen an Universitäten und Fachhochschulen) und andererseits im eher praxis-orientierten Bereich – u.a. in privaten Bildungsträgern wie z.B. SAE Institut, Games Academy, Cologne Game Lab usw. – erfolgt.

Zusammenfassend seien an dieser Stelle noch einmal überblicksartig die wichtigsten Aspekte im Hinblick auf die wirtschaftliche Bedeutung digitaler Spiele dargestellt.

- Digitale Spiele erfreuen sich seit Beginn des 21. Jahrhunderts kontinuierlich wachsender Beliebtheit, so dass die Spieleindustrie jahrelang im ein- bis zweistelligen Prozentsatz weltweit anwuchs (im Hinblick auf Umsatz).

104 Freyermuth 2015: 239

105 Ebd.: 240

- Mittlerweile generieren digitale Spiele mehr Umsatz als bisherige Leitmedien wie Film oder Musik; in Deutschland auch mehr als die Fußball-Bundesliga.
- In Deutschland wird die Spielebranche als Teilbereich der Kultur- und Kreativwirtschaft verstanden.
- Der deutsche Markt ist einer der wichtigsten weltweit für digitale Spiele.
- Die deutsche Spieleindustrie ist nicht nur gesamtwirtschaftlich, sondern auch als zukunftsweisender Arbeitgeber bedeutsam.
- Spezifische Ausbildungen, die Zugang zur Spieleindustrie ermöglichen, gab es lange Zeit nicht, aber diese entwickeln sich seit einigen Jahren.

Abbildung 6: Die größten deutschen Games-Studios (Stand September 2016)

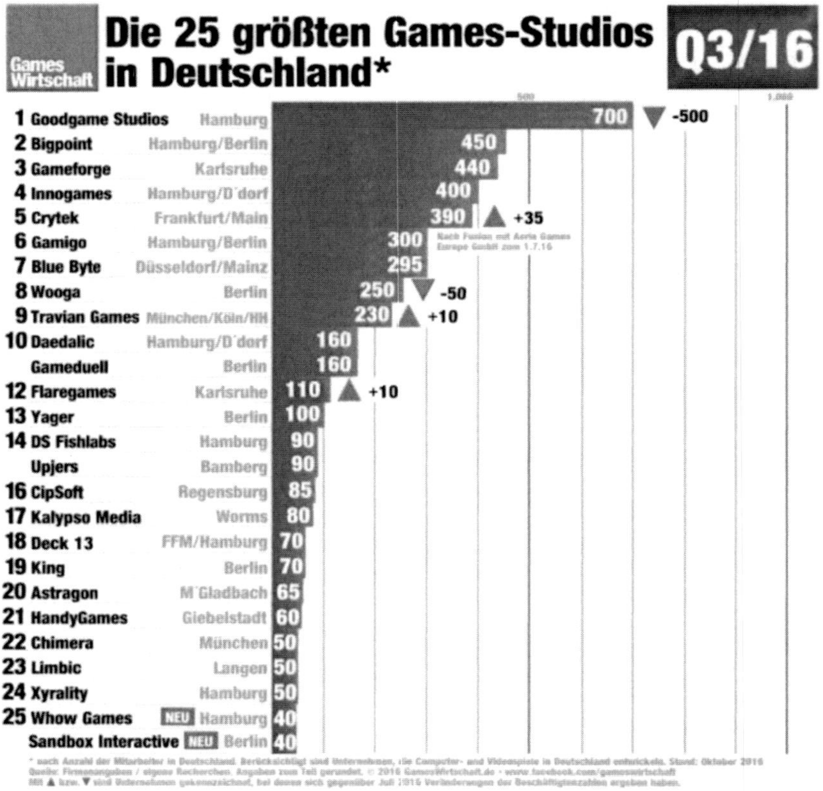

Quelle: GamesWirtschaft

THEORETISCHE PERSPEKTIVEN

Im Folgenden soll nun primär die Forschung rund um digitale Spiele – die Computerspieleforschung oder „Game Studies" – dargestellt werden sowie der Begriff „Gender" eingeführt und Aspekte von „Gender in Games & Gaming" untersucht werden.

„What is Game Studies anyway?"[106]

Die noch junge akademische Disziplin *Game Studies* kann zunächst als interdisziplinärer Ansatz der Erforschung von digitalen Spielen verstanden werden. Die Tatsache, dass die Computerspieleforschung noch recht jung ist[107], überrascht insofern nicht, als dass digitale Spiele erst seit ca. Mitte der 1980er Jahre kulturell und sozial bedeutsam bzw. prägend wurden. „Research work on computer games cannot avail itself of a long tradition – popular computer games are just thirty-five years old, after all."[108]

Dabei unterliegt die Game Studies als Ansatz laut Neitzel & Nohr einer hohen Entwicklungsdynamik: „Nur wenige andere Forschungsgegenstände unterliegen einer so hohen Entwicklungsdynamik wie das Computer- und/oder Videospiel und die daran anhängenden Medienkulturen. Es ist schwer, einen Überblick zu gewinnen, und noch schwerer, der immer rascher voranschreitenden Ausdifferenzierung des Feldes (Computer- und Konsolenspiel, Handhelds, Handy-Games, Browsergames, MUDs, MOOs, RPGs und MMOPRG usw.) zu folgen."[109] Dennoch soll im Folgenden der Versuch unternommen werden, den interdisziplinären Ansatz Game Studies zu skizzieren sowie aktuelle Entwicklungen aufzuzeigen.

Jeffrey Wimmer beschreibt Game Studies als „eine akademische Disziplin [...], deren analytischer Schwerpunkt auf Spieldesign, Spieltheorie, Spielphilosophie, der Spielerschaft und der Rolle von digitalen Spielen in Gesellschaft und

---

106 Die Überschrift ist ein Zitat bzw. ein Tribut an einen gleichnamigen Artikel von Nieborg & Hermes (2008), der dafür plädiert, dass die Games Studies als interdisziplinärer Ansatz (kultur)kritischer argumentieren sollten.

107 Rund 20 Jahre: „The study of game aesthetics is a very recent practice, spanning less than two decades." – Aarseth 2003: 1

108 Neitzel in Rassens & Goldstein 2005: 227

109 Neitzel & Nohr 2010: 416

Kultur liegt."[110] Er konstatiert, dass die Game Studies insbesondere in Deutschland (noch) einen schlechten Ruf haben.[111]

Die Computerspielforschung hat sich in den letzten Jahren international wie national stark entwickelt und ausdifferenziert. Es wird diesbezüglich von einer regelrechten „Goldgräberstimmung" gesprochen: „Im Vergleich zur internationalen Diskussion hat sich reichlich verspätet in den deutschen Sozial- und Geisteswissenschaften erst in den letzten Jahren eine Art ‚Goldgräberstimmung' (Neitzel 2008) ausgebreitet, was sich nun deutlich in einer zum Teil nicht mehr rezipierbaren Zunahme an Projekten und Publikationen zeigt."[112] Auch Bryce und Rutter finden den multi- bzw. interdisziplinären Charakter der Game Studies in der Anzahl der Publikationen wieder:

> „This publishing has taken place across disciplines. The growth in papers about digital games across the sciences, social sciences, and the arts and humanities serves to highlight the rich diversity of interest in digital games, as well as the great potential for work that involves cooperation between different disciplines and methodological perspectives."[113]

Für Benjamin Beil sind die Game Studies noch in der Konsolidierungsphase und bislang wenig institutionalisiert, weshalb es eine Vielzahl von Methoden und Forschungsperspektiven gibt: „Der multidisziplinäre Charakter der Games Studies manifestiert sich inzwischen in einer Vielzahl von Methoden und Forschungsperspektive, die sich stetig weiter ausdifferenzieren."[114] Anders formuliert: „Auch heute noch erscheinen die Game Studies disziplinär so breit gefächert, dass sie Systematisierungsversuchen trotzen."[115]

Der interdisziplinäre Charakter der Game Studies liegt im Forschungsgegenstand an sich begründet, der äußerst vielfältig und vielschichtig ist. Insofern stellt „der wissenschaftliche Gegenstand ‚Computerspiele[n]' ein Paradebeispiel für die Notwendigkeit und den Nutzen interdisziplinärer Integration und Kooperation dar."[116] Der norwegische Computerspieleforscher Espen Aarseth formuliert: „When faced with the rich and varied world of digital games, it is hard to think

110 Wimmer 2013: 41f.

111 Vgl. Wimmer 2013: 156

112 Wimmer 2013: 156

113 Bryce & Rutter 2006: 3

114 Beil 2013: 1f.

115 Wimmer 2013: 41f.

116 Quandt, Wimmer, Wolling 2009: 67

of a subject or discipline that could not in some way be used to study the field.“[117]

Es erscheint daher sinnvoll, Game Studies als eigenständige Disziplin anzuerkennen. Insbesondere den Medienkulturwissenschaften kommt dabei m.E. eine wichtige Rolle zu. „Im Gefüge der verschiedenen an Computerspielen interessierten Disziplinen kommt dem medien- und kulturwissenschaftlichen Zugang eine zentrale Bedeutung zu, weil er sich gründlicher als alle anderen Zugänge mit spezifischen Details einzelner Spieltitel und -gattungen befasst und am ehesten auch eine (medien-/ästhetisch-) historische Perspektive einnimmt.“[118] Es wird auch argumentiert, dass die Game Studies von den Kulturwissenschaften als „Mutterdisziplin“ profitieren könnten.[119]

Lange Zeit waren die Game Studies bestimmt durch den sogenannten „Narratologen vs. Ludologen“-Diskurs, der sich mit der Frage beschäftigt, ob bei digitalen Spielen eher die narrativen oder die spielerischen Elemente im Vordergrund der Analyse stehen sollten. Zwischen den Narratologen, die bei der Analyse digitaler Spiele den erzählerischen Aspekt im Fokus sehen, und den Ludologen, für die eher die spielerischen Aspekte relevant sind, hatte sich in den Anfängen der Computerspieleforschung ein intensiver Diskurs entwickelt.

„Als zentral für die theoretische Reflexionsebene der Game Studies gilt die N/L-Debatte. Gegenüber den literatur- und filmwissenschaftlich ausgerichteten Narratologen mit ihrem entsprechenden Instrumentarium wollen die sogenannten Ludologen für den Gegenstand eine angemessene und authentische Theorie entwickelt wissen, welche die technisch vermittelte Gestaltung der Spiele und die regelbasierten Handlungsmöglichkeiten der Spielerin angemessen berücksichtigen.“[120]

Jesper Juul formuliert: „While video games have only become a major subject of serious study at universities within the last ten years, much of the time has been a tug of war between those who advocate looking at games and those advocate looking at players.“[121]

117 Aarseth 2003: 1

118 Quandt, Wimmer, Wolling 2009: 64

119 „While game studies, as it has developed over the last 10 years, fits well within cultural studies' methodology and theory, it does more than benefit from cultural studies as a ‚mother discipline‘.“ Nieborg & Hermes 2008:1

120 Thimm 2010: 57

121 Juul 2010: 53

Die Ludologie war laut Hombach und Thon insbesondere für die Phase der Ausdifferenzierung der Game Studies von besonderer Bedeutung.[122] Heute steht die Debatte zwischen Narratologen und Ludologen nicht mehr im Zentrum der Game Studies.[123] Auch für den Kölner Medienwissenschaftler Benjamin Beil ist die Frage Ludologie vs. Narratologie zwar interessant, aber mittlerweile überholt bzw. nur eine Frage von vielen innerhalb der Game Studies.[124]

Laut Neitzel und Thon sind die aktuellen Tendenzen der wissenschaftlichen Beschäftigung mit Games folgende drei Linien: „[...] einmal der anhaltende Versuch, das ‚Objekt Computerspiel' definitorisch zu umfassen und methodisch-analytisch handhabbar zu machen, zum zweiten der Versuch jeweils fachdisziplinär gut ausdifferenzierte Theorie- und Analysebaukästen auf Kompatibilität und Anwendbarkeit auf das Objekt Game zu überprüfen und drittens (fast am gewichtigsten) die immer noch anhaltende Nobilitierung des Gegenstandes zum Zweck der Anerkennung als vollwertiges Untersuchungsobjekt im Rahmen der jeweiligen Disziplinen."[125]

Konkret geht es beispielsweise um eine kritische Reflexion des Genre-Begriffes und seiner Anwendung in den Game Studies, um Fragen der Spielanalyse, bei der methodisch wie theoretisch noch viel Arbeit zu leisten sei; des Weiteren um Aspekte von Raum und Zeit[126], um Regeln bzw. Spielregeln, wobei der Begriff der Regeln eng mit dem Begriff des Spieles verwoben ist sowie um Aspekte von Ästhetik, Semiotik und Repräsentation.

Abschließend soll auch noch darauf hingewiesen werden, dass es bislang wenige bzw. kaum tradierte (Forschungs-) Methoden, Standards oder Verfahren gibt. Espen Aarseth wies bereits 2003 darauf hin, dass die Games Studies bislang keine (einheitliche) Methodologie aufwiesen, wobei er jedoch auch die Notwendigkeit sah, eine solche zu erarbeiten:

„How do we analyse games? It all depends on who we are, and why we do it. Scholars, games critics and developers all have different needs and need for different methods. As

---

122 Vgl. Hombach & Thon 2015: 11

123 „Mittlerweile kann davon ausgegangen werden, dass narratologische und ludologische Ansätze nicht mehr als Gegensatz, sondern als zwei Seiten ein- und desselben Phänomens gesehen werden." – Jöckel 2009: 33

124 Vgl hierzu: Benjamin Beil. 2013. Game Studies – eine Einführung.

125 Neitzel & Nohr 2010: 421

126 An der Universität Köln forscht u.a. Dr. Pablo Abend zu diesen Aspekten sowie Federico Alvarez am Cologne Game Lab, der in seiner Dissertation die Strukturierung und Rezeption von Zeit untersucht.

scholars we may also have different needs and motives, but it might still be possible to come up with common standards.“[127]

Fast zehn Jahre später fordert auch Jesper Juul: „My feeling is that game studies must keep improving it's tools – tools that must be more than general claims about all games and players.“[128] Die Verbesserung bzw. Etablierung und Implementierung der „Tools“ – im Sinne von Werkzeugen, Methoden, Standards etc. – ist insofern m.E. die gegenwärtige Hauptaufgabe der Games Studies. Nicht nur, um innerhalb des akademischen Diskurses eine Daseinsberechtigung zu erlangen, sondern auch um innerhalb von Lehre und Forschung mit vergleichbaren Methoden zu arbeiten.

Derzeit sind also die Game Studies im Begriff, sich als interdisziplinärer Ansatz einerseits zu konsolidieren, dabei aber andererseits auch weiter auszudifferenzieren. Klaus Sachs-Hombach und Jan-Noel Thon konstatieren in ihrem 2015 erschienenen Sammelband *Game Studies – Aktuelle Ansätze der Computerspielforschung*:

„Dabei lässt sich grob zwischen einer Phase der Ausdifferenzierung bis etwas 2005 und einer daran anschließenden Phase der zunehmenden Konsolidierung, Kodifizierung und Institutionalisierung der Computerspielforschung als eines interdisziplinären Feldes unterscheiden.“[129]

Ähnlich beschreibt es der Kölner Medienwissenschaftler Gundolf Freyermuth in seinem ebenfalls 2015 veröffentlichten Sammelband *Games – Game Design – Game Studies. Eine Einführung*[130]:

„Zu Beginn des 21. Jahrhunderts nahm dann – parallel zur Einrichtung erster künstlerisch-handwerklicher Ausbildungsgänge für Game Design – die Institutionalisierung der Game Studies als wissenschaftliches Fachgebiet ihren Anfang. Vorreiter waren dabei angelsächsische und skandinavische Universitäten. Im deutschen Sprachbereich steht eine solche Etablierung gegenwärtig noch weitgehend aus.“[131]

---

127 Aarseth 2003: 6

128 Juul 2010: 21

129 Hombach & Thon (Hg.) 2015: 11

130 Laut Freyermuth ist allein die Anzahl der zu einem Forschungsgebiet veröffentlichten Publikationen Indiz für die Institutionalisierung desselben. Die Anzahl der Game Studies Sammelbände und Einführungswerke in den letzten Jahren ist beeindruckend.

131 Freyermuth 2015: 23f.

Gender – eine begriffliche Annäherung

> Indeed, by dissociating gender from sex it becomes apparent that differences between males and females are socially constructed within our everyday experiences.
> RUTTER & BRYCE (2005): 302

Die Gender Studies, die einerseits primär in den Kultur-, Geistes- und Sozialwissenschaften beheimatet sind, andererseits aber auch in enger Verbindung mit naturwissenschaftlichen Disziplinen wie Medizin oder Biologie stehen, können m.E. sowohl als ein inter- bzw. transdisziplinärer Ansatz als auch als eine eigene, noch recht junge Wissenschaft verstanden werden.[132]

Allgemein formuliert beschäftigt sich die Geschlechterforschung mit dem Verhältnis von Geschlecht und Kultur, Gesellschaft und Wissenschaft, wobei die Frage zentral ist, wie das Geschlecht menschliche Gesellschaften prägt und wie diese wiederum das Geschlecht prägen. Im Fokus der Auseinandersetzung stehen Fragen nach Lebensbedingungen, Hierarchien, Differenzen, Normen und Werten (Rollenbilder, Stereotype usw.) von bzw. über Geschlechter sowie Fragen nach Repräsentation in Politik und Gesellschaft, nach Zugang zu Ressourcen (Zeit, Geld, Mobilität, Information).

Zunächst beruht die Genderforschung auf der Annahme, dass es einen fundamentalen Unterschied zwischen dem biologischen bzw. anatomischen Geschlecht (*sex*) und dem sozial konstruierten Geschlecht (*gender*) gibt und dass es für die Analyse der Geschlechterverhältnisse zentral ist, Geschlecht als historisch veränderbares, sozial und kulturell geprägtes Artefakt zu verstehen. „Gegenwärtige Forschung geht davon aus, dass ‚Geschlecht' immer soziale, kulturelle, politische und biologische Komponenten beinhaltet, die sich historisch verändern können (Becker-Schmidt/Knapp 2000). Deshalb wird bislang eher von ‚Gender' gesprochen. Der Begriff ‚Geschlecht' kann jedoch auch verwendet werden, wenn deutlich gemacht wird, um welche Bedeutung es sich handelt bzw. welche Dimension von ‚Geschlecht' gemeint ist."[133]

Einführend kann der Begriff „Gender" wie folgt beschrieben werden: „Gender refers to the social construction of women and men, of feminity and mascu-

132 Die sich im Übrigen, wie alle entstehenden Wissenschaften, kritisch mit der Frage ihrer Legitimation auseinandersetzen müssen, denn mitunter werden „Gender Studies" als unwissenschaftlich bewertet.

133 http://www.genderkompetenz.info/w/files/gkompzpdf/gkompz_was_ist_gender.pdf

linity, which varies in time and place, and between cultures." (European Commission 2012).

In Anlehnung an die Philosophin und Philologin Judith Butler, die u.a. mit ihrem Werk *Das Unbehagen der Geschlechter*[134] einen wichtigen Beitrag zur Gendertheorie geleistet hat, kann unter „Gender" – in Abgrenzung zum biologischen Geschlecht „Sex" – das soziokulturelle Geschlecht bzw. die Geschlechtsidentität verstanden werden.

„Die Literaturwissenschaftlerin Judith Butler hat 1990 mit ihrem Buch *Gender Trouble* auf die diskursive Konstruiertheit aller Aussagen über Körper, Geschlecht und Identität hingewiesen. Butler bezeichnet mit Gender die kulturell-gesellschaftlich bedingten Geschlechtsidentitäten und benutzt für das biologische Geschlecht den Begriff ‚Sex', wobei sie keinesfalls beide Konzepte voneinander trennt."[135]

Die Begriffe *sex* und *gender* sind – obwohl sie so eng miteinander verbunden sind – nicht miteinander austauschbar, worauf Bryce und Rutter hinweisen:

„Although the experience of gender is often linked to biological sex, the two terms are not interchangeable. [...] Gender is a social and cultural identity – conventionally associated with biological sex – that influences the way individuals present themselves to the world and the ways in which others act toward them. It also determines the norms, expectations, and roles regarded as acceptable, and the nature of interactions between and within the sexes."[136]

Nach der Spieledesignerin Nina Kiel wurde bereits in den 60er Jahren eine sprachliche Trennung zwischen biologischem (*sex*) und sozialem (*gender*) Geschlecht etabliert. „Der ursprünglich der Grammatik entstammende Begriff ‚Gender' (dt. Genus = das grammatische Geschlecht von Substantiven, also: Femininum, Maskulinum, Neutrum) beschrieb und beschreibt auch heute noch die soziale und kulturelle (Aus-)Prägung von Geschlecht."[137]

Es wird also unterschieden zwischen dem biologischen Geschlecht, das Bezug nimmt zur Anatomie eines Menschen und dessen körperlichen Geschlechtlichkeit und dem nicht biologisch determinierten, sozial konstruierten Geschlecht.

---

134 Original: „Gender Trouble: Feminism and the Subversion of Identity". 1990. Routledge Verlag. New York

135 Richard 2004: 87

136 Bryce & Rutter in Raessens & Goldstein 2005: 302

137 Kiel 2014: 16

„Dementsprechend unterliegt das soziale Geschlecht in seiner Ausformung immer den individuellen, normativen Werten einer Gesellschaft und hängt nicht kausal mit dem ‚Sexus‘ zusammen, der über Vagina und Brüste (Frau) sowie Penis und Skrotum (Mann) festgestellt und festgelegt wird.“[138]

Im Unterschied zum biologischen Geschlecht, das anhand von physischen Attributen (Erscheinungsbild, Fortpflanzungsorgane, Chromosomen, Hormone usw.) festgemacht wird, ist das soziale Geschlecht also eher normativ wirksam und entsteht in der Auseinandersetzung eines Individuums mit den gesellschaftlichen Kontexten, innerhalb derer dieses sich bewegt. „Geschlechtsspezifische Rollenbilder sind also, kurzgefasst, mit dem Geschlecht einer Person verknüpfte Verhaltensmuster, die von dieser Person selbst zunächst verinnerlicht und daraufhin reproduziert werden.“[139]

Die Begriffe Sex und Gender sind untrennbar miteinander verbunden: „Soziales und biologisches Geschlecht können daher nie – jedenfalls nicht in Anwendung auf die Lebenswirklichkeit – strikt getrennt voneinander behandelt, sondern müssen immer in Bezug aufeinander betrachtet werden.“[140]

Die Idee, dem biologischen bzw. anatomischen Geschlecht (*sex*) das soziale Geschlecht (*gender*) gegenüber zu stellen, entstand ab den 70er Jahren des 20. Jahrhunderts und seitdem hat sich die wissenschaftliche Auseinandersetzung rasch entwickelt und ausdifferenziert. Dabei wurde davon ausgegangen, dass Geschlechterrollen (soziale) Konstruktionen darstellen, die zur Aufrechterhaltung der bestehenden Machtverhältnisse dienen. Eine geschlechtliche Dualität im Sinne von Mann vs. Frau wurde stillschweigend als Grundlage der Analyse betrachtet. „In fact, gender as an analytic category has only emerged in the late twentieth century (and even more recently for some industry executives). Though earlier theories may have depended on what they described as a primary opposition between men and women, or may have treated the ‘woman question’, they did not employ gender as a way of talking about systems of sexual or social relations.“[141]

Ab den 90er Jahren des 20. Jahrhunderts wurde auch der Umstand gewürdigt, dass auch biologische Merkmale immer interpretiert werden, wobei diese Interpretation von historischen und kulturellen Kontexten abhängig und daher eine objektive Analyse des anatomischen Geschlechts nicht bzw. kaum möglich

138 Kiel 2014: 16

139 Ebd.: 20

140 Ebd.: 17

141 Cassell & Jenkins 2000: 5

ist. Dies kann auch als „Doing Gender der Wissenschaft" bezeichnet werden, die durch Untersuchungen und Studien, denen zumeist Vorannahmen inhärent sind, erst zwei klar voneinander unterscheidbare Geschlechter schafft. In der Gegenwart hat sich jedoch die Annahme des Verhältnisses von biologischem und sozialem Geschlecht wiederum geändert, mittlerweile wird davon ausgegangen, dass Biologie und Sozialisation untrennbar miteinander verbunden sind und es kein „entweder oder" gibt, keine klare Trennung von *sex* und *gender*. Diese Perspektive beruht vorrangig auf zwei Erkenntnissen: Einerseits würde durch die Trennung beider der Fokus zu sehr auf das soziale Konstrukt gelegt und die natürliche Grundlage in Form von biologischem bzw. anatomischem Geschlecht unhinterfragt bleiben. Andererseits hinge die Auffassung von dem, was biologisch ist, ganz erheblich davon ab, was sozial als solches angesehen wird. Die momentane Perspektive der Gender-Forschung betont also vielmehr, dass biologische, soziale und kulturelle Faktoren zusammen zu denken sind. Dabei ist die Frage entscheidend, warum eine Unterscheidung in Frauen vs. Männer relevant ist und wie diese bewertet wird.

Bei der Auseinandersetzung mit den Geschlechtern wird mitunter die zweigeschlechtliche Dichotomie kritisiert, da durch diese Transsexualität (bzw. das „dritte Geschlecht") ignoriert bzw. nicht inkludiert wird. „In unserer Gesellschaft herrscht ein System der Zweigeschlechtlichkeit vor. Die dadurch entstehenden Geschlechterdifferenzen sind hierarchisch strukturiert, wobei die männlichen Eigenschaften weitgehend positiver als die weiblichen bewertet werden. Diese Polarisierung der Geschlechtscharaktere ist bereits im 18. Jahrhundert entstanden und ist zu einem großen Teil auch heute noch aktuell."[142] Dies ist insofern problematisch, als dass durch die klare Dichotomie Männlichkeit vs. Weiblichkeit diese (geschlechtlichen) Kategorien einerseits auch in Abhängigkeit voneinander geraten und andererseits auch Heteronormativität zum Maßstab gesetzt wird.

Laut Nina Kiel stehen sich die Kategorien „männlich" und „weiblich" binär gegenüber: „Dieser Einwand Judith Butlers, dass die strikte Geschlechterordnung – die Trennung zwischen ‚Mann' und ‚Frau' auf Basis ihrer jeweiligen Reproduktionsfähigkeit – zwangsläufig das Konzept der Heterosexualität bedinge und zugleich fördere, wird durch die Begriffe ‚binär' und ‚bipolar' aufgegriffen."[143] Kiel argumentiert weiter: „Gestützt wird auf diese Weise das Konzept der Heteronormativät/Heteronormalität: Männlichkeit und Weiblichkeit sind ei-

142 Grapenthin in Bevc & Zapfl. 2009: 161

143 Kiel 2014: 19

nerseits eindeutig voneinander abgegrenzt, andererseits aber auch in direkter Verbindung und Abhängigkeit zueinander gezeichnet."[144]

In diesem Kontext ist auch das folgende Zitat Judit Butlers relevant, das unterstreicht, dass erst durch die Benennung der sexuellen Differenz der erwähnten geschlechtlichen Dichotomie eine Bedeutung zugeschrieben wird und dass die Heterosexualität – quasi als die Konsequenz der Gegenüberstellung von männlich und weiblich – als Normalzustand verstanden wird. „Wenn wir die sexuelle Differenz benennen [...], schaffen wir sie auch in die Welt, wir beschränken unser Verständnis von relevanten Sexualorganen auf solche, die im Prozess der Reproduktion eine Rolle spielen, und schreiben dadurch der Heterosexualität eine ontologische Notwendigkeit zu."[145]

Auch Cassell und Jenkins betonen im von ihnen herausgegebenen Sammelband *From Barbie To Mortal Kombat* (2000) die binäre Gegenüberstellung von männlich und weiblich: „Today, however, the binary opposition between the sexes carries much weight, and leads us to speculate about 'masculine' and 'feminine' qualities, likes and dislikes, and activities."[146] Wichtig ist dabei der Hinweis, dass die Bewertung bzw. Ausgestaltung des Verhältnisses zwischen Mann und Frau u.a. stark vom jeweiligen sozialen und kulturellen Kontext abhängt. „The binary opposition between masculine and feminine is a purely cultural construct – and a construct that is conceived of differently in different cultures, historical periods, and contexts."[147]

Carrie Heeter beschreibt den Unterschied zwischen biologischem und sozialem Geschlecht wie folgt: „Gender identity develops over time and relates to the extent to which a person perceives themselves as conforming to socially-constructed ideals and expectations of masculine or feminine in the world (Stets & Burke, 2006). […] Thus, the socially-constructed ideals of femininity overlap with but are not longer synonymous with the female gender."[148]

Ein weiterer zentraler Aspekt in diesem Zusammenhang ist, dass das soziale Geschlecht – im Gegensatz zum biologischen – kontinuierlich reproduziert wird und insofern ein Konstrukt ist, welches primär durch soziale Interaktion und (Bedeutungs-) Zuschreibungen entsteht und sich in deren Wiederholungen verfestigt und bestätigt. „Nun ist das soziale Geschlecht explizit nicht statisch, sondern veränderbar; da allerdings die damit einhergehenden Erwartungen und zu-

144 Kiel 2014: 19

145 Zitat Judith Butler in Kiel 2014: 17

146 Cassell & Jenkins 2000: 5f.

147 Cassell & Jenkins S. 6

148 Heeter in Wolf, Perron 2013: 373

geschriebenen Attribute kontinuierlich [...] an das Individuum gerichtet werden, wird es diese zunächst verinnerlichen und daraufhin selbst aktiv reproduzieren."[149]

Der Prozess der kontinuierlichen Reproduktion des sozialen Geschlechtes wird als *Doing Gender* bezeichnet. Candace West und Don Zimmermann verwiesen in ihrem gleichnamigen Aufsatz[150] bereits 1987 darauf, dass Geschlecht alltäglich und in der Interaktion mit anderen kontinuierlich „gemacht" würde. Die Doing-Gender-Prozesse vollziehen sich dabei nicht nur auf individueller, sondern auch gesellschaftlicher Ebene, wie z.B. durch gesellschaftlich wirksame Normen, Werte, Stereotype, Vorstellungen, Traditionen usw., die durch komplexe Erziehungs- und Sozialisationsprozesse insofern wiederum das Individuum beeinflussen. Dabei unterliegen die Vorstellungen der Geschlechterverhältnisse einem historischen gesellschaftlichen Wandel und insofern ist auch „Doing Gender" notwendigerweise als kontextualisierter Prozess zu verstehen.

Abbildung 7: „Meilensteine" des Gender in Games und Gaming-Diskursen

Quelle: www.mitpress.mit.edu

149 Kiel 20014: 18

150 „Doing Gender" in Gender & Society June 1987 vol. 1 no. 2 125-151

Gender Aspekte in „Games & Gaming“

> Computer gameplay as a specific activity takes place within and forms a part of culture that is not gender neutral.
> DOVEY & KENNEDY/GAME CULTURES: 36

1998 veröffentlichten Justine Cassell und Henry Jenkins den Sammelband From *Barbie to Mortal Kombat*[151], der eine Momentaufnahme der Auseinandersetzung mit Frauen und Computer- und Videospielen darstellte. In der Einleitung konstatieren sie: „Video games provide a prime example of the social construction of gender. Women rarely appear in them, except as damsels requiring rescue, or rewards for successful completion of the mission. Most feminist analysis of gender and video games to date has been concerned with the proliferation of violent, aggressive, gory, and often overtly misogynistic images within the video game marketplace.“[152]

Cassell & Jenkins gehen davon aus, dass digitale Spiele sexistische (und frauenfeindliche) Frauenbilder vermitteln und reproduzieren können: „.... whereas it would be difficult to argue that chess – as its played today – reproduces and reflects inherently sexist images of women (except through exclusion), there are abundant reasons to judge the video games of today as reaffirming sexist ideologies and circulating misogynistic images.“[153]

Im Fokus der Debatte standen lange primär die ästhetische Stereotypisierung von Frauen innerhalb von digitalen Spielen sowie die narrative Relevanz von weiblichen Charakteren und weniger die Konsumgewohnheiten von Mädchen und Frauen bzw. das Angebot an „Girls Games“.[154]

„Analysis of the relationship between gender and computer gaming generally focuses on two issues: representation of females within games and the focus on male game themes. The first of these issues takes a textual approach to the analysis of game content as embodying gendered, patriarchal and stereotypical representations of females. Content analy-

---

151 Zehn Jahre später brachten Kafai et al. mit *Beyond Barbie and Mortal Kombat* (2008) die Diskussion auf einen neuen Status Quo.

152 Cassell & Jenkins 1998: 7

153 Cassell & Jenkins 2000: 3

154 Melanie Krause beschäftigte sich in ihrer Dissertation „Weibliche Nutzer von Computerspielen“ (2010) mit den Konsumgewohnheiten von jungen Mädchen und Frauen.

sis has highlighted a general lack of female game characters, and the sexualised and stereotypical representation of those included female characters."[155]

Auch jenseits der ästhetischen Darstellung gibt es vielfältige Aspekte bei denen Gender eine Rolle spielt. Bryce et al. stellen z.B. in *Understanding Digital Games* fest, dass allein der Zugang bzw. die Art und Weise der Hinwendung zu digitalen Spielen „*ge-gendert*" ist: „In short, we can understand that social relationships, ordinary practices, access to technology and gendering of space have a profound effect on digital gaming and female involvement at a point which proceeds engagement with the game itself."[156]

Im Hinblick darauf, dass sich innerhalb der letzten Jahre der Anteil weiblicher Spieler stark erhöht hat, werden auch zunehmend weibliche Konsumpräferenzen untersucht, was insofern zu begrüßen ist, weil digitale Spiele seit ihrer Entstehung lange als „Boys Toys" galten, zu denen Frauen eher keinen Zugang hatten.[157]

Digitale Spiele wurden lange Zeit als eine Freizeitbeschäftigung überwiegend männlicher Jugendlicher betrachtet.[158] Mittlerweile hat sich dies jedoch gewandelt, primär durch die Einführung neuer Spieleplattformen, durch die nicht nur neue Zielgruppen erschlossen wurden, sondern digitales Spielen „massenmarkt-kompatibel" wurde, so dass nun auch Fragen nach weiblichen Konsumgewohnheiten im Zentrum des Forschungsinteresses stehen.

Allerdings konstatieren Bryce & Rutter, dass es an Akzeptanz von weiblichen Spielerinnen mangelt: „[...] we suggest that the gendering of computer gaming is consistent with the reinforcement and reproduction of established gender roles, and the gendering of particular leisure activities. Our arguments aim to challenge the self-perpetuating myth of gaming as a male only activity and argue that female gamers do exist but are often rendered ‚invisible' by male-dominated gaming communities, the games industry, and academic research."[159]

---

155 Bryce & Rutter 2002: 246

156 Bryce et al. in Bryce & Rutter 2006: 190

157 Vgl. hierzu u.a.: Vermeulen 2011, Kerr 2006, Kafai et al. 2008

158 „Within both academic and popular discourse computer gaming has been marginalised as a leisure activity restricted to male children and adolescents and been strongly associated with media effects discourse. This recurring discourse suggests that the consumption practices associated with computer gaming are solitary and male, that their gaming is domestic and part of transitional phase of leisure interest – something boys will grow out of." Bryce & Rutter 2002: 245

159 Bryce & Rutter in Raessens & Goldstein 2005: 301

Laut Bryce & Rutter sind folgende Fragen relevant im Hinblick auf weibliche Spieler: „Why are females assumed not to play with the ‚boy's toys'? Why is female participation in, and consumption of, gaming marginalized? Why are female gamers underrepresented in gaming competitions and events? Why, given the recent developments in digital game research and market analysis, are we still having problems locating the invisible female gamer?"[160]

Seit einigen Jahren hat auch die Untersuchung der Arbeitsbedingungen von Frauen innerhalb der Spieleindustrie an Aufmerksamkeit gewonnen.[161]

Im Fokus steht dabei die Frage, inwieweit der Zugang zur Spieleindustrie Gender-Aspekten unterliegt; aber auch Fragen, wie die Unternehmen innerhalb der Branche sich im Hinblick auf weibliche Beschäftigte positionieren und inwieweit sie sich mit diesem Thema beschäftigen, ist von Erkenntnisinteresse. Diese Untersuchungen stehen dabei einerseits in der Tradition der akademischen Analyse von Arbeitsbedingungen von Frauen in anderen männerdominierten Branchen, derer es laut Ganguin & Hoblitz viele gibt: „Forschungen zu Frauen in männerdominierten Arbeitsfeldern liegen zahlreich vor. So wurden besonders die Technik- und Naturwissenschaften untersucht, z.B. Ingenieurinnen in der Männerdomäne oder Genderforschung zum Fach Mathematik sowie Geschlechteraspekte in der technischen Disziplin Informatik."[162]

Die Gender-Aspekte von digitalen Spielen sind also vielfältig und gehen über die ästhetische Darstellung von weiblichen Spielfiguren hinaus, auch wenn diese lange Zeit im Zentrum der Auseinandersetzung stand. Wichtig ist an dieser Stelle zu betonen, dass sich Gender-Aspekte im Hinblick auf digitale Spiele auf unterschiedlichen Ebenen, auswirken.[163] Die Ebenen der Gender-Reproduktion digitaler Spiele:

160 Bryce & Rutter in Raessens & Goldstein 2005: 301

161 Vgl. hierzu: Wimmer & Sitnikova 2012; Prescott & Bogg 2011(a) und 2011(b); Prescott & Bogg 2013; Ganguin & Hoblitz 2014

162 Ganguin & Hoblitz 2014: 10.

163 Vom Zugang zu den Games bzw. auch den Orten, an denen sie gespielt werden über den Konsum von Games (z.B. Genre & Konsum Präferenzen etc.) über die (Medien-) Wirkung der Spiele und ihren Rückkopplungseffekt auf die weiblichen Spielerinnen bis hin zur genderspezifischen Darstellung der Spielfiguren sowie natürlich auch Gender-Aspekte im Hinblick auf die Beteiligung von Frauen an der Herstellung und Vermarktung von digitalen Spielen gilt es unterschiedliche Punkte zu beleuchten.

- Konsum: wie spielen Frauen (Konsum- und Genrepräferenzen); (Kapitel 3.1.)
- Ästhetik: Darstellung und Relevanz weiblicher Spielfiguren; (Kapitel 3.2.)
- Angebot: Digitale Spiele für Frauen; (Kapitel 3.3.)
- Produktion: Frauen innerhalb der Spieleindustrie; (Kapitel 3.4.)

Abbildung 8: Visualisierung des Virtuous Cycle

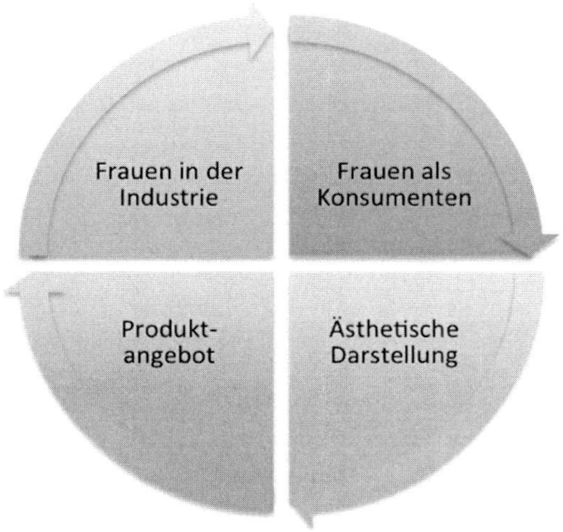

Quelle: eigene Grafik

Das Konzept des Virtuous Cycle

> Creating more games that appeal to girls and women will help to create a 'virtuous cycle' to draw more women into game creation.
>
> TRACY FULLERTON (2008): 175

Im Folgenden soll der Begriff bzw. das Konzept des *Virtuous Cycle* erläutert und für das Erkenntnisinteresse der vorliegenden Arbeit eingeordnet werden.

Der Begriff des Virtuous Cycle,[164] der etwa mit „selbstoptimierender/positiver/verstärkender Kreislauf oder Zyklus" übersetzt werden kann, ist ein beste-

164 Äquivalent wird auch „virtuous circle" benutzt. Dem gegenüber steht der „vicious cycle/circle".

hender Begriff, der insbesondere (aber nicht nur) in der Betriebswirtschaft Relevanz hat und sich darauf bezieht, dass eine Anzahl unterschiedlicher Aktivitäten oder Dinge sich gegenseitig (positiv) bedingen und in einer Art Feedback Loop miteinander in Verbindung stehen. Beispiele sind u.a.: wirtschaftliches Wachstum, Hyperinflation, Trainingseffekte (Mitarbeiter-Trainings), globale Erderwärmung/Klimawechsel und Armutsentwicklung. „A virtuous circle is one where a good event feeds on itself to improve business further. It is a positive feedback loop. A virtuous circle can be small operating over days or it can drive a whole company's strategy for decades. The same positive feedback loop can also run in reverse however, to create a vicious cycle, when a bad situation feeds on itself to make it even worse. A feedback loop exists that reinforces the poor results.“[165]

Wichtig bei diesem Konzept ist also die Relation unterschiedlicher einzelner Aspekte, die sich gegenseitig auf spezifische Art und Weise bedingen, ohne dabei notwendigerweise in einem klar definierbaren Kausalzusammenhang zu stehen. Der Zusammenhang kann positiv sein (*virtuous cycle*) oder negativ (*vicious cycle*). Inwiefern dieses Konzept nun auf die Spielekultur angewendet werden kann, soll im Folgenden dargelegt werden.

Die Game-Designerin Tracy Fullerton benutzte den Begriff in ihrem Aufsatz *Getting Girls into the Game: Toward a „Virtuous Cycle“.*[166] vermutlich erstmals im Hinblick auf die Spieleindustrie: sie setzt sie sich mit der Fragestellung auseinander, inwieweit mehr Frauen ermutig werden könnten, sich für Spiele zu interessieren, diese auch selbst zu spielen und dadurch auch zunehmend innerhalb der Branche zu arbeiten.

In der Einleitung des Aufsatzes heißt es: „Our goal is to create a ‚virtuous cycle‘ that draws more women into game creation through more inclusive learning, play and work environments.“[167] Was die Autoren vor allem leisten ist, die Ebenen des weiblichen Konsums, des Angebotes an Spielen und die Anteile von Frauen an der Produktion bzw. Entwicklung von Spielen in Verbindung zu setzen. Dabei beschreiben sie diesen Zusammenhang als das sprichwörtliche „Henne-Ei-Problem“:

„In our conversations with female game-design students and game designers we also identified the chicken-and-egg-problem that more girls and women would be interested in games if more games existed that girls and women liked to play and if work environments could be found that were more supportive of

---

165 Vgl.: https://strategicthinker.wordpress.com/vicious-cycle (Stand Juli 2015)

166 Veröffentlicht 2008 im in Kafai et al. 2008

167 Fullerton et al. in Kafai et al. 2008: 161

their values and work styles.“[168] Inwieweit dieses „Henne-Ei-Problem“ tatsächlich auch in der Realität der (deutschen) Spieleindustrie von Relevanz ist, wurde jedoch nicht bislang noch nicht ausführlich empirisch untersucht.

„Although research in this topic is limited, current evidence suggests that inclusion of female game designers tends to result in game designs that appeal to females. In an empirical study, Heeter and colleagues (2005)[169] found that girls ate games envisioned by all-girl-teams more favourably than games envisioned by all-male teams, without knowing the gender of the design team.“[170] Die zwei zentralen Fragen der Untersuchung von Heeter et al. waren (a) Beeinflusst das Geschlecht der Game Designer das Endprodukt? und (b) Bevorzugen Spieler Produkte, die von Game Designern desselben Geschlechtes und Alters produziert wurden? Das Ergebnis der Studie zeigt, „... that the designers' gender influences the design outcome of games and that girls expected they would find the girl games significantly more fun to play than the boy games while boys imagined the boy games would be significantly more fun to play than the girl games.“[171]

Das Fazit von Heeter et al. scheint zwar nicht überraschend, besitzt aber aufgrund des empirischen Gehaltes m.E. große Relevanz: „Gender is far from the only factor that influences design outcomes. There are many factors that can affect the outcome of a game design, including the context, the content, the game genre, game goals, the age of the designers and designer gender.“[172]

Fullerton et al. argumentieren in ihrem Aufsatz, dass eine Verbesserung der Arbeitsbedingungen für Frauen in der Spieleindustrie einerseits und im Zuge dessen eine vermutete Veränderung der Spiele andererseits auch wiederum mehr Frauen ermutigen würden, digitale Spiele zu konsumieren.[173]

Dabei gehen die Autoren davon aus, dass das Angebot an Spielen, die Mädchen und Frauen ansprechen, der zentrale Punkt sei: „Perhaps the largest hurdle for greater gender equity in game creation is that women would aspire to be

168 Ebd.: 163

169 Vgl.: http://gel.msu.edu/carrie/publications/aliengames.pdf (Stand Juli 2015)

170 Fullerton et al. in Kafai et al. 2008: 165

171 Heeter et al. 2005: 1; Weiter: „When placed in the role of game designers, girls in our study consciously designed their games with both male and female players in mind, while boys designed only for other boys.“

172 Heeter et al. 2005: 1

173 Eine Annahme, die sich seit Beginn der Computer- und Videospieleindustrie durchzieht, bislang aber weder empirisch noch analytisch verifiziert oder falsifiziert werden konnte.

game designers more frequently if there were more games available they enjoyed."[174] Die Autoren sehen diese Überlegung als Imperativ für die Spieleindustrie: „Far from being an academic exercise, we see this description as a goal that industry must aspire to in order to increase the appeal of games to a broader audience."[175]

Auch die Gamedesignerin Sheri Graner Ray sieht einen Zusammenhang zwischen den für Mädchen und Frauen angebotenen digitalen Spielen und der Anzahl der Frauen innerhalb der Spieleindustrie: „If we want to have (game) titles that reach a diverse audience, our workforce has to reflect that diversity."[176] Und Mia Consalvo spricht im Hinblick auf den Virtuous Cycle von einem „Feedback Loop": „Creating and maintaining a more diverse workforce, it seems, could result in games that are more gender inclusive, and that better reflect game play styles and content that would interest a broader population of games."[177]

Das Hauptargument, warum es relevant wäre Frauen als Zielgruppe anzusprechen, liefert sie dabei direkt mit: „Proponents of such a strategy also argue that the current console market demographics has tapped out young adult men and boys and needs to seek new populations in order to grow."[178]

Wenngleich das Konzept des Virtuous Cycle auf den letzten Seiten nur skizziert werden konnte, so sind hoffentlich doch zwei Aspekte verdeutlicht worden: Erstens, dass der Begriff bzw. auch das Konzept des Virtuous Cycle kein spezifisch für die Spieleindustrie entwickeltes Theorem ist, sondern originär zunächst nur den Zusammenhang zwischen unterschiedlichen Dingen, die sich gegenseitig beeinflussen, bezeichnet und zweitens, dass im Hinblick auf die Spieleindustrie mit dem Konzept des Virtuous Cycle der (vermutete) Zusammenhang zwischen dem Angebote an Spielen, dem Interesse von Frauen am Konsum, aber auch der Produktion sowie der tatsächlichen Beteiligung von Frauen an der Herstellung von digitalen Spielen beschrieben werden kann.

174 Fullerton et al. in Kafai et al. 2008: 165

175 Weiter: „Here [in diesem Text, d.A.] we provide evidence that the ideal working environment does not currently exist, describe some of the reasons why, and highlight how this state of affairs has implications for women's involvement in gaming." Fullerton et al. in Kafai et al. 2008: 163

176 Für mehr Informationen zur Person: http://sherigranerray.com

177 Consalvo in Kafai et al. 2008: 177

178 Ebd.

Exkurs: Der Virtuous Cycle am Beispiel *Die Sims*

Um diesen analytisch hergestellten Zusammenhang zu illustrieren, soll er an einem Spiel erläutert werden. Dafür bietet sich *Die Sims* des nordamerikanischen Branchenprimus *Electronic Arts*[179] an. *Die Sims,* das zunächst nur für den PC, später jedoch auch für andere Plattformen verfügbar war, ist eine der erfolgreichsten Spielefranchise weltweit und wurde bislang mehr als 175 Millionen mal verkauft.

Das erste *Die Sims* Spiel wurde Anfang 2000 veröffentlicht und *Die Sims 4* im September 2014. Dazwischen erschienen die Haupttitel *Die Sims 2* (2012) und *Die Sims 3* (2009), sowie vielfältige Special Editions, Erweiterungspacks und sogenannte Add-Ons, u.a.: *Die Sims Urlaub total* (2002), *Die Sims 2 – H&M Fashion Accessoires* (2007), *Die Sims 2 – Ikea Home Accessoires* (2007), *Die Sims Inselgeschichten* (2008), *Die Sims Vier Jahreszeiten* (2009), *Die Sims 2 Haustiere* (2009), *Die Sims Mittelalter* (2011).[180]

Die Sims hat sich insofern über lange Jahre eine sehr loyale, globale Fangemeinde aufgebaut, wobei die Franchise insbesondere bei der weiblichen Zielgruppe sehr beliebt ist. Eine Tatsache, die Elisabeth Hayes wie folgt begründet:

> „The Sims is about building communities, social interactions, relationships, and virtual lives inside a simulation. [...] The Sims involves players in designing clothes and houses and in having children and building families. [...] The Sims was designed to be readily modified by players, and Maxis, the company that produces the game, has successfully fostered a huge fan community (compromised of men as well as women) that shares player-created content and tools.“[181]

Wobei offensichtlich auch der Publisher Electronic Arts vom Erfolg überrascht wurde, wie der ehemalige CEO John Riccitello zugab: „Zu Beginn haben wir nicht geglaubt, dass ein Spiel über Leute und wie sie miteinander umgehen, ohne Geballer, Autofahren oder andere Action, erfolgreich werden könnte.“[182]

---

179 Entwickelt werden *Die Sims* jedoch vom Entwicklungsstudio *Maxis*, das seit 1997 zu Electronic Arts gehört.

180 An dieser Stelle sollen nur einige Beispiele genannt werden, um die Vielfältigkeit der Franchise zu unterstreichen. Bemerkenswert sind insbesondere die Kooperationen mit Weltmarken wie Ikea oder H&M, die eindrucksvoll den Einfluss des Produktes bzw. der Marke *Die Sims* unter Beweis stellen.

181 Hayes 2011: 127

182 http://www.br.de/themen/ratgeber/inhalt/computer/15-jahre-die-sims-100.html (Stand Juli 2015)

Das eigentlich Bemerkenswerte an *Die Sims* ist jedoch nicht der Erfolg in der weiblichen Zielgruppe – laut Fullerton et al. hat die Franchise mindestens 40%-50% weibliche Spieler, sondern vielmehr, dass es aufgrund seiner Entwicklungsgeschichte einen guten Beleg für die Existenz des Virtuous Cycle liefert.

„The Sims was cited earlier as an example of a game that could counter the vicious cycle (of women not being interested in game play, so not interested in game design) with a virtuous cycle: girls who like to play The Sims were inspired to design games."[183]

Im Entwicklerteam des Original *Die Sims* (2000) war fast die Hälfte der beteiligten Entwickler und Producer Frauen, wobei nach dem Erfolg des Spieles, insbesondere bei der weiblichen Zielgruppe, mehr Frauen beim Entwickler Maxis arbeiten wollten.

„On the original Sims game (Feb. 2000), 50% of the people credited as designers are female (2 of 4). 40% of the people credited as producers are female (4 of 10 producers). [...] Since then, The Sims development teams tend to have more women on average than other teams here at EA. After the base game, I think lots of women were drawn to work for Maxis (myself included) because we like The Sims. It is a cycle: make a game that appeals to women, draw more women to work on games, make more games that appeal to women."[184]

Die Sims illustriert insofern anschaulich, was die analytische Annahme des Virtuous Cycle beschreibt: wenn bei der Entwicklung eines digitalen Spieles mehr Frauen beteiligt sind, wird dieses Produkt den weiblichen Konsumpräferenzen im Hinblick auf Ästhetik, aber auch Narration u.U. eher gerecht, was wiederum in mehr weiblichen Konsumenten/Spielern resultiert, wodurch sich u.U. wiederum mehr Frauen interessieren, in der Spieleindustrie zu arbeiten. „The Sims is cited earlier as an example of a game that could counter the vicious cycle (of women being disinterested in game play, thus, disinterested in game design) with a virtuous cycle: girls who like to play The Sims were inspired to design games."

Fullerton et al. zeigten in ihrem Aufsatz: „Commercial game design teams that included more women in key design and production roles have produced products that women enjoy."[185] Dabei muss den weiblichen Konsumenten noch nicht einmal bewusst sein, dass mehr Frauen an der Entwicklung eines Spieles

---

183 Fullerton et al. in Kafai et al. 2008: 146

184 Ebd.: 140

185 Ebd.: 165

beteiligt waren. Carrie Heeter konnte in einer Studie zeigen, dass Mädchen Spiele präferieren, die von weiblichen Teams entwickelt wurden, ohne dies zu wissen. „In an empirical study, Heeter and colleagues (2005) found that girls create games envisioned by all-girl more favorably than games envisioned by all-male teams, without knowing the gender of the design team."[186] Den Zusammenhang des Virtuous Cycle beschreibt Heeter wie folgt:[187]

„Men create games that they like, which end up appealing to boys and men. They make new games based on the foundation of the games they have played before. Commercial game companies hire design team members who passionately love the company's existing suite of games (WIGI careers panel, 2006). The result is more of the same games."[188]

Im Folgenden soll nun der Forschungsstand im Hinblick auf die einzelnen Aspekte des Virtuous Cycle-Konzepts differenziert dargelegt werden. Dabei werden zentrale Ergebnisse bereits vorliegender Arbeiten einerseits dargestellt, andererseits aber auch darauf untersucht, inwieweit sie ausreichen, eine tatsächliche Existenz dieses Zusammenhanges zu beschreiben. Insofern soll hier ein Status Quo der Forschung zum Thema Frauen und digitale Spiele erarbeitet werden.

Die Auseinandersetzung mit den unterschiedlichen Facetten erscheint relevant, weil dies hilft, die Spieleindustrie als junge, dynamische und kreative Branche aus einer medienkulturwissenschaftlichen Perspektive zu betrachten, aber auch dazu beiträgt, das komplexe Verhältnis zwischen Gender und Kultur in unserer Gesellschaft insgesamt zu verstehen. „[P]lay including digital play is deeply affected by the cultural construction of gender. Play and leisure, like work, are embedded in our cultures and therefore discussions of play with regards to the gendered digital divide is an important area of research and may enable a deeper understanding of gender and culture."[189]

186 Heeter et al. 2005: 22

187 Oder auch: „The game industry is still designing games primarily form men, with women seen as – at best – a secondary market and more often as an afterbought. If a mainstream game attracts women, it is viewed by most game industry executives as a happy accident." – Jenkins & Cassell in Kafai et al. 2008: 14;

188 Fullerton et al. in Kafai et al. 2008: 165

189 Prescott & Bogg 2013b: 74

Frauen und digitale Spiele – der Forschungsstand

Die Hälfte der Spieler ist weiblich

Mittlerweile ist (fast) die Hälfte aller Spieler weiblich: Seit Jahren zeigen Reports und Statistiken[1] unterschiedlicher Marktforschungsunternehmen[2], dass der Anteil von jungen Mädchen und Frauen, die digitale Spiele konsumieren, gestiegen ist und mittlerweile – je nach Spieleplattform (PC, Konsole, Mobile, Browser etc.) – bei rund der Hälfte aller sogenannten Spieler liegt.

Der allmähliche Anstieg bzw. Wachstum weiblicher Spieler, der seit ca. Anfang des 21. Jahrhunderts, spätestens aber mit der Veröffentlichung der Spielekonsole *Nintendo Wii* im Jahr 2006 einsetzte, kann u.a. anhand des alljährlich veröffentlichten Report „Essential Facts about the Computer and Video Game Industry“ der nordamerikanischen „Entertainment Software Association“ (ESA) nachgewiesen werden. 2011 waren noch 58% der Spieler männlich und 42% weiblich, im Jahr 2014 56% männlich und 44% weiblich. Diese Zahlen verdeutlichen vor allem, dass Frauen seit einigen Jahren zunehmend digitale Spiele spielen. Korreliert man z.B. das Geschlecht mit der Kategorie Alter kann konstatiert werden: „Women age 18 or older represent a significantly greater portion of the game playing population (33%) than boys age 18 or younger (15%).“[3]

1 Exemplarisch: Reports der Gesellschaft für Konsumforschung (GfK), des Branchenverbandes BIU, der Entertainment Software Asssociation (ESA) oder der International Games Developer Association (IGDA)

2 Exemplarisch: Flurry Analytics und Super Data Research

3 ESA „Essential Facts about the Computer and Video Game Industry 2015“: 3

Entwicklung der Computer- und Videospiele als „Boys' Toys"

> Man hat nur 50 Prozent der Menschheit sozusagen angesprochen mit dem, was man gemacht hat. Und das ist natürlich ein Umsatzpotential, das irgendwann mal gehoben werden muss.
>
> GERALD KÖHLER/INTERVIEWPARTNER

Digitale Spiele galten lange Zeit als „Boys' Toys", zu denen Frauen eher keinen Zugang hatten, weshalb Frauen auch lange Zeit im Diskurs um digitale Spiele kaum relevant waren: „Vor dem Hintergrund ihrer geringen Anzahl und der geringeren Spieleintensität sind Frauen in der Computerspieleforschung seit Anbeginn vor allem als Nicht- bzw. Wenigspielerinnen berücksichtigt worden."[4]

Carrie Heeter schreibt in ihrem Aufsatz *Do girls prefer games designed by girls?* (2004): „For the most part, video games have been made by boys and men for boys and men. In that sense, video games alienate or are alien to half the population i.e. girls. Gaming culture is predominantly male."[5]

Ähnlich formuliert Lotte: „Video games have traditionally been seen as boys' toys. Since the introduction of video games, male teenagers were perceived as the main target audience by the game industry and largely continue to be so until recently."[6] Die Autorin begründet dies damit, dass die Arcade-Hallen seit Beginn ihrer Entstehung zumeist mit männlich konnotierten Spielen ausgestattet waren: „In the early years, arcades were filled with science fiction shoot-'em-ups, race-, and sports games which mainly attracted a male teenage audience. This tradition continued with the first console and computer games and later with violent titles ... which further shaped the medium's reputation."[7]

Kafai et al. sehen einen Zusammenhang zwischen der heimischen Spielekonsole und einem genderspezifischen Zugang zu eben dieser: „Gaming in the 1990s was centered on Nintendo and Sega consoles at home and in arcades, with girls and women greatly outnumbered. Study after study reaffirmed that girls and women were not interested in technology, and by extension, in games. [...] Many argued that game production was biased because most game designers were men who designed for players like themselves."[8]

4 Krause 2011: 11

5 Heeter et al. 2004: 2

6 Vermeulen 2011: 1f.

7 Ebd.

8 Kafai et al. 2008: XIV

Das Spielen von Computer- und Videospielen wurde mitunter auch als adoleszentes Hobby betrachtet, dass sich mit dem Heranwachsen verliert: „Within both academic and popular discourse computer gaming has been marginalised as a leisure activity restricted to male children and adolescents and been strongly associated with media effects discourse. This recurring discourse suggests that the consumption practices associated with computer gaming are solitary and male, that their gaming is domestic and part of transitional phase of leisure interest – something boys will grow out of."[9]

Die Feststellung allein, dass digitale Spiele „Boys' Toys" waren, scheint für all jene, die mit diesem Medium aufgewachsen sind, eventuell nicht erstaunlich, dennoch drängt sich die Frage nach den Ursachen auf. Die Antwort kann jedoch nicht monokausal formuliert werden. An dieser Stelle sollen daher nur Aspekte benannt werden, ohne den Anspruch, eine umfassende Erklärung zu geben.

Dem Stand der Forschung nach können folgende Faktoren zur Erklärung genutzt werden:

- Frauen hatten lange Zeit keinen oder kaum Zugang zur notwendigen Hardware um Computer- und Videospiele zu spielen.
- Das geringe Angebot an Spielefiguren, mit denen sich Mädchen und (junge) Frauen identifizieren können (das erst in den letzten Jahren allmählich quantitativ und qualitativ gewachsen ist);
- Die Wirksamkeit von generellen Sozialisationseffekten, die den Konsum von Computer- und Videospielen lange Zeit primär ausschließlich Jungen bzw. (jungen) Männern zuschrieben.

Zum zweiten Punkt, dem der mangelnden Identifikation von Frauen und Mädchen mit weiblichen Spielecharakteren, konstatieren Bryce & Rutter: „Moving beyond gender representation to its consumption, it has been argued that the gendering of game content, and the focus on violence have made computer games unappealing to females."[10]

Auf das Produktportfolio an Computer- und Videospielen sowie dessen historische Entwicklung wird im Folgenden noch eingegangen, weshalb an dieser Stelle das Spieleangebot hinsichtlich des möglichen Identifikationspotenzials für die weibliche Zielgruppe weder quantitativ noch qualitativ erörtert werden soll.

Jedoch ist es an dieser Stelle, wenn die Entwicklung von „Boys' Toys" zum „Massenmedium" skizziert wird, zwingend notwendig darauf hinzuweisen, dass

9 Bryce & Rutter 2002: 245

10 Ebd.: 247

das Identifikationspotenzial mit den Spielefiguren ein wesentliches Argument für die Beschäftigung ist und schon immer war und dass dieser Punkt im Diskurs um weibliches Spieleverhalten nicht fehlen sollte.

Julie Prescott und Jan Bogg weisen darauf hin, dass Gaming als eine eher männlich dominierte Aktivität verstanden wurde, aufgrund der genderstereotypen Zuschreibung, dass Jungen und Männern besser mit Technik[11] umgehen könnten: „Gaming space has been viewed as a gender issue. Gaming occurs in both public and private spaces, as well as across networks, the biggest being the Internet. [...] Research suggests there is a male dominance of technology, in particular a male dominance of computer games in the home and that boys are more likely to own a console (Ofcom, 2008).“[12]

Diese Zuschreibung, dass Jungen und Männer mit Technik besser umgehen könnten, wird dabei im Alltag gelebt und reproduziert und bestimmt insofern das Geschlechterverhältnis. „Developing the notion that gender is constructed through everyday actions, Eileen Green has argued that to understand technology we need to address the interaction between technology, personal consumption and the construction of identity. We need to know more about the way in which ‚ordinary people‘ appropriate ‚ordinary technologies‘.“[13]

An dieser Stelle sei daran erinnert, dass Gender als soziales Konstrukt primär durch alltägliche Reproduktion gelebt und verfestigt wird. Insofern ist der Aspekt des Zugangs zur Technik rund um digitales Spielen durchaus relevant für den Diskurs der vorliegenden Arbeit. „Schott and Horrell's (2000) study of digital gaming within families demonstrated that males often assume the role of ‚expert‘ and undermine female skills and knowledge within domestic gaming spaces. This is consistent with Crawford and Gosling's (2005) suggestion, that even in their own home, potential girl gamers are not given the same rights to access game technologies as their male counterparts.“[14]

Wenn Frauen Zugang zu Spielen bekamen, gab es durchaus Versuche der Nicht-Anerkennung: „Where women do compete in such spaces (i.e. LAN Parties) their participation is still framed in a number of ways not applied to male gamers. First, they are presented as ‚exotic‘, unusual or the exception to the rule

11 Eine gewisse technische Affinität scheint für jegliches digitale Spielen, gleich welcher Plattform oder welchen Genres, erforderlich.

12 Prescott & Bogg 2013b: 86

13 Bryce, Rutter, Sullivan „Digital gaming and gender“ in Bryce & Rutter 2006: 191

14 Ebd.: 194

that digital gaming is properly performed as male activity. Second, they are sexualized in a manner in which male gamers are not.“[15]

Problematisch war dies, weil der genderspezifische Zugang zur „Heimtechnologie“ reproduziert und kaum in Frage gestellt wurde, Mädchen und Frauen sich insofern den Zugang zu den Spielekonsolen erst erobern mussten. „This (research) suggests that despite the increased presences of gaming technologies within domestic spaces, traditional gendered patterns of access and control which have little direct relationship with digital gaming are reproduced and act to constrain female participation.“[16]

Nina Kiel hingegen argumentiert, dass Frauen zunächst auch an Computer- und Videospielen interessiert waren und erst allmählich zurückgedrängt wurden: „Die Nutzung der heimischen Konsolen entwickelte sich vom Familienereignis zum Individual- oder Kleingruppenerlebnis unter Freunden. Einhergehend damit und auch den aggressiven Werbemaßnahmen, die sich immer häufiger exklusiv an Jungen und junge Männer richteten, wurden Mädchen als potenzielle Konsumentinnen allmählich vernachlässigt.“[17] Laut Kiel zeichnete sich damit bereits in den 80er Jahren eine Tendenz zur Entwicklung geschlechtsspezifischer Spielinhalte ab, „obwohl vor allem ‚Pong‘ und ‚Space Invaders‘ zuvor eindrucksvoll unter Beweis gestellt hatten, dass die Entwicklung geschlechtsneutraler Unterhaltungselektronik nicht nur möglich war, sondern auch Erfolg nach sich ziehen und potenzielle Geschlechterdifferenzen zeitweise überbrücken konnten, wenn Männer und Frauen in einen gleichberechtigten Wettbewerb miteinander traten.“[18]

Gleichzeitig argumentiert Melanie Krause, dass sich Mädchen und Frauen ab Mitte der 80er Jahre durch die Verschiebung in den privaten Raum zunehmend mit Computer- und Videospielen auseinandersetzten: „Tatsächlich hat sich die Nutzung von Computerspielen Mitte der 80er Jahre aus den Spielhallen in den privaten Raum verschoben, was Frauen vor dem Hintergrund des hohen Stereotypisierungsgrads dieser Freizeitbeschäftigung ermutigt haben könnte, sich Computerspielen stärker zuzuwenden.“[19]

---

15 Bryce, Rutter, Sullivan „Digital gaming and gender“ in Bryce & Rutter 2006: 195

16 Ebd.

17 Kiel 2014: 28

18 Kiel 2014: 34

19 Krause 2011: 42

Frauen als neue Zielgruppe

> But the industry learnt an important lesson: interest in computers and games is not limited by gender, and commercially successful games can be designed for girls.
> CARRIE HEETER

Das Image von digitalen Spielen als „Boys' Toys" wurde jedoch (ab) Mitte der 90er Jahre zunehmend brüchig, einerseits weil sich Mädchen und junge Frauen zunehmend den Zugang zu den heimischen Konsolen und den öffentlichen „Spielplätzen" (Arcade-Hallen usw.), an denen gespielt wurde, „eroberten", andererseits aber auch, weil die Spielefirmen zunehmend unter Druck gerieten, ihre Zielgruppen erweitern mussten und dabei bemerkten, dass sie rund die Hälfte ihres potenziellen Absatzmarktes verkannten.

Mädchen und Frauen gerieten zunehmend in den Fokus der kommerziellen Aufmerksamkeit[20] und wurden von der Computerspieleindustrie als Marktsegment entdeckt. Spätestens mit dem überraschenden Erfolg von *Barbie Fashion Designer* war die weibliche Zielgruppe nicht mehr zu ignorieren. „As a reaction against this view of games as boys' toys, a Girl Games Movement emerged in the mid 90s, which aimed to create video games especially for girls in order to level the playing field. However, it was not until the release of Barbie Fashion Designer (BFD) (Mattel, 1997) that companies started thinking that there was a large enough market for girl games (Cassell, 2002). With more than 600 000 copies sold in the US alone, BFD was considered to be a great success (ELSPA, 2004). (Graner Ray, 2004)."[21]

Barbie Fashion Designer stand als kommerziell erfolgreiches Spiel für die weibliche Zielgruppe durchaus in der Kritik, einerseits, weil es kein „echtes" Computerspiel war,[22] andererseits, weil es den weiblichen Geschmack nicht nur stilisierte, sondern stereotypisierte.

> „There is some dispute as to whether this is actually a game, but the first girls game to appear in the US was BarbieFashionDesigner, published by Mattel in 1996 which was essentially an electronic version for dressing up Barbie (Casell & Jenkins, 1998)."[23]

---

20 Vgl. u.a. Kafai et al. 2008

21 Vermeulen 2011: 2

22 Es konnte lediglich Bekleidung für die Barbie am Computer entworfen und ausgedruckt werden, aber interaktive oder narrative Elemente fehlten.

23 Prescott & Bogg 2013b: 85

Die Konsequenz des großen Erfolges von *Barbie Fashion Designer* war: „[…] the major games companies were being forced to reconsider their marketing and design decisions to factor in female consumers more fully; and the introduction of *Lara Croft: Tomb Raider* represented a significant newer female action hero in games."[24]

Die allmähliche Öffnung des zunächst männlich konnotierten Hobbys Digitales Spielen ist jedoch auch ein normaler Prozess, vergleichbar mit anderen, zunächst männlich besetzten Freizeitbeschäftigungen.

Abbildung 9: „Barbie Fasion Designer" (1997)

Quelle: © Mattel

„It is apparent that gaming practices are undergoing rapid social and technical changes and at the same time it is noticeable that gendered perceptions of gaming are changing. […] This is not a phenomenon unique to gaming and is consistent with the increased participation of females in other leisure activities which have been previously perceived to be ‚male' (e.g. football, rugby and extreme sports)."[25]

24 Jenkins & Cassell in Kafai et al. 2008: 7

25 Bryce & Rutter 2002: 251

Lange Zeit hielt sich die weitverbreitete Auffassung, dass Mädchen und Frauen primär durch ihre männlichen Partner und/oder Familienangehörigen an digitale Spiele herangeführt wurden. „Research by Yee (2006a) found that women are more likely to play with a partner [...] and will have more than likely been introduced to games by their partner then men. [...] Suggesting a gender divide in that gaming is viewed as a male pursuit with males often introducing females to the leisure activity.“[26]

Die Entwicklung der weiblichen Zielgruppe nahm spätestens mit der Veröffentlichung der Spielekonsole *Nintendo Wii* im Jahre 2006 eine rasante Wendung. Der japanische Konzern Nintendo hatte diese innovative Spieleplattform dezidiert für neue Zielgruppen, die bislang dem Medium verschlossen blieben, entwickelt und auch positioniert: für Frauen, Familien, ältere Menschen; eben all jene, die bis dato nicht zur Kernzielgruppe digitaler Spiele gehörten.[27] Hintergrund war sicherlich das kommerzielle Interesse, die Reichweite bzw. den potenziellen Absatzmarkt auszubauen. Mit dem Siegeszug der Wii wurden auch die Konsumenten digitaler Spiele unterschieden – in „Gamer“ und „Casual Gamer“ (sogenannte „Gelegenheitsspieler“).

Jesper Juul spricht diesbezüglich von der „Casual Revolution“: „Video games are being reinvented, and so is our image of those who play the games. This is the moment when we realize that everybody can be a video game player.“[28] Wenn jedoch jeder ein „Spieler“ sein konnte, dann auch eben jene, die bis dahin eher nicht als „Gamer“ betrachtet wurden und sich im historischen Verlauf zunächst den Zugang zur heimischen Spielekonsole erobern mussten – Mädchen und Frauen. Noch waren sie zunächst zwar nicht viel mehr als eine Zielgruppe, aber immerhin eine sehr finanzstarke und offensichtlich auch loyale; die Zahl der weiblichen Spieler wuchs stetig.

Da diese Aspekte im Diskurs um Frauen und Gaming stets für hitzige Debatten sorgen, scheint es angebracht, kurz auf die Konsumpräferenzen von weiblichen Spielern einzugehen. Die Frage ist also: „Spielen Frauen und wenn ja wie?“

An dieser Stelle sei noch einmal unterstrichen, dass die *Nintendo Wii* zwar zweifelsohne den Videospielemarkt revolutionierte und einen großen Anteil daran trug, dass Mädchen und Frauen plötzlich voller Leidenschaft gemeinsame Stunden vor Spielekonsolen verbrachten. Jedoch wäre es m.E. zu dieser Entwicklung ver-

26 Prescott & Bogg 2013b: 78

27 Angeblich zeigte sich auch Nintendo selbst zunächst vom durchschlagenden Erfolg der Konsole mit der innovativen Bluetooth-Steuerung überrascht. Vgl. im Internet: http://winfuture.de/news,51766.html (Stand August 2015)

28 Juul 2010: 9

mutlich auch als „natürlicher Evolution“ des Mediums gekommen. Die innovative Konsole allein vermochte zwar den Zugang zur Welt der digitalen Spiele zu öffnen und die damit einhergehenden Marketingkampagnen erschlossen neue Zielgruppen, jedoch basierte das Angebot an Spielen für die Wii, dass die Unternehmen der Spieleindustrie für die weibliche Zielgruppe präsentierten, primär auf männlich geprägten Spielentwicklungsperspektiven bzw. Vorannahmen.

Noch fehlten nämlich Repräsentanten der weiblichen Zielgruppe innerhalb der Entwicklerteams sowie Marktforschungsergebnisse zu den Spielepräferenzen von Mädchen und Frauen; von einem repräsentativen Querschnitt von Frauen innerhalb der Spieleunternehmen zu schweigen. Zwar waren digitale Spiele keine „Boys' Toys“ mehr, Frauen als Zielgruppe beachtet und wertgeschätzt, aber die Kompetenz im Umgang mit dieser (vermutlich) unzureichend entwickelt.

Spielen Frauen und wenn ja, wie?

Wie bereits gesagt, ist mittlerweile die Hälfte aller Spieler weiblich. Ob bzw. inwiefern sich die weiblichen Konsumpräferenzen von den männlichen unterscheiden, soll im Folgenden erörtert werden; da dies im Hinblick auf das analytische und empirische Explorieren des Virtuous Cycle-Konzeptes notwendig scheint.

Dabei sei angemerkt, dass es „die Spielerin“ nicht gibt, ebenso wenig, wie es „den Spieler“ gibt. Mit den Worten von Prescott & Bogg: „It must be borne in mind when discussing the gender divide and computer games that neither women nor men are homogenous groups.“[29] Diese Randbemerkung ist relevant, weil im Folgenden primär die Unterschiede zwischen den Geschlechtern herausgearbeitet werden, jedoch ebenso innerhalb der weiblichen bzw. männlichen Zielgruppe unterschiedliche Präferenzen existieren. Dennoch scheint es Hinweise auf geschlechtsspezifische Präferenzen zu geben. Diesen soll auf den nächsten Seiten nachgegangen werden.[30]

Das Thema der weiblichen Konsumpräferenzen erfreut sich m.E. einer gewissen Beliebtheit, im industriellen wie im akademischen Kontext und ist von

29 Prescott & Bogg 2013b: 75

30 „There is not a single woman and therefore not a single game genre for women. Players change their preferences and habits over time. However, some game genres are becoming increasingly more played by female gamers. For instance, women and girls are more likely to play digital replicas of analog games such as solitaire (Fallow, 2005; Bertozzi and Lee, 2010) which fall into the casual games genre.“ – Prescott & Bogg 2013b: 80

daher recht gut erforscht.[31] Fasst man diese Erkenntnisse zusammen, lässt sich verallgemeinernd feststellen:

- Frauen[32] bevorzugen andere Plattformen (eher Smartphone & Online Games)
- Frauen bevorzugen andere Genre (Casual & Social Games, Simulation, Rollenspiel)[33]
- Frauen haben andere Spielemotive (eher Ablenkung, Freude, Kreativität)
- Frauen finden anders Zugang zu digitalen Spielen (durch männliche Familienmitglieder)
- Frauen spielen in einer anderen „Sozialform" (eher allein)
- Frauen möchten sich mit dem Spielcharakter identifizieren[34]
- Frauen möchten im Spiel etwas aufbauen[35]

Melanie Krause stellt in *Weibliche Nutzer von Computerspielen* (2010) fest: „Laut einer kommerziellen Studie der Computec Media AG (2003) stehen die Spielegenres Adventure und Rollenspiel gefolgt von Action und Strategie am höchsten in der Gunst weiblicher Nutzer von Computerspielen.

Damit unterscheiden sich ihre Spielepräferenzen deutlich von denen der männlichen Spieler, die auf die Ränge eins bis drei Action-, Strategiespiele und Shooter setzen."[36] Krause weiter: „Weibliche Nutzer von Computerspielen [suchen] nach den Erkenntnissen zahlreicher Untersuchungen außerdem eher friedliche, gefällige Spielinhalte, die möglichst wenig Stress und Erregung mit sich bringen [...] Zudem ist für sie die soziale Interaktion mit anderen Spielecharakteren ein bedeutsamer Spielebestandteil..."[37]

Die soziale Interaktion muss nicht physisch „live" erfolgen, einige Arbeiten zeigen auch, dass Frauen zumeist allein oder aber mit männlichen Spielern spielen, seltener jedoch mit anderen Frauen und Mädchen: „Males and females generally

---

31 Vgl. u.a. Heeter et al. 2004, Bryce & Rutter 2006, Kafai et al. 2008, Krause 2010, Ganguin & Hoblitz 2014

32 Der Begriff „Frauen" wird synonym mit „weiblicher Spieler" verwendet, unabhängig vom Alter der Person.

33 Vgl. u.a. Kerr 2006, Kafai 2008, Vermeulen 2011

34 Vgl. hierzu Zaremba in Kaminski/Lorber (Hg.) 2006

35 Vgl. hierzu den Aufsatz von Jardina Phan et al: „Video Games: Males Prefer Violence while Females Prefer Social"; Im Internet: http://usabilitynews.org/video-games-males-prefer-violence-while-females-prefer-social/

36 Krause 2010: 29

37 Ebd.

play different kinds of computer and video games. Boys choose more aggressive (Colwell & Payne, 2000) and more competitive games (Hartmann, 2003) than girls do. Jenson and de Castell (2005) found that boys say they play exclusively with other boys while girls play alone or with boys but only rarely with other girls."[38]

Carrie Heeter et al. stellten 2004 fest, dass Mädchen Rollenspiele bevorzugen, sowie: „Girls like to construct narratives and hence, need complex characters to develop stories (Laurel, 1998). Role playing games with a single player is a genre with an extensive female audience, involving complex story lines and adventures)."[39]

Zudem würden Mädchen Spiele bevorzugen, die personalisierbar sind und dem Spieler erlauben, Spielfiguren und Handlungen individuell zu gestalten[40]; zudem realitätsnahe Spielerollen, während Jungen Fantasierollen bevorzugen.[41]

Bryce und Rutter geben zu bedenken, dass auch der Zugang zu den Spielekonsolen sowie die zur Verfügung stehende Zeit wichtig ist für die Ausformung geschlechtsspezifischer Konsumpräferenzen: „Given the variety of diverse locations in which gaming occurs, an examination of the gendering of gaming spaces and how these influence female access and participation can further contribute to understanding the gender dynamic of gaming."[42]

Zudem hätten Mädchen und Frauen wesentlich weniger Freizeit um digitale Spiele zu konsumieren.[43] „As there is no clear biological explanation for this difference we must instead look at the social constraints that limit female access to leisure and how this influences experiences of digital gaming as a routine activity."[44]

Nicht zuletzt aufgrund ihrer sozialen Zuschreibung als für Haushalts- und Familienbelange zuständige Personen steht Frauen also generell weniger Zeit zum digitalen Spielen zur Verfügung als Männer. Das wiederum beeinflusst durchaus die präferierten Spieleplattformen und Genre.

---

38 Heeter et al. 2004: 4

39 Ebd.

40 Ebd.: 10

41 „... Laurel (2003) predicted girls would prefer everyday realistic roles, while boys like fantasy roles. Similarly, in a gender study of adult reactions to a virtual reality prototype, Heeter (1994) found that females were significantly more likely to say they wanted virtual reality experiences to have meaningful real life parallels." – Heeter et al. 2004: 9

42 Bryce & Rutter 2006: 192

43 Die Autoren berufen sich auf eine Untersuchung des „US Department of Leisure" (2003).

44 Bryce & Rutter 2006: 194

Auch Prescott und Bogg stützen diese Annahme: „In that, women tend to prefer games which are easy to master and do not require a great amount of negotiation with a controller. Lack of time has been suggested as an important factor and could be the main reason as to why women tend to play more casual games.“[45] Frauen würden aber aufgrund des geringeren Zeitbudgets auch weniger Spiele spielen.[46]

Schließlich spielen Frauen zumeist zur Zerstreuung und nicht aus Wettkampfgründen. So konstatiert zum Beispiel die Bonner Medienwissenschaftlerin Caja Thimm: „Frauen empfinden bei direkten Leistungsvergleichen, dem sogenannten sozialen Wettbewerb, deutlich weniger Positives als Männer; entsprechend gering ist ihre Präferenz für (spannende) herausfordernde Computerspiele.“[47] Thimm findet auch geschlechtsspezifische Unterschiede im Hinblick auf narrative Aspekte digitaler Spiele: „Viele typische Plots [...] sprechen Mädchen und Frauen deutlich weniger an als Jungen und Männer. Die aus der Rahmengeschichte entstehenden Identifikationsangebote vieler Spannungs-Spiele – Kriegshelden, Polizisten, Sporthelden – sind für Mädchen und Frauen wenig attraktiv und induzieren daher auch kaum Spielspaß in Form von Spannung.“[48]

Schließlich wird in der Literatur auch aufgezeigt, dass es nicht nur geschlechtsspezifische Designpräferenzen im Hinblick auf den Konsum digitaler Spiele gibt, sondern auch im Hinblick auf den kreativen Prozess der Spieleherstellung.[49] „When placed in the role of game designers, girls in our study consciously designed their games with both male and female players in mind, while boys designed only for other boys.“[50] Dieser bemerkenswerte Aspekt kann m.E. als deutliches Indiz für den Virtuous Cycle bewertet werden und unterstützt Insofern die Vermutung, dass der Grad von Diversität in den Spieleentwicklerteams Auswirkungen auf die Produkte hat. Wobei laut Heeter et al. Geschlecht nur einer der maßgeblich prägenden Faktoren ist: „Gender is far from the only

---

45 Prescott & Bogg 2013b: 77

46 „Winn and Heeter (2009) suggest that women play fewer games due to less leisure time and their free time is in smaller chunks resulting in them playing games in shorter periods of time than men.“ – Prescott & Bogg 2013b: 78

47 Thimm 2010: 135

48 Ebd.

49 „Results show, that the designers' gender influences the design outcome of games and that girls expected they would find the girl games significantly more fun to play than the boy games while boys imagined the boy games would be significantly more fun to play than the girl games.“ – Heeter et al. 2004: 1

50 Heeter et al. 2004: 1

factor that influences design outcomes. There are many factors that can affect the outcome of a game design, including the context, the content, the game genre, game goals, the age of the designer and designer gender.“[51]

Fazit

Während digitale Spiele lange Zeit primär als adoleszentes Hobby vorwiegend weißer männlicher Jugendlicher galten, kann gegenwärtig resümiert werden, dass rein statistisch fast die Hälfte aller Spieler weiblich ist. Einerseits haben Frauen sich den Zugang zu den Spielekonsolen sowie den Orten, an denen gespielt wird über die Jahre allmählich erschlossen, andererseits wurde auch seitens der Industrie das Potenzial der weiblichen Zielgruppe entdeckt. Das kommerzielle Interesse an dieser war phasenweise so groß, dass dezidiert Produkte für Frauen und Mädchen entwickelt und vermarktet wurden.

Dabei gilt es mittlerweile als erwiesen, dass es im Hinblick auf digitale Spiele geschlechtsspezifische Konsumpräferenzen gibt. Frauen bevorzugen andere Spieleplattformen und Spielegenres und haben zudem andere Spielmotive als Männer.

Im Folgenden wird zu analysieren sein, inwieweit sich geschlechtsspezifische Aspekte im Hinblick auf die ästhetische (und narrative) Darstellung von weiblichen Spielfiguren auswirken und ob bzw. in welcher Form geschlechtsspezifische Produktangebote, also „Spiele von Frauen für Frauen“ existieren.

ÄSTHETISCHE DARSTELLUNG IN DIGITALEN SPIELEN

> Gender is far from the only factor that influences design outcomes. There are many factors that can affect the outcomes of a game design, including the context, the game genre, game goals, the age of the designer and designer gender.
>
> CARRIE HEETER (2004): 1

Die ästhetische Darstellung weiblicher Spielfiguren in zeitgenössischen digitalen Spielen wird in jüngster Zeit leidenschaftlich und kontrovers diskutiert, auch im Rahmen wissenschaftlicher Arbeiten (z.B.: Richard 2004; Kafai et.al. 2008; Zaremba 2006; Vermeulen 2011; Donnelly 2012). Die ersten empirischen Arbeiten gehen bis ins letzte Jahrtausend zurück (Tracy Dietz 1998). Die Analyse von

51 Heeter et al. 2004: 1

weiblichen Spielfiguren ist bedeutsam, denn: „Die Heldinnen sollen zum Einen als Identifikationsfiguren für den weiblichen Markt dienen, sodass auch das Interesse von Mädchen an Computerspielen wächst, zum anderen als erotischer Kaufanreiz für die männliche Käuferschicht fungieren.“[52] Innerhalb dieser Auseinandersetzung wird generell eine Stilisierung der weiblichen Körper, die sexuelle Aufladungen weiblicher Figuren sowie die Stereotypisierung von Frauen – oft als dem männlichen Charakter körperlich oder psychisch unterlegen dargestellt – thematisiert bzw. kritisiert. (Vgl. u.a. Graner Ray 2004; Zaremba 2009; Kafai et al. 2008). Im Folgenden sollen die zentralen Aspekte im Hinblick auf geschlechtsspezifische ästhetische (und narrative) Darstellungsmuster aufgezeigt werden, um so die zweite Ebene des *Virtuous Cycle*-Konzepts zu skizzieren.

Wichtig bei dieser Auseinandersetzung erscheint der Hinweis, dass die Spielefiguren als in der Tradition weiblicher Figuren und Helden anderer Medien stehend betrachtet werden müssen und daher an medienwissenschaftliche Debatten zu Gender und Medien anzuknüpfen ist.[53] „Die Computerspiel Heldinnen stehen in der Bildtradition der Actionheldinnen aus Comic, Film und Fernsehen. Allen Heldinnen gemeinsam ist der Status einer Kunstfigur, bei der verschiedene, durchaus ambivalente Ideale und Projektionen in fiktionaler Synthese verschmelzen.“[54]

Zudem muss eine Analyse der ästhetischen Darstellung von weiblichen (und männlichen) Spielfiguren immer auch unter Einbeziehung des jeweiligen gesamtgesellschaftlichen und kulturellen Kontextes stattfinden, in dem Männlichkeit vs. Weiblichkeit bestimmt wird (vgl. u.a. Richard 2004: 13) und berücksichtigen, inwiefern dieser beeinflusst, wie die männlichen und weiblichen Spielfiguren innerhalb der digitalen Spiele agieren „dürfen“ und aussehen sollen.

Intro: von „Sheroes“ und Prinzessinnen

Der Begriff „Sheroes“ veranschaulicht sehr explizit die Verbindung von „Heroes“ – den (zumeist männlichen) Helden der digitalen Spiele – und „She“ – dem weiblichen Pronomen. Aus meiner Sicht eignet sich der „Sheroes“-Begriff hervorragend, um das Spannungsfeld zwischen Held und Weiblichkeit zu symbolisieren. Die Frankfurter Kunstpädagogin und Kulturwissenschaftlerin Birgit Richard veröffentlichte 2004 mit *Sheroes – Genderspiele im virtuellen Raum* eine

52 Zaremba in Bevc & Zapf 2009: 283

53 Vgl. u.a. Riegraf, Spreen, Mehlmann 2012, Lünenborg & Meier 2013

54 Richard 2004: 23

der ersten umfassenden deutschsprachigen Arbeiten zum Thema geschlechtsspezifische Ästhetik in Computer- und Videospielen.

Wie einleitend festgestellt gibt es zur ästhetischen Darstellung weiblicher Spielfiguren vielfältige, teils auch empirische Untersuchungen. „Over the past twenty years there have been frequent debates concerning the lack of female uptake and representation in gaming. This is often cited as one of the problematic aspects of this leisure activity. From this perspective, it has been claimed that the representation of females within computer games is consistently sexualised and stereotypical, potentially reinforcing societal objectification of women and use of sexual violence.“[55]

Ästhetische Darstellung und narrative Relevanz

Eine der ersten empirischen Arbeiten zum Thema Darstellung von Frauen in digitalen Spielen Videospielen ist die von Tracy Dietz (1998)[56], die anhand von 33 *Nintendo-* und *Sega-Genisis-*Spielen die ästhetische Darstellung von Frauen sowie die Verwendung von Gewalt untersuchte. Dietz konstatiert: „This analysis reveals that traditional gender roles and violence are central to many games in the sample.“[57] Denn, so das Ergebnis der Studie: „The most common portrayal of women was actually the complete absences of women at all. [...] 30% of the videos did not represent the female population at all. [...] The second most common portrayals of women in this sample of games was the woman as the victim or as the proverbial ‚Damsel in Distress‘. Women were portrayed in this manner 21% of the time [...] Finally, in many instances the females depicted in the games were in fairly non-significant roles, which also affectively demonstrates the disparate value of males and females in society.“[58]

Neben der quantitativen Verteilung der weiblichen Charaktere untersuchte Dietz auch die narrative Relevanz von weiblichen Spielfiguren: „Overall, in this sample of video games, while there are instances in which female characters are portrayed as positive role models, in general most of the games minimize the roles of females. To begin, many of the games neglect to include women as characters at all. Furthermore, when female characters were depicted they were often presented as dependent upon men (such as victims) or in supporting roles

55 Bryce & Rutter 2002: 244

56 Tracy Dietz 1998: „An Examination of Violence and Gender Role Portrayals in Video Games: Implications for Gender Socialization and Aggressive Behavior.“

57 Dietz 1998: 425

58 Ebd.: 433ff.

to men. Women were also frequently presented as sex objects or were depicted as contributing less than men."[59]

Beide Aspekte, die komplette Abwesenheit von weiblichen Figuren sowie auch deren Reduzierung auf Opfer- bzw. Nebenrollen, wurde von nahezu allen nachfolgenden empirischen Arbeiten immer wieder bestätigt. Hella Grapenthin zitiert z.B. eine Studie von Fromme & Gecius (1997)[60] – „Gecius fand heraus, dass die weiblichen Figuren in den Computer- und Videospielen eindeutig unterrepräsentiert sind. [...] Frauen sind also eher in den passiven, nicht-steuerbaren Nebenrollen wiederzufinden, wogegen die Männer meist die aktiven, steuerbaren Hauptrollen innehaben ... Frauen sind hierbei meist auf männliche Hilfe angewiesen."[61] Laut Gecius erscheinen Frauen vor allem als „die clevere Frau", „die martialische Kämpferin", als „das freche Mädchen" oder „die moderne Prinzessin". Jenseits der Tatsache, dass mehr männliche als weibliche Figuren in den Spielen vorhanden waren, zeigten Fromme & Gecius u.a. auch, dass Frauen meist spärlicher bekleidet, jünger und attraktiver dargestellt sind als Männer, dafür mit schlechteren Waffen und weniger angesehenen Berufen ausgestattet sind und dass Männer weniger oft Hilfe brauchen. „Die meisten der auftauchenden weiblichen Figuren ... werden meist nur als dekoratives Beiwerk oder ggf. als Belohnung für den Helden eingesetzt. (Gecius 1997: 76) ‚Somit erfüllen die meistern der Frauen keinen praktischen Zweck, haben eigentlich keine Funktion, ganz im Gegensatz zu den männlichen Figuren, die oft sehr viel aktiver sind und das Spielgeschehen vorantreiben.'"[62]

Nina Kiel beruft sich auf eine Untersuchung von Beasley & Collins-Standley (2002) um die quantitative Unterlegenheit weiblicher Spielefiguren in Computer- und Videospielen zu belegen: „Berrin Beasley und Tracy Collins Standley etwa legten 2002 durch eine Stichprobenuntersuchung zufällig ausgewählter Nintendo 64 und PS1-Spiele dar, dass Frauen in Video- und Computerspielen in Relation zur Weltbevölkerung unter, Männer hingegen deutlich überrepräsentiert werden und bestätigen damit vergleichbare Erkenntnisse bisheriger sowie nachfolgender Studien."[63]

Neben der Tatsache, dass weibliche Spielfiguren seltener als männliche überhaupt in digitalen Spielen vertreten sind, gilt es sich auch mit deren ästheti-

59 Dietz 1998: 436

60 Es wurden 44 Action- und Adventure Spiele analysiert.

61 Grapenthin in Bevc & Zapf 2009: 163

62 Ebd.: 164f.

63 Kiel 2014: 100

scher Darstellung zu beschäftigen, wobei auch hier die meisten Arbeiten zu ähnlichen Erkenntnissen kommen.

Birgit Richard wirft in *Sheroes* (2004) u.a. folgende Fragen auf: „Zunächst gilt es an den Spielemarkt folgende Frage zu richten: In welchen Spielen tauchen weibliche Spielfiguren auf? Und wie ist dann ihre Position im Spiel definiert? Sind die Figuren überhaupt sichtbar, und spielen sie eine tragende Rolle oder sind sie nur als Verkaufsanreize auf der Verpackung platziert und dienen der Produktdifferenzierung? Desweiteren stellt sich die Frage, wie ‚autonom' die jeweiligen Frauencharaktere in den Spielen agieren."[64]

Richard stellt fest: „Bei nahezu allen virtuellen Protagonistinnen findet sich eine phantasmatische Überformung von riesigem Busen, extremer Wespentaille und ultralangen Beinen."[65] Die hochstilisierten Merkmale weiblicher Körper würden durch Accessoires wie Gürtel oder bauchfreie Tops noch zusätzlich betont. Richard betont weiter, dass in den seltensten Fällen eine quantitative Gleichwertigkeit der Geschlechter zur Wahl stünde, sondern die Vorgaben hinsichtlich der Relevanz und Strategie der Figuren innerhalb des Spiels sehr prägend wären.

Hella Grapenthin zeigte, dass Frauen zwar mittlerweile häufiger in Haupt- und Nebenrollen auftauchen, sich jedoch die stereotype Darstellung nur wenig verändert hat und lediglich neue Stereotype hinzugekommen sind: „Immer noch herrscht eine Hierarchie, in der die Frauen den Männern untergeordnet sind. Ob nun im Hinblick auf das Alter, das Aussehen, die Kleidung oder die Fähigkeiten, die männlichen Figuren werden insgesamt lebensnaher, vorteilhafter und positiver wiedergegeben als die weiblichen und bieten mehr Identifikationsmöglichkeiten als diese."[66] Weiterhin konstatiert sie eine quantitative Unterlegenheit weiblicher Spielfiguren einhergehend mit einer geringen narrativen Relevanz. „Die Frauen tauchen weitgehend in Nebenrollen auf, in denen sie meist schön, sehr hilflos und äußerst passiv wirken. Sie werden hauptsächlich auf ihr Aussehen und ihren Körper reduziert, was sie zu reinen Sexualobjekten degradiert."[67] Grapenthin entwickelt folgende Klassifizierung für weibliche Hauptfiguren: „die clevere Frau", die „martialische Kämpferin", „das freche Mädchen" und „die moderne Prinzessin".

Carrie Heeter zitiert in *Feminity*[68] andere Studien, jedoch mit ähnlichem Ergebnis: „Male characters greatly outnumber female characters in video games,

64 Richard 2004: 7

65 Ebd.: 91

66 Grapenthin in Bevc & Zapf 2009: 183

67 Ebd.: 166

68 In: „Routledge Companion to Video Game Studies" (2013)

contributing to the characterisation of gaming as masculine. A large-scale multi-platform analysis of more than 8,000 characters across 150 video games found that only 15 percent of video game characters were female, and that number drops to 10 percent for female main characters (Williams, Martins, Consalvo, & Ivory, 2010). These results are consistent with earlier studies (Dietz, 1998; Downs & Smith, 2010).“[69] Weiter: „Sexualized female game characters are common in many game genres. Downs and Smith (2010) analysed 489 characters across 60 games and found that women in games were more likely o be portrayed as partially nude or dressed in a sexually revealing way, with unrealistic body proportions, wearing clothing inappropriate to the in-game activities they were performing.“[70]

Sämtliche empirische Arbeiten kommen also zu ähnlichen Ergebnissen: Frauen sind zumeist stereotyp und häufig sexuell stilisiert dargestellt, weibliche Spielfiguren sind selten oder primär in Opfer- und Nebenrollen handlungsrelevant. Positive Beispiele für heldenhaft dargestellte Frauen lassen sich eher erst in jüngster Vergangenheit aufzeigen, wenn auch mit (leicht) zunehmender Tendenz.

Hella Grapenthin formulierte diesbezüglich bereits 2009: „Neben diesen diskriminierenden und sexistischen Frauenbildern gibt es einige wenige Hauptrollen, die mit aktiven, selbständigen und selbstbewussten Frauen besetzt sind. Leider sind diese den weiblichen Nebenrollen zahlenmäßig unterlegen.“[71]

In der Online-Ausgabe des Spielemagazins *GameStar* war im Januar 2016 zu lesen[72]: „1981 standen uns genau zwei weibliche Hauptfiguren zur Auswahl. 2015 fallen mir aus dem Stand fünfzehn Heldinnen ein, die ich gerne spiele. [...] Durch die reine Masse an verfügbaren Charakteren ist eine Vielfalt entstanden, in der eben nicht nur immer der gleiche Typ vertreten ist. Ich habe nicht mehr nur die superharte Heldin auf der einen und die hilflose Maus auf der anderen Seite, sondern auch alles dazwischen.“

Wichtig scheint zu betonen, dass auch männliche Figuren und Charaktere in digitalen Spielen stilisiert bzw. stereotyp dargestellt werden. „Die häufige Überstilisierung weiblicher Geschlechtsmerkmale in der Virtualität und die mutmaßlich gefestigten Rollen, die Frauen in Spielen bekleiden, stützen verallgemeinernde Thesen bezüglich dessen, was Weiblichkeit auszeichnet. Gleiches gilt für die Darstellung männlicher Charaktere, wenn diese beständig als groß und mus-

69 Heeter in in Wolf & Perron 2013: 373

70 Heeter in Wolf & Perron 2013: 374

71 Grapenthin in Bevc & Zapf 2009: 166

72 http://www.gamestar.de/kolumnen/3242172/videospiel_heldinnen.html (Stand Mai 2016)

kulös in Erscheinung treten."[73] Jedoch hat diese Stereotypisierung m.E. eine andere Qualität, da sie sich damit begnügt das Männliche als besonders stark, kräftig, tapfer, mutig usw. darzustellen, aber (zumeist) ohne sexuelle Überhöhung. „Tatsächlich existieren keine Nachweise bezüglich etwaiger Darstellungen männlicher Charaktere, deren Sexualorgane unnatürliche Ausmaße annehmen. Während weibliche Avatare zum Teil über Taillen verfügen, die nicht genügend Raum für alle lebensnotwendige Organe bieten, zugleich aber über oft unverhältnismäßig große Brustpartien, zeichnet sich dieses Phänomen unter männlichen Figuren nicht ab."[74]

Im Hinblick auf die sexuelle Stilisierung weiblicher (und männlicher) Spielfiguren soll auch der Aspekt der Sexualität in digitalen Spielen allgemein erwähnt werden. Bislang spielte dieses Thema für digitale Spiele eine eher untergeordnete Rolle, was sich jedoch in jüngster Vergangenheit verändert. Mittlerweile werden zunehmend auch „LGBT"-Themen[75] bzw. Sexualität in zeitgenössischen digitalen Spielen diskutiert[76]. Als Beispiel sei hier das kanadische Unternehmen *Bioware* benannt, die zunehmend homo-, bi- oder transsexuelle Inhalte in seine Spiele integriert und dafür durchaus auch massiv in der Kritik steht.

Abbildung 10: Evolution von Lara Croft (Tom Raider)

Quelle: www.gamesgrabr.com

73 Kiel 2014: 22

74 Ebd.: 101f.

75 „LGBT" – Lesbian, Gay, Bisexual, Transgender

76 Es soll an dieser Stelle auf die Arbeit von Breuer et al. (2015) verwiesen werden, die den Zusammenhang von sexistischen Spielinhalten und sexistischen Einstellungen untersuchte und keinen direkten Zusammenhang nachweisen konnte.

Abbildung 11: Ausnahmecharakter – Faith aus Mirrors Edge

Quelle: © Electronic Arts

Schließlich sei auch noch auf den „Gender-Shift“ innerhalb von Online-Spielen hingewiesen werden, in denen sich der Spieler in der Regel das Geschlecht seines Avatars[77] frei wählen kann.[78] Einer Studie der Universität Potsdam[79] von 2011 zufolge wechseln nur 36% der männlichen Spieler ihr Geschlecht im Spiel im Vergleich mit 65% der weiblichen Spieler.[80]

Was die Vermutung nahe legt, „...dass die Bereitschaft zu Geschlechterwechsel bei weiblichen Spielern viel höher ist. Dies liegt auch daran, dass es außerhalb von (Online-) Rollenspielen nur wenige weibliche Charaktere gibt.“[81] Als Hauptgrund für den Geschlechterwechsel wird von den Befragten die Attraktivität der Spielfigur benannt.

77 Künstliche Spielfigur, die Figur, mit der der Spieler im Spiel auftritt

78 Im Gegensatz zu Spielen, die das Geschlecht der Hauptfigur vorgeben.

79 In: Picker. 2011.

80 Insgesamt wurden knapp 17.000 Spieler befragt.

81 Picker 2011

„Für 23% der Männer und 18% der Frauen war das Erscheinungsbild das ausschlaggebende Kriterium. Erst danach kamen die alternativen Möglichkeiten ‚Anpassung auf das Spiel', ‚sexuelle Identifikation' und ‚Sonstiges'."[82]

Laut Picker merkten die Männer in den Forenkommentaren an, dass ihnen der Geschlechterwechsel u.a. deshalb schwerfallen würde, „da wichtige Eigenschaften wie Kraft und Stärke für sie nicht durch Frauen repräsentiert werden könnten. Sie ließen zudem klar erkennen, dass ihnen die Vorstellung, für weiblich gehalten zu werden oder gar als homosexuell zu gelten, Angst mache."[83] Allerdings kann dieser Studie zufolge ein weiblicher Avatar als strategischer Vorteil gewertet werden. „Die Maske des weiblichen Charakters bietet dem männlichen Spieler die Möglichkeit, von der Hilfsbereitschaft seiner männlichen Mitspieler zu profitieren, denn die Unterstützung beim ‚Leveln' und die Toleranz bei Unwissenheit ist gegenüber weiblichen Spielern größer. Frauen werden seltener beschimpft, Fehler werden ihnen häufiger verziehen."

Interessant ist auch der Verweis, dass die Spieler einen Transfer sozialen Verhaltens aus der realen in die Online-Spiele-Welt leisten: „Die implizierten Geschlechtseigenschaften, die Männer davon abhalten, selbst einen weiblichen Avatar zu wählen (Schwäche, Ineffektivität) führen umgekehrt zu ‚ritterlichen' Verhaltensmustern, wenn sie im Spiel auf Frauenfiguren treffen. Diese männlichen Spieler helfen weiblichen Figuren, weil sie gelernte Rollenvorbilder aus der realen auf die virtuelle Welt übertragen."[84]

Das Fazit der Studie: „Die Angst vor dem falschen Eindruck der eigenen Person bei anderen Spielern ist bei Männern nach unseren Ergebnissen eindeutig größer. [...] Frauen lassen sich unserer Umfragen nach weniger von den äußeren Bedingungen leiten also von der Möglichkeit, das Spiel erfolgreich abzuschließen."[85]

Carrie Heeter konstatiert in Wolf & Perron (2013), das weibliche Avatare einem größeren Risiko der Diskriminierung und sexuellen Anfeindung ausgesetzt sind als männliche. „Playing an online game while appearing to be female, either due to a feminine name, female avatar, or voice that sounds female, results in different reactions from other players than does playing an online game while appearing to be male. When anonymous players encountered a female conversation agent/avatar, they were more likely to chat about her sexuality, rape, or oth-

82 Picker 2011

83 Ebd.

84 Ebd.

85 Ebd.

er aggressive/violent acts against her while advances on male agents were significantly less violent and sexual."[86]

Allerdings zeigt Heeter im selben Aufsatz, dass weibliche Spieler bevorzugt als weibliche Spielfiguren agieren, was den Ergebnissen der zuvor vorgestellten Studie der Universität Potsdam widerspricht.[87]

Schließlich soll auch angemerkt werden, dass nicht nur die Ästhetik innerhalb der Spiele eine Rolle spielt, sondern ebenso die Ästhetik der Gestaltung der Produkte („Cover-Art") sowie deren Vermarktung, wobei die Annahme begründet scheint, dass sich diesbezüglich ähnliche Befunde aufzeigen lassen.

Newman und Vanderhof schreiben in ihrem Aufsatz *Masculinity*: „Many video game scholars find masculinity continually championed not only in games but also in their advertising and promotion. Official game websites have been found to feature mostly males, to sexualize females they do portray, and to under-represent minority groups (Robinson et al., 2008). [...] Press coverage and advertising construct hegemonic gender hierarchies and marginalize female involvement in video games."[88]

Burgess, Stermer & Burgess untersuchten 2007 anhand von 225 Covern von Computer- und Videospielen die Frage, wie Männer und Frauen bzw. männliche und weibliche Charaktere auf den Covern dargestellt werden. Das zentrale Ergebnis: „Male characters were almost four times more frequently portrayed than female characters and were given significantly more game relevant action. However, in spite of their less frequent appearance, female characters were more likely to be portrayed with exaggerated, and often objectified, sexiness. Further, violence and sexiness was paired more frequently for female characters than violence and muscular physiques for the male characters."[89] Im Hinblick auf die geschlechtsspezifische Darstellung konstatieren sie zudem: „In spite of questionable relevance of large breasts to video game action, female characters were significantly more likely to be portrayed as busty/super-busty than their male counterparts were to be portrayed as muscular/super muscular. ... sexual attractiveness was a more critical factor for inclusion as a female than strength was for the males."[90]

86 Heeter in Wolf & Perron: 376

87 „In addition, players are themselves often represented as a character in the game. Players choose which gender to appear as, and customize their representation within the limits of available choices. Studies have shown that females prefer to play as female rather than male characters." – Heeter in Wolf & Perron: 375

88 In: Wolf & Perron 2013: 383

89 Burgess et al. 2007: 419

90 Ebd.: 426

Die bislang dargestellten Aspekte können überblicksartig zusammengefasst werden: Frauen bzw. weibliche Spielfiguren werden in (zeitgenössischen) digitalen Spielen:

- generell quantitativ stark unterrepräsentiert;
- zumeist jünger und deutlich attraktiver dargestellt als männliche;
- zumeist physisch über-stilisiert bzw. stereotypisiert;
- zumeist sexuell stilisiert dargestellt (spärlich bekleidet, Geschlechtsorgane unrealistisch etc.);
- meist schlechter ausgestattet (Kompetenzen/„Skills"; Dokumente, Werkzeuge, Waffen; Berufe; sozialer Status etc.);
- selten als Helden bzw. Hauptfiguren integriert (diese sind zumeist männlich);
- zumeist in Nebenrollen bzw. Opferrollen repräsentiert.

Im Hinblick auf das Forschungsinteresse der vorliegenden Arbeit sollte noch angemerkt werden, dass es weniger um eine Zusammenfassung der empirischen Befunde geht, als um die Frage, was die derart ästhetisch und narrativ dargestellten Figuren bei den weiblichen Rezipienten bewirken und ob diese Darstellungsmuster Konsequenzen mit sich bringen. Dabei scheint sich die Vermutung zu bestätigen, dass: „breitere Massen von Mädchen und Frauen vom aktuellen Computerspieleangebot abgeschreckt werden könnten und dass über einen besseren Zuschnitt des Angebots auf weibliche Bedürfnisse Zugangsbarrieren abgebaut werden könnten".[91]

Laut Krause können sich die Frauen (bislang) mit den angebotenen Spielefiguren nicht positiv identifizieren: „Die hilflose Opferrolle (entführte Prinzessin) oder das provokative Sexsymbol (z.B. Lara Croft) treten deutlich häufiger auf als starke weibliche Spielecharaktere mit annähernd durchschnittlichen Körperformen und vollständiger Bekleidung."[92] Frauen haben laut Krause weniger bzw. sogar negatives Identifikationspotenzial mit den digitalen Helden als Männer: „Spielecharaktere, wie z.B. Lara Croft, können z.T. eine bedeutende Rolle für den Spielspaß einnehmen, indem sie z.B. Potenzial für parasoziale Interaktion und Identifikation bieten [...] Weibliche Spieler dagegen finden bei bestimmten weiblichen Spielfiguren, die z.B. stark sexualisiert dargestellt sind, teilweise nur geringes bzw. sogar negatives Identifikationspotenzial."[93]

91 Krause 2010: 22

92 Ebd.: 12

93 Ebd.: 30

Jedoch muss man diesen Äußerungen entgegenhalten, dass der Anteil weiblicher Spieler in den letzten Jahren zugenommen hat – wenngleich belegendes empirisches Material fehlt. Der Medienwissenschaftler Christoph Klimmt konstatiert der Spieleindustrie allerdings eine wenig selbstkritische Perspektive: „Entsprechend verweisen die inhaltsanalytischen Befunde speziell zur Geschlechterdarstellung in Comuterspielen auf den erheblichen Nachholbedarf der Spieleindustrie bei ihrer Selbstreflexion; die gesellschaftliche Tragweite und die symbolische Signalwirkung ihrer Inhaltsdarstellungen scheinen der Industrie bislang deutlich weniger wichtig zu sein als Spitzentechnologie und größtmöglicher Spielspaß der jeweiligen Zielgruppe.“[94]

Jeffrey Wimmer weist darauf hin, dass die Wirkung von Medien, wie z.B. digitalen Spielen, immer im Hinblick auf den spezifischen Kontext (des Spielens/des Spielers usw.) verstanden werden muss: „Kommunikationsmedien entfalten daher weniger eine spezifische Wirkkraft sondern vielmehr eine als umfassend zu bezeichnende Prägkraft, die nichtsdestotrotz in einem hohen Maße kontextuell zu fassen und eben nicht auf eine spezifische Medienlogik und deren ‚direkte‘ Wirkungen reduzierbar ist (Hepp 2011).“[95] Dieser Kontext hat sich im Hinblick auf die ästhetische Darstellung in den letzten Jahren sehr in Richtung Freizügigkeit liberalisiert, so dass wenig bekleidete, hoch stilisierte und sexuell konnotierte weibliche Spielfiguren in zeitgenössischen digitalen Spielen auch positivistisch als Spiegel der Gesellschaft betrachtet werden könnten.

Exkurs: Die #GamerGate Debatte

> Das Schlagwort „GamerGate“ überschreibt einen beispiellosen Strudel aus Pressekritik, Sexismus, Feminismus und Verschwörungstheorien.
> GAMESTAR 10/2014

„Spiele sind für viele eine emotionale Angelegenheit und viel mehr als ‚nur‘ Zeitvertreib. Das ist auch der Grund, warum im Fall von Konflikten die Wogen so hochgehen: es fällt schwer, rational zu sein, wenn man sich persönlich angegriffen fühlt.“[96] Diese Anmerkung des österreichischen Spielejournalisten Rainer

94 Klimmt in Bevc & Zapf 2009: 73

95 Wimmer in Schweiger & Fahr 2013: 115

96 Vgl. Sigl 2014

Sigl[97] vermag eventuell die im Folgenden beschriebene Debatte verstehen zu helfen, die rein objektiv zunächst u.U. wenig kontrovers erscheint, jedoch durch die emotionale Beteiligung der Teilnehmer weitreichende Relevanz für die Spieleindustrie weltweit erlangte. „Die allermeisten der Teilnehmer [der Debatte; der Verfasser] sind ehrlich besorgte Spieler, die ihr Medium in Gefahr sehen und durch ihre Teilnahme am Hashtag-Gewitter etwas Gutes bewirken wollen."[98]

Die #GamerGate-Debatte entwickelte sich zunächst aus dem medialen Angriff eines eifersüchtigen Ex-Freundes der amerikanischen Spieleentwicklerin Zoe Quinn, der diese in einem öffentlichen Blog („TheZoePost") der Untreue und Affäre mit mehreren Männern, u.a. dem Spielejournalisten Nathan Grayson bezichtigte. Ein pikanter Vorwurf, weil Quinn just zu diesem Zeitpunkt ihr Spiel *Depression Quest* veröffentlichte und von daher die Frage nach der Unabhängigkeit der Spiele(fach)presse, die seit jeher als korrupt verrufen ist, wieder laut wurde.

Beweise gab es kaum, dafür umso mehr Indizien, Anschuldigungen und Vorverurteilungen. „Eine Mischung, bei der jedes noch so waghalsige Boulevardmagazin mit Veröffentlichung zögern würde."[99]

Die private Auseinandersetzung verselbstständigte sich allerdings sehr schnell und bald standen die persönlichen Anfeindungen der Protagonisten und deren jeweiligen „Anhänger" gar nicht mehr im Fokus der Debatte.[100]

„Was exakt die Twitter-Revolution der Gamer allerdings bewirken soll, ist wie bei rein auf Social-Media konzentrierten Massenbewegungen üblich, oft nicht ganz klar." Faktisch ging es in der bis dahin primär virtuell und durch Social-Media-Kanäle betriebenen Debatte um das Dreiecksverhältnis von Spieleindustrie, Spielepresse und Spielern. Rainer Sigl dazu weiter: „Es geht gegen ‚Korruption' und ‚Nepotimus' im Gamesjournalismus; gegen Vorverurteilung der Spielerschaft als misogyn und sexistisch, aber zugleich auch gegen den unheilvollen Einfluss von Feminismus und ‚Social Justice Warriors', ‚Gutmenschen', auf den Spielejournalismus oder gar die ganze Branche"; im Grunde ging es jedoch um „viel mehr", nämlich um die Unabhängigkeit der Presse. „Im Herzen geht es um Pressekritik", schrieb das Magazin *GameStar*, „Verschwörungstheorien" und schließlich auch um Frauenfeindlichkeit in der Games-Branche.

97 Dessen Aufsatz „#GamerGate: Spieler-Revolution oder Rückzug ins Ghetto" am 6. September 2014 auf der Webseite der Tageszeitung „Standard" veröffentlicht wurde.

98 Sigl 2014

99 Sigl 2014

100 Vgl. u.a.: http://www.faz.net/aktuell/feuilleton/medien/gamergate-wenn-kritik-kommt-hoert-das-spiel-auf-13232818.html (Juli 2015)

In diesen Diskurs wurde die kanadisch-amerikanische Kulturkritikerin und bekennende Feministin Anita Sarkeesian involviert. Sarkeesian hatte 2012 auf der Crowdfunding-Plattform *Kickstarter*[101] über $150.000 für die von ihre geplante Videoreihe *Tropes vs. Women* gesammelt, die negative weibliche Stereotype in Spielen behandelt. Ihre Arbeit beschränkte sich zwar darauf, vielfältige Aspekte im Hinblick auf die ästhetische und narrative Darstellung von weiblichen Spielefiguren zu veranschaulichen, aber weil Sarkeesian sich gezielt sozialer Netzwerke und Medien bediente, erreichte sie mit ihren Videos eine breite Öffentlichkeit.

Ihre Kritik am Medium Digitales Spiel war eindeutig und kontrovers; ihre Video-Beiträge[102] wurden zumindest innerhalb der Branche schnell bekannt und dadurch rückte ein Thema in den Fokus, dass viele „Gamer" gern weiterhin ignoriert hätten: stereotype, teils diskriminierende Darstellungen von weiblichen Figuren und sexistische Inhalte in digitalen Spielen sowie die mitunter diskriminierenden Bedingungen für Frauen in der Spieleindustrie.

Sarkeesians Gegner warfen ihr vor, sie sei selbst kein „Gamer" (und würde deshalb die von ihr kritisierten Spiele gar nicht kennen) und würde das Medium einseitig kritisieren,[103] nur die Negativ-Beispiele auf populistische Art vorführen.

„Nur durch Manipulation würde sie ihre These untermauern, in Spielen fänden sich vermehrt misogyne oder sexistische Elemente."[104] Das Magazin *GameStar* schrieb in der Ausgabe 10/2014: „Sarkeesian betont immer wieder, sie wolle nicht das Medium Spiel und auch nicht seine Fans verteufeln, sondern zum Nachdenken anregen. Zum Nachdenken darüber, ob man es denn okay findet, wie Frauen in Spielen oft dargestellt werden: als Streitapfel, um den sich mehrere Männer zanken, als Jungfrau in Not oder als sexy Hintergrunddeko, die niedere Instinkte der männlichen Zielgruppe ansprechen soll." Die #GamerGate-Debatte ging also ursprünglich aus von einem privaten, dank Social Media sehr öffentlich ausgetragenen Konflikt rund um verletzte Emotionen und damit zusammenhängenden Vorwürfen, nahm aber durch die Beteiligung vieler, eigentlich Unbeteiligter, sehr schnell ein kaum zu überschauendes Ausmaß an und verdichtete sich im Zuge dessen zu einem medien- und kulturkritischen Diskurs rund um digitale Spiele und deren Verhältnis zu Weiblichkeit.

---

101 https://www.kickstarter.com/projects/566429325/tropes-vs-women-in-video-games?lang=de

102 Die Videoreihe ist zu finden unter: http://feministfrequency.com

103 Sie begegnete diesem Vorwurf später mit dem Video „25 invisible benefits of gaming while male", in welchem sie die Rhetorik quasi umkehrte. Vgl.: http://feministfrequency.com/2014/12/02/25-invisible-benefits-of-gaming-while-male/

104 Sigl 2014

Auch die sogenannten „General Interest“-Medien griffen die #GamerGate-Debatte auf und so war die Geschichte, bestehend aus enttäuschter Liebe, öffentlicher Schlammschlacht, gewaltbereiten Protagonisten, die auch vor Morddrohungen nicht Halt machten, und einer offensichtlich frauenfeindlichen Spielekultur, für einige Wochen Teil der Feuilletons.

Übrigens nicht nur in Nordamerika, dem Ursprung der Debatte, sondern durchaus auch in Europa bzw. Deutschland weshalb #GamerGate auch durchaus im Rahmen der empirischen Erhebung der vorliegenden Dissertation zu beachten sein wird.

„Dass Teile der Diskussion bei #GamerGate sofort vom angeblichen ‚Korruptionsskandal‘ nahtlos zum konzertierten Angriff auf Sarkeesian umschwenkten, zeigt das Hauptproblem der ‚Bewegung‘, deren Vertreter sich vergeblich bemühen, wieder und wieder den aggressiven Sexismus vieler ihrer Mitglieder zu leugnen oder zu relativieren,“ so Rainer Sigl.

Denn: „Eine ‚Revolution‘, die als Hauptanlass die öffentliche Vernichtung einer Frau aufgrund ihres Sexuallebens hatte, kann das aggressiv misogyne Verhalten einiger ihrer Vertreter nicht als Ausrutscher einiger Extremnisten abtun. Das Boot, in das sich viele besorgte Spieler, ganz ohne Frauenhasser zu sein, hier gesetzt haben, wurde von ebensolchen vom Stapel gelassen.“[105]

Im Zuge der #GamerGate-Debatte wurde auch der Ruf laut, der Begriff „Gamer“ sei angesichts der zeitgenössischen Demografie der Spielerschaft überholt. „‚Gamers‘ don’t have to be your audience. ‚Gamers‘ are over“ titelte u.a. die Spiele-Webseite *Gamasutra*.[106]

Sigl dazu: „Der immer wieder und aus aktuellem Anlass unter Beweis gestellte Sexismus dieser technisch geprägten Eskapismuskultur, die sich selbstbewusst als ‚Gamer Culture‘ missversteht, macht für den riesengroß angewachsenen Rest der Spielerschaft eine Distanzierung von diesem Selbstverständnis des ‚Gamers‘ unvermeidlich. ‚Videospiele leben nun in der großen Welt, und es gibt kein Zurück‘, schreibt Dan Golding in seinem Artikel ‚The End of Gamers‘. ‚Von nun an gibt es keine ‚Gamer‘ mehr – nur mehr Spieler‘.“ Der Begriff „Gamer“ sei insofern in einer Welt, in der digitale Spiele nahezu von allen Altersgruppen und Bildungsschichten konsumiert werden, nicht mehr tauglich zur Abgrenzung.[107]

---

105 Vgl. Sigl 2014

106 Vgl u.a.: http://www.gamasutra.com/view/news/224400/Gamers_dont_have_to_be_your_audience_Gamers_are_over.php

107 „Die Welt, so muss man zustimmen, hat sich weitergedreht: Heute spielen mehr Menschen als je zuvor, Menschen unterschiedlichen Geschlechts, diverser Nationen

Laut Sigl gibt es keine einzelne bzw. klar abgrenzbare Gruppe mehr, die das Medium Digitale Spiele für sich beanspruchen kann, „das müssten auch die alten Gatekeeper akzeptieren – doch stattdessen wird dieser Wandel als Verschwörung wahrgenommen und mit Hass und Aggression bekämpft.“[108]

Doch welche Konsequenzen (wenn überhaupt) hatte die #GamerGate-Debatte für die Anhänger der Spielekultur, der sogenannten „Gamer“, sowie auch für die Spieleindustrie?

Das Magazin *GameStar* resümiert in seinem #GamerGate-Artikel (Ausgabe 10/2014) „Was aber bleibt nun? Vor allem der Eindruck, dass die Spielebranche sich in eine Debatte verheddert hat, die sich nur noch im Kreis dreht. [...] All das wird von *#GamerGate* sicher hängen bleiben. Aber eben nur als Randaspekt eines aberwitzigen Konflikts um Feminismus und Sexismus, einer Kettenreaktion der Überreaktion und einer Diskussionskultur, die den Begriff Kultur ad absurdum führt.“

M.E. gibt es primär zwei Konsequenzen der Debatte: Einerseits hat innerhalb der Spielerschaft eine kritische Auseinandersetzung mit dem Medium Computer- und Videospiel, mit dessen Ästhetik und Inhalten sowie mit der individuellen Identifikation mit diesem stattgefunden, ein Prozess, der angestoßen, aber noch lange nicht „beendet wurde. Andererseits muss sich nun auch die Games-Branche selbst, aufgrund der öffentlichen gesamtgesellschaftlichen und teils auch politischen Aufmerksamkeit, mit Themen wie Diskriminierung, Diversität, Sexismus usw. auseinandersetzen. Laut Sigl gab es als Konsequenz der #GamerGate-Debatte auch Frauen, die sich unter der Belastung aus der Industrie zurückgezogen haben; was jedoch empirisch noch zu belegen wäre.

Was die #GamerGate-Debatte veranschaulichte, ist, dass „die Zeit der Monokultur, in der weiße, junge Männer die Hauptzielgruppe sowohl der Industrie als auch der Presse waren, [...] vorbei [ist]. Die einheitliche Identität des ‚Gamers‘, wie sie jahrzehntelang Realität war, ist am Ende. [...] Es darf keine Rückkehr in eine Zeit geben, in der selbsternannte Gatekeeper Außenstehenden den Zutritt verwehren. Die meisten Spieler wollen nicht zurück in das alte Ghetto, aus dem das Medium gerade erst getreten ist. [...] Videospiele, die Industrie und die ihr angeschlossenen Medien brauchen keine Umstürze, sondern Weiterentwicklung.“[109]

---

und jeden Alters. Die einheitliche Identität des ‚Gamers‘, wie sie jahrzehntelang Realität war, ist am Ende.“ – Sigl 2014

108 Ebd.

109 Sigl 2014

Abbildung 12: Im Fokus der #GamerGate: Anita Sarkeesian

Quelle: http://i.telegraph.co.uk/multimedia/archive/02575/gamers-sarkees_2575829b.jpg

Fazit

Zusammenfassend kann an dieser Stelle festgehalten werden, dass sich bereits seit mehr als 20 Jahren mit „Sheroes" in digitalen Spielen auseinandergesetzt wird, dass es zahlreiche analytische und einige (in ihrer Methodik sehr unterschiedliche) empirische Arbeiten im Hinblick auf die ästhetische Darstellung von weiblichen Figuren und Helden in digitalen Spielen gibt, dass der Diskurs aber in jüngster Vergangenheit und nicht zuletzt dank *#GamerGate* wieder an Aktualität und Brisanz gewonnen hat.

Allgemein ist zu konstatieren, dass weibliche Charaktere nach wie vor quantitativ wesentlich seltener vorkommen als männliche und zudem qualitativ, also im Hinblick auf ihre narrative Relevanz für das jeweilige Spiel, weniger Bedeutung haben, d.h. zumeist nur in Opfer- und Nebenrollen auftauchen. Weibliche Hauptfiguren bzw. weibliche Helden sind, wenn auch in jüngster Zeit häufiger, immer noch eher selten. Außerdem basiert die ästhetische Darstellung weiblicher Figuren auf Stereotypisierung – die nicht auf demselben Niveau wie die Idealisierung männlicher Charaktere stattfindet –, sexueller Stilisierung – übergroße Geschlechtsorgane, wenig oder unpassende Kleidung –, und die weiblichen Charaktere sind meist schlecht mit Waffen, Kompetenzen oder „Skills" ausgestattet.

Insgesamt wirft dies Fragen nach der Medienwirkung auf, also ob bzw. inwiefern die in digitalen Spielen reproduzierten Geschlechterbilder Einfluss auf die Norm- und Wertvorstellungen ihrer Rezipienten im Hinblick auf Geschlechterverhältnisse haben. Arbeiten zu diesem Aspekt scheinen bisher nur vereinzelt zu existieren.

SPIELE VON FRAUEN FÜR FRAUEN

> Für Frauen eigene Spiele zu entwickeln, ist repressiv. Falsch ist aber auch, Spiele auf den Markt zu bringen und dabei anzunehmen, diese wären „objektiv" im Sinne von „geschlechtsneutral".
>
> CHRISTOPH KLIMMT/RICHARD (2004): 76

Wie bereits dargelegt, basiert diese Arbeit auf der Annahme, dass es einen Zusammenhang zwischen den Ebenen „Konsum von digitalen Spielen", „ästhetische (und narrative) Darstellung weiblicher Spielfiguren", „Frauen in den Unternehmen der Spieleindustrie" sowie „Angebot an Spielen, das sich dezidiert an die weibliche Zielgruppe wendet", gibt. Jenkins und Cassell bemerkten in *Beyond Barbie and Mortal Kombat* (2008): „The debate about gender and games has always operated at multiple levels: it was first a debate about how more women could participate in the emerging digital industries; and it was a debate about representation (about what kinds of stories and play experiences were going to circulate broadly in our culture)."[110]

Auf den Aspekt des Produktangebotes für die weibliche Zielgruppe soll nun im Folgenden eingegangen werden. Dabei wird zunächst kurz erörtert, wie das Angebot an digitalen Spielen für die weibliche Zielgruppe aussieht bzw. welche Überlegungen dieses prägen, im Anschluss werden einige Beispiele der Spielentwicklung für Frauen, aufgezeigt und schließlich sollen einige für diese Entwicklung bedeutsame Personen benannt werden.

Das Produktangebot – stereotyp oder zielgruppenspezifisch?

Wie bereits gesagt, wurden mit Computer- und Videospielen lange primär männliche Teenager adressiert: „Since the introduction of video games, male teenagers were perceived as the main target audience by the game industry and largely continue to be so until recently."[111] Brenda Laurel, die als „Pionier" des Game-Designs für Mädchen gilt, u.a. bei Atari und Apple arbeitete sowie *Purple Moon Interactive* gründete, das nur für Frauen und Mädchen entwickelte,[112] beschrieb diese Tatsache wie folgt:

---

110 Jenkins & Cassell in Kafai et al. 2008: 13

111 Vermeulen 2011: 1

112 Vgl. Fullerton et al. in Kafai et al. 2008: 146

„The game business arose from computer programs that were written by and for young men in the late 1960s and early 1970s. They worked so well that they formed a very lucrative industry fairly quickly. But what worked for that demographic absolutely did not work for most girls and women."[113]

Mädchen und Frauen wurden lange Zeit schlicht nicht als potenzielle Käufer in Erwägung gezogen und dementsprechend auch im Produktangebot kaum berücksichtigt. Dies änderte sich jedoch Mitte der 90er Jahre und zunehmend richtete sich das Interesse der Industrie auch auf weibliche Spieler. „Then, in 1995, Patricia Flanagan, Marketing Director for America Laser Games Inc. recognized that a large segment of the gaming population was going untapped. That market was female."[114] Dieses Zitat der amerikanischen Game Designerin Sheri Graner Ray aus ihrem 2004 erschienen Buch *Gender Inclusive Game Design: Expanding the Market* verdeutlicht einerseits, dass Mädchen und Frauen tatsächlich von der Spieleindustrie als Zielgruppe missachtet wurden und andererseits wie diese Zielgruppe dann Mitte der 90er Jahre entdeckt wurde.

Das 1996 veröffentlichte Produkt *Barbie Fashion Designer* demonstrierte eindrucksvoll, dass es einen Markt für Mädchen und Frauen gab. „However, it was not until the release of Barbie Fashion Designer... that companies started thinking that there was a large enough market for girl games (Cassell, 2002). With more than 600 000 copies sold in the US alone, ‚Barbie Fashion Designer' was considered to be a great success (ELSPA, 2004)."[115]

Laut Kafai et al. bewies *Barbie Fashion Designer*, das 1996 das wirtschaftlich erfolgreichste Spiel war, vor allem, dass es einen Markt für Frauen gab.[116]

„Nevertheless, Barbie Fashion Designer was a top seller in the 1996 Christmas season, and continued throughout the year to outsell industry standards, such as those set by Quake or Myst, establishing that there was potentially a rather large market for female-centred software titles."[117] *Barbie Fashion Designer* wurde jedoch aufgrund seiner stereotypen Grundannahmen über Interessen und Bedürfnisse von Mädchen und Frauen, durchaus auch (rückblickend) kritisch diskutiert.

---

113 http://archive.wired.com/wired/archive//5.04/es_girlgames.html (Stand Juli 2015)

114 Graner Ray 2004: XIV

115 Vermeulen 2011: 2

116 „However, in 1996, when Barbie Fashion Designer became the most successful game of the year, it proved that there was a viable market for girls." – Kafai et al. 2008: XI

117 Kafai et al. 2008: 7

Birgit Richard konstatiert: „Der ‚Barbie Fashion Designer' der Firma Matel verweist als bekanntestes Beispiel für diese Art von Computerspielen auf das Problem, dass Frauen mit der Teenagerin verwechselt werden, wenn man die Spieleverpackungen in geschlechtsspezifischem Rosarot hält. Wenn den Entwicklern oder den Marketingstrategen nichts Besseres einfällt, als Spiele in Rosa zu verpacken, um den weiblichen Markt zu adressieren, dann spricht dies die ganze Misere aus."[118]

Aus gendertheoretischer Perspektive ist *Barbie Fashion Designer* sicher ein problematisches Produkt, dennoch eines, das im Kontext der Historie von Spielen für Frauen eine zentrale Rolle verdient – einerseits wegen seines wirtschaftlichen Erfolges, andererseits, weil seit diesem Erfolg das Interesse der Spieleindustrie, die weibliche Zielgruppe zu verstehen und erfolgreich anzusprechen, kontinuierlich zunahm.

Ein anderer „Meilenstein" in der Entwicklung „Spiele für Frauen" ist die Spieleserie *Die Sims*[119], das von jeher überwiegend von Mädchen und Frauen gespielt wurde und wird. „Looking back, Will Wright's game The Sims may have represented a significant turning point in the relations between gender and computer games. By some estimates, more than half the people who purchased the game were female and this female fan base was what made The Sims the top-selling games franchise of all time. And today Maxis, which has a high number of female designers and executives, contrasts sharply to the kind of situation described by Kafai's interlocutor."[120]

Die Sims ist jedoch nicht nur deshalb relevant für den Diskurs, weil es zu den erfolgreichsten PC-Spielen bzw. Spiele-Franchises der Welt gehört, sondern auch, weil es im Hinblick auf seine Entstehung sehr spannend ist:[121] Die Autoren erklären auch, dass es beim Entwickler Maxis eine bewusste Entscheidung für

---

118 Und weiter: „Besonders ‚Barbie Fashion Designer' erscheint als ein prototypisches Spiel für Mädchen, dass die Verwendung dualistischer Geschlechterrollen perpetuiert. An die Stelle der normierten, heterosexuellen Geschlechtsrollenzuschreibung tritt hier der Ruf nach ‚Gleichheit'." – Richard 2004: 75

119 *Die Sims* wurde maßgeblich durch den renommierten Spieledesigner Will Wright geprägt und wird von Anbeginn an von seiner (ehemaligen) Firma Maxis, mittlerweile zu Electronic Arts gehörend, entwickelt.

120 Kafai et al. 2008: 12

121 „The Sims was cited earlier as an example of a game that could counter the vicious cycle (of women not being interested in game play, so not interested in game design) with a virtuous cycle: girls who like to play The Sims were inspired to design games." – Fullerton et al. in Kafai et al. 2008: 146

weibliche Designer gab, weil eben die Hälfte der Käufer bzw. Konsumenten weiblich war. *Die Sims* sind immer noch auf Erfolgskurs, u.a. weil es mittlerweile zahlreiche Erweiterungen und Sondereditionen gibt und fast alle Plattformen „bespielt" werden und eine „Merchandise-Maschinerie" etabliert werden konnte.

Barbie Fashion Designer und *Die Sims* wurden exemplarisch erwähnt, um die allmähliche Hinwendung der Spieleindustrie zur weiblichen Zielgruppe zu beschreiben. Beide Spiele zeigen auch, dass es trotz aller Ähnlichkeiten aber auch geschlechtsspezifische Präferenzen im Hinblick auf das Spieledesign zu geben schein, die auch empirisch nachgewiesen werden konnten.[122] „In summary, although there are certainly similarities in the design of the games, this study shows that gender does influence design outcomes. Girls and boys have some common and some distinctive preferences, which are reflected in the design of their games."[123] Die hier aufgeworfene Frage ist nun, inwieweit die Spieleindustrie diesen unterschiedlichen Präferenzen gerecht zu werden vermag bzw. auch gerecht werden möchte. Bislang liest man in der Literatur eher, dass die Angebote, die sich dezidiert an Mädchen und Frauen richten, auf den Vorannahmen der (größtenteils männlichen) Entwickler und Designer der Entwicklerteams basierten und nicht auf expliziter Marktforschung bzw. Datenmaterial. Es muss jedoch auch darauf hingewiesen werden, dass dem Ansatz, Spiele speziell für Frauen zu entwickeln, immer auch die Gefahr der „Ghettoisierung des Angebotes" inhärent ist: „„Creating a subgenre of games that appeals to stereotypes of gendered play habits resulted in the ‚ghettoization' of girl games and few-thought this may be changing-attempts to incorporate women into mainstream video gaming culture."[124]

Das „Girl Game Movement"

In der Geschichte der digitalen Spiele gab es aber auch, etwa ab Mitte/Ende der 90er Jahre des letzten Jahrhunderts, eine regelrechte Gegenbewegung, im Sinne eines engagierten Versuchs, Spiele für Frauen zu entwickeln und zu veröffentlichen. Im Zuge dessen wurden unter anderem auch Unternehmen „von Frauen für Frauen" gegründet, als bekanntestes Beispiel kann sicherlich *Purple Moon Interactive*[125] angeführt werden.[126] Jedoch dauerte die „Girl Game"-Bewegung nur

122 Vgl. u.a.: Heeter et al. 2005, Cassell 2002, Graner Ray 2004

123 Heeter et al. 2005: 16

124 Prescott & Bogg 2013b: 84

125 *Purple Moon* wurde wenige Jahre nach Gründung von Mattel aufgekauft.

126 Vgl. Laurel 2001.

wenige Jahre, die meisten Unternehmen überlebten nicht und die Industrie kehrte dem weiblichen Markt den sprichwörtlichen Rücken zu.[127]

Laut Jenkins & Cassell begünstigten die folgenden Ursachen[128] die Entstehung einer „Girl Game“ Bewegung:

- *ökonomische*: „The platform game market had entered into an age of heightened competition at a time when, in fact, 90 percent of American boys were already playing computer games. To survive, these game companies understood that they would need to expand their market and thus, then as now, there were three major targets -- casual gamers, older gamers, and women.“[129]
- *politische:* Der *Gender Gap* im Technologie-Bereich wuchs und es bestand die Hoffnung das Mädchen über digitale Spiele für Technik allgemein begeistert werden könnten.
- *technologische:* Die Einführung der CD-ROM eröffnete neue Möglichkeiten, um die weibliche Zielgruppe zu erreichen.
- *unternehmerische*: Eine zunehmende Anzahl von Frauen gründeten eigene Unternehmen.
- *ästhetische:* „The girl game movement promised new kinds of content, new models of play and interactivity, new visual aesthetics, and new approaches to the sound track.“[130]

Über „Utopian Entrepreneurs“[131]

An dieser Stelle soll weniger die Tatsache im Vordergrund stehen, dass und warum Frauen im gesamten Prozess der Entwicklung und Vermarktung von digitalen Spielen unterrepräsentiert sind und mit welchen Konsequenzen. Vielmehr sollen im Folgenden einige Frauen beispielhaft (und subjektiv) exemplarisch vorgestellt werden, die die Spieleindustrie wie auch die Produkte selbst stark geprägt haben und daher Teil der historischen Entwicklung des Mediums sind.

Sie werden in vielen Arbeiten zum Thema „Spiele von Frauen für Frauen“ nicht ausdrücklich erwähnt, m.E. ist aber eine persönliche Nennung wichtig, um

127 Vgl. hierzu: Graner Ray 2004 – XV

128 Vgl.: http://www.justinecassell.com/CC_Winter06/pdfs/jenkins_from.html (Stand Oktober 2015)

129 Jenkins & Cassell in Kafai et al. 2008: 7

130 Ebd.: 8

131 Die Überschrift ist eine Anspielung auf das gleichnamige Buch von Brenda Laurel (2001).

ihrer Reputation innerhalb der Industrie sowie ihrer Bedeutung als Rollenvorbild für andere Frauen gerecht zu werden.

Anne Westfall (Free Fall Associates)

Die Game-Progammerin Anne Westfall wurde u.a. mit *Archon* bekannt, einer Mischung aus Schach und einfacher Arcade-Action, das 1983 (für den Atari 800) eines der ersten Spielereleases des Branchenprimus *Electronic Arts* war.[132] Sie gründete zusammen mit ihrem Ehemann Jon Freeman *Free Fall Games* und war lange Jahre im Board of Directors der weltweit größten Entwickler-Messe *Game Developer Conference* (San Francisco/USA).

Roberta Williams (Founder Sierra Entertainment Inc.)

Roberta Williams gehört zu den wichtigsten und meistrespektierten Spieleentwicklerinnen ihrer Zeit. Sie war u.a. Mitbegründerin von *Sierra Entertainment* (gegründet als *On-Line Systems* und von 1982-1998 bekannt als *Sierra On-Line*), wo sie auch nach dem Verkauf bis 1999 beschäftigt war, und arbeitete als Game- und Sound-Designerin und Producerin an Spielen wie *Time Zone*, der *King's Quest*-Reihe oder *Der Dolch des Amon Ra*.

Brenda Laurel (Game Design Professor & Berater)

Brenda Laurel hat u.a. für *Atari* gearbeitet und 1996 das Game Studio *Purple Moon* mitgegründet, das als eines der ersten Videospiele speziell für Mädchen entwickelte. Laurel widmete sich in ihrer akademischen und unternehmerischen Tätigkeit primär Spielen für Mädchen und Frauen. „One of the few Silicon Valley veterans who participated in all four of the major tech bubbles – games, multimedia, virtual reality, and dot-coms – Brenda Laurel is known for injecting humanistic values into computer-based media."[133]

Sheri Graner Ray (Game Designer, Autor)

Graner Ray ist seit 25 Jahren als Game-Designerin tätig und hat in dieser Zeit u.a. für *Electronic Arts*, *Sony Online Entertainment* und *Cartoon Network* und an Lizenzen wie z.B. *Star Wars Galaxies*, *Ultima* oder *Nancy Drew* gearbeitet. Sie veröffentlichte 2004 „Gender Inclusive Game Design – Expanding the Market" und ist Expertin im Hinblick auf das Thema Gender und digitale Spiele.

---

132 Vgl hierzu: http://www.dadgum.com/halcyon/BOOK/FREEFALL.HTM

133 Vom Cover des 2001 von Brenda Laurel veröffentlichten Buches „Utopian Entrepreneur" (MIT Press)

Jane McGonigal (Game Designer, Autor)

Jane McGonigal ist gegenwärtig als *Director Game Research & Development* am „Institute for the future" in Palo Alto sowie als Game-Designerin und Design-Beraterin in zahlreichen der „Fortune 500"-Unternehmen tätig. 2005 erhielt sie für ihre Arbeit den *IGDA Innovation Award.* Als Autorin hat sie sich vor allem mit „Reality is Broken. Why games make us better and how they can change the world",, (2012) einen Namen gemacht.

Sihoban Reddy (Studio Direktor Media Molecule)

Die Australierin Sihoban Reddy ist Mitgründerin und seit 2006 Studio Director des Game Studios *Media Molecule* (UK), das vorrangig für *Little Big Planet* bekannt ist. Reddy ist seit fast 20 Jahren in der Spieleindustrie beschäftigt und engagiert sich stark für Frauen in der Games Industrie. 2014 wurde sie vom *Fortune Magazin* als eine der „10 most powerful women in gaming" geehrt.[134]

Linda Breitlauch (Game Design Professor)[135]

Linda Breitlauch war zunächst an zahlreichen Projekten als Creative Producer im Filmbereich beteiligt, verfasste aber auch Drehbücher und Spielkonzepte bevor sie 2007 zu Europas erster Professorin für Game Design berufen wurde (Mediadesign Hochschule in Düsseldorf). Seit 2014 lehrt sie Intermedia Games an der Hochschule Trier. Zudem ist sie in zahlreichen Tätigkeiten und Ämter aktiv in der deutschen Spieleindustrie engagiert.

Allen diesen Frauen ist gemein, dass sie sich neben ihrer eigentlichen professionellen Tätigkeit, z.B. als Gamedesignerin oder Programmiererin, auch für die Belange anderer Frauen innerhalb der Spieleindustrie engagieren, ob aktiv als Referentinnen bei öffentlichen Veranstaltungen,[136] als Buchautorinnen, Beraterinnen oder „nur" als Rollenvorbilder und Leitfiguren für die nachfolgende Generation an weiblichen Spieleentwicklerinnen.

Sie alle sind Beispiele dafür, wie man in einer männerdominierten Branche auch als Frau (nachhaltig) Karriere machen kann, wie man eine Diversifizierung

---

134 http://fortune.com/2014/09/23/10-powerful-women-video-games/

135 Linda Breitlauch wird hier subjektiv exemplarisch für wichtige Frauen in der deutschen Spieleindustrie aufgeführt.

136 Im März 2015 durfte ich während der „Games Developer Conference" in San Francisco an einem Workshop mit Sheri Graner Ray teilnehmen, in dem es um die Belange von Frauen in der Spieleindustrie ging.

der Produkte bewirken kann[137] und vor allem, dass sich Frauen an digitalen Spielen erfreuen, an deren Konsum wie auch an deren Herstellung.

All die erwähnten Frauen haben sich aus ihrer subjektiven Perspektive oftmals und öffentlich dahingehend geäußert, dass die Spielebranche als „männerdominiert" gilt – wobei dieser Begriff eher ausschließlich als quantitative Einschätzung zu verstehen ist –, weil Computer- und Videospiele lange Zeit als „Boy's Toys" galten (siehe Kapitel 3.1.1), und festgestellt, dass die Industrie mehr Frauen braucht, um die Produkte, aber auch die Unternehmens- bzw. Gameskultur insgesamt zu diversifizieren.[138] Dies deutet im Hinblick auf die Frage nach der Existenz bzw. Wirksamkeit eines Virtuous Cycle im Gaming zumindest auf einen Zusammenhang zwischen dem Interesse und dem Konsumverhalten von Frauen an digitalen Spielen und ihrer Teilhabe an deren Entwicklung und Vermarktung hin.

Carrie Heeter formuliert in der Einführung zu ihrem Aufsatz „Alien Games – Do girls prefer games designed by girls?": „For the most part, video games have been made by boys and men for boys and men. In that sense, video games alienate o rare alien to half the population i.e. girls. Gaming culture is predominately male, and the use of the word „alien" in the title of this article includes this deeper and possibly more insidious manner in which females are considered alien to the culture of producing and enjoying computer games."[139]

Fazit

> If we want to have (game) titles that reach a diverse audience, our workforce has to reflect that diversity.
> SHERI GRANER RAY/RICHARD (2004): 76

Der Aspekt „Spiele (von Frauen) für Frauen" ist zweifelsfrei wesentlich vielschichtiger und komplexer als auf den letzten Seiten überblicksartig dargestellt. Zumindest konnte aufgezeigt werden, dass digitale Spiele, seit sie nicht mehr als „Boys' Toys" betrachtet werden, durchaus (kommerziell) erfolgreich bei der weiblichen Zielgruppe platziert werden konnten. Auch wenn Versuche der späten 90er Jahre, Spiele von Frauen für Frauen zu entwickeln, primär scheiterten,

137 In ihrem Vortrag auf der „Women in Games Jobs Konferenz" im September 2013 erzählte Sihoban Reddy, wie sie sich während der Entwicklung von *Little Big Planet* für eine Diversifizierung der Spielcharaktere einsetzte.

138 Siehe u.a. das Zitat von Sheri Graner Ray zu Beginn von 3.2.2.

139 Heeter et al. 2004: 2

so war doch der Weg bereitet, Mädchen und Frauen als Zielgruppe ernst zu nehmen. Mittlerweile ist nun auch die Hälfte aller Spieler weiblich.

Zum Abschluss dieser kurzen Ausführungen sei noch einmal angemerkt, dass es weder „die Gamerin" noch „den Gamer" gibt, d.h., dass Konsum- und Spielpräferenzen nicht allein, aber eben auch, von der Variable Geschlecht abhängen.

Dies legt nach wie vor einen kritischen Blick auf die Produktionszusammenhänge innerhalb der Spieleindustrie nahe, also die Frage nach dem Zusammenhang zwischen weiblicher Repräsentation innerhalb der Entwicklerteams bzw. Unternehmen und der Beschaffenheit der von diesen entwickelten Produkten – die Frage nach „Henne oder Ei" bzw. die Frage nach der Existenz eines Virtuous Cycle. Sheri Graner Ray formuliert: „If we, as designers, want to bridge this gap and reach this untapped market, then we need to take a good look at the content we are providing for our games. Many times, it's not just that there isn't anything out there that might attract female player; but often, what is out there contains content that actually serves as a barrier to women, preventing them from accessing and enjoying it."[140]

Abbildung 13: Frauen eroberten sich den Zugang zu den Arcade-Maschinen

Move Over Guys,
Here Come the Gals . . .
WOMEN JOIN THE ARCADE REVOLUTION

Quelle: www.geek.com

140 Graner Ray 2004: XVI

Abbildung 14: Das Browserspiele „Miramagia“ hat eine weibliche Zielgruppe

Quelle: © Bright Future

FRAUEN IN DER SPIELEINDUSTRIE

> Tatsächlich ist der Anteil körperbehinderter Mitarbeiter in der Branche mit sieben Prozent höher als der Anteil weiblicher Mitarbeiter.
> DAVID SMITH[141]

Nachdem bislang die Aspekte der geschlechtsspezifischen Konsumpräferenzen und die ästhetische (und narrative) Darstellung von weiblichen Figuren innerhalb der digitalen Spiele sowie das Angebot für die weibliche Zielgruppe erörtert wurden, soll nun abschließend auf die Repräsentation von Frauen innerhalb der Spieleindustrie eingegangen werden. Dieser Aspekt scheint insofern zentral, als dass das Virtuous Cycle-Konzept davon ausgeht, dass mehr Frauen in der Spieleindustrie vertreten wären, würden deren Interessen und Bedürfnisse durch die vorhandenen Produkte besser getroffen werden.

---

141 Der Brite David Smith ist CEO von *Interactive Selection* und engagiert sich seit Jahren für *Women In Games Jobs* (UK). Das Zitat hat er während eines Vortrages auf der Branchenkonferenz *Quo Vadis* im April 2013 geäußert. Vgl. hierzu: http://www.heise.de/newsticker/meldung/Quo-Vadis-Spieleindustrie-leidet-unter-Frauendis kriminierung-1850430.html (Stand Juli 2015)

Zunächst soll die Branche als Arbeitgeber skizziert und darauf aufbauend das Spezifische von weiblichen Karrieren in der Spieleindustrie aufgezeigt werden. Anschließend wird noch kurz auf Diversitätsbemühungen innerhalb der Spielebranche eingegangen.

Der aktuelle Stand der Forschung zu diesem Thema stammt primär aus dem anglo-amerikanischen Raum (vgl. u.a. Julie Prescott 2011a und 2011b, 2013) und bislang liegen nur wenige deutsche Untersuchungen vor (vgl. u.a. Wimmer & Sitnikova 2012, Ganguin & Hoblitz 2014). Insofern haben die im Folgenden dargelegten Fakten zumeist einen globalen Bezugsrahmen, wenngleich der Fokus der vorliegenden Arbeit auf der deutschen Spieleindustrie liegt.

Angemerkt werden sollte, dass es zwar zahlreiche Arbeiten zum Thema Frauen in der Spieleindustrie gibt, aber bislang keine, die den Zusammenhang „mehr Frauen in der Industrie gleich verändertes Produktangebot gleich mehr Frauen in der Industrie" im Sinne des Virtuous Cycle dezidiert untersucht. An eben dieser Stelle soll die vorliegende Arbeit neues Material anbieten.

Spieleindustrie als Arbeitgeber

Wie bereits eingangs gesagt, gehört die Computerspieleindustrie zu den weltweit am schnellsten wachsenden Wirtschaftszweigen und ist ein bedeutender Teil des Unterhaltungssektors (vgl. Teipen 2006) bzw. des Unterhaltungsmedienmarktes. Doch was zeichnet die Unternehmen der Spielebranche als Arbeitgeber aus?

Jeffrey Wimmer und Tatjana Sitnikova konstatieren in ihrem Aufsatz *The Professional Identity of Gameworkers Revisited* (2012), in dem sie das Selbstverständnis und die Situation der in der Spieleindustrie Beschäftigten untersuchten: „While it may be fun to play games, it is often far from fun to make them."[142]

Allgemein gesprochen beschäftigt sich die Spieleindustrie mit der Erbringung und Vermarktung von digitalen Spielen. Was die – an dieser Stelle nicht zu beantwortende – Frage aufwirft, ob die Spieleindustrie auch als „Kulturindustrie" beschrieben werden kann.[143]

Aus medienkulturwissenschaftlicher Perspektive könnte die industrielle Erbringung von Kulturgütern durchaus auch kritisch beleuchtet werden; eine kritische Auseinandersetzung mit der „Kulturindustrie" im Sinne Adornos und Horkheimers ist aber für das tatsächliche Erkenntnisinteresse der vorliegenden

---

142 Wimmer & Sitnikova 2012: 3

143 Vgl. Kerr 2006. Laut Kerr hängt es vom Kontext ab ob, die Spieleindustrie als Kulturindustrie bezeichnet werden kann.

Arbeit nicht relevant. Die irische Computerforscherin Aphra Kerr schreibt in The *Business and Culture of Digital Games* (2006): „‚Cultural industry‘ originated as a critical and political term to describe the industrialization of culture in the USA in the 1940s (Adorno and Gurevitch 1977; Andorno and Horkheimer 1979). For these writers the industrialization of culture was the opposite of what culture was meant to do.“[144] Kerr sagt weiter: „only a small number of cultural products make a profit“, wobei sie die auf 3 Prozent schätzt.[145] Diese Einschätzung soll hier nur zur Illustration dienen, aber nicht weiter medienökonomisch oder betriebswirtschaftlich diskutiert werden.

Kerr unterstreicht zudem, dass aufgrund der bislang nur gering vorhandenen Daten über die Spieleindustrie ein Vergleich mit anderen Branchen schwierig ist: „For industrial strategists, policy makers and academics the lack of independent and affordable data on the digital games industry makes strategic planning and rigorous comparison with other industrial sectors difficult.“[146]

Zunächst kann konstatiert werden, dass die Spieleindustrie sehr differenzierte, spezifische Fachkenntnisse erfordert: „The games industry is made up of a number of specialities including development, product, design, level design, audio design, art and testing“[147] Wobei neben den technischen Aufgaben in der Spieleentwicklung auch vielfältige Aufgaben im kommerziellen bzw. unternehmerischen Kontext notwendig sind, u.a. Finanzbuchhaltung, Personalwesen, Sales & Marketing bzw. das sogenannte „Publishing“, Public Relation, Kundensupport usw. Wobei dem technischen Bereich natürlich insofern eine tragende Rolle zukommt, als hier die Produkte, die Spiele entstehen: „Developmental roles within the industry are those roles that are involved in the creative and development aspect of game development. These roles create everything within the games from the content, the style of play the reward systems and ultimately who the target audience of the game will be.“[148]

Weiterhin kann konstatiert werden, dass die gesamte sogenannte Wertschöpfungskette der Spieleindustrie zumeist Projektcharakter hat,[149] was in der Natur des Produktes digitales Spiel begründet liegt und wiederum die Produktionsbe-

---

144 „Only 3% of digital games make a profit.“ – Kerr 2006: 44

145 Kerr 2006: 45

146 Ebd.: 49. Es gebe zwar mehr als genügend Daten im Hinblick auf Umsatzentwicklung, so Kerr, aber eben kaum Daten bzw. Statistiken o.ä. im Hinblick auf die Beschäftigungsstrukturen, Unternehmenskulturen usw. innerhalb der Spieleindustrie.

147 Prescott & Bogg 2011(a): 209

148 Ebd.

149 Vgl. hierzu u.a. Wimmer & Sitnikova 2012

dingungen erheblich beeinflusst. Wimmer & Sitnikova unterstreichen diesbezüglich: „games are often produced in temporary projects and in collaboration with other people than just game workers“, sie sprechen von einer „highly participatory business structure“. Kerr beschreibt die Unternehmenskultur innerhalb der Branche wie folgt:

„The work culture in many development companies taps into the, by now familiar, characteristics of the culture industries: informal, relaxed, non-hierarchical, project based and contractual. Lunch time and coffee breaks are spent playing games and browsing work-related websites on the very computers used to make games.“[150]

Auch Christina Teipen, die 2006 in einem Vergleich zwischen den Bedingungen in Deutschland, Polen und Schweden versuchte, den grundlegenden Charakter der Spieleindustrie als Arbeitgeber zu skizzieren, betont die Projektförmigkeit und dass diese Projekte sich durch ein hohes Maß an Standardisierung und einen hohen Grad der Selbstorganisation der Mitarbeiter als „Flexibilitätsinstrument“ auszeichnen.[151] Außerdem sei die Branche durch eine „Duz-Kultur“ geprägt, Einstellungen würden oft weniger aufgrund der fachlichen Qualifikation als aufgrund der zwischenmenschlichen Passung erfolgen.

Teipen bezieht sich in ihrer empirischen Untersuchung auf ein medienökonomisches Modell,[152] das sie zu Teilen bestätigt sieht. Nach diesem Konzept sind die grundlegenden Kennzeichen kreativer Branchen folgende: interne Flexibilität der Arbeitsorganisation, hoher Stellenwert der Selbstorganisation der Beschäftigten sowie Mitwirkungsmöglichkeiten und eine integrierende Unternehmenskultur.

Relevant ist der Aspekt der Flexibilität einerseits, weil eine projektspezifische Unternehmensorganisation u.a. auch dynamische Beschäftigungen bedingt, diese aber, zumindest in Deutschland, aufgrund von institutionellen (z.B. arbeitsrechtlichen) Rahmenbedingungen nur schwer umzusetzen ist.[153]

Im Zusammenhang mit diesem Aspekt ist ein Blick in die Nachbarländer interessant, z.B. nach Frankreich, wo der Staat die lokale Spieleindustrie in relevantem Ausmaß fördert, z.B. mit Steuervergünstigungen, Gründerzuschüssen

150 Kerr 2006: 7

151 Vgl. Teipen 2006

152 William Laszonick „New Economy Business Modell (NEBM)“, 2005

153 Teipen argumentiert sogar, dass diese Rahmenbedingungen in Deutschland die Produktion von digitalen Spielen erschweren (vgl. Teipen 2006).

oder Fördergeldern, weshalb französische Unternehmen wie *Ubisoft* und *Gameloft* auf dem globalen Spielemarkt von hoher Bedeutung sind.

Auch der skandinavische Markt[154] gilt als sehr fortschrittlich und produktiv, zumindest ist das Verhältnis von Spieleunternehmen (bzw. Anzahl der Beschäftigten) zum Absatzmarkt (Anzahl der Konsumenten) beeindruckend hoch.

Andererseits ist die projektförmige Organisation der Unternehmen deshalb relevant, weil die meisten Angestellten in der Spieleindustrie laut dem *IGDA Developer Satisfaction Survey 2014* mit „crunch time“[155] in Berührung kommen.

> „Only 19% of the sample had not crunched at least once in the past two years. Almost 45% experienced more than two crunch periods in the past two years. Half of the sample felt that crunch was expected at their workplace as a normal part of the job; 37% said they did not feel this way...“[156]

Der Aspekt der „Crunch Time“ ist im Hinblick auf die Arbeitsbedingungen innerhalb der Spieleindustrie ein zentraler Punkt; insbesondere für Frauen. „According to research by Consalvo (2008) the long hours culture and crunch time are the biggest challenges to women in the games industry.“[157]

Laut Wimmer & Sitnikova ist das Crunch-Time-Phänomen hauptursächlich für den hohen Turnover an Arbeitskräften in der Branche (und die IGDA Studie untermauert diese Aussage). Das bedeutet, dass Beschäftigungsverhältnisse innerhalb der Spieleindustrie oft nur wenige Jahre dauern und Angestellte häufig aus eigener Motivation das Unternehmen verlassen, auch, weil die Möglichkeiten der Ausverhandlung besserer Arbeitsbedingungen limitiert sind, da zahlreiche potenzielle Kandidaten auf ihre Chance warten, „to break into the industry“.[158] Dabei ist zu betonen, dass die Unternehmen innerhalb der Spieleindustrie durchaus heterogen und im Hinblick auf die Unternehmenskulturen recht unterschiedlich sind. „The core stages in the production of games software are design, pre-production, production,

154 Unternehmen wie z.B. *DICE*; *Bioware* oder *Supercell* gelten als Aushängeschild einer erfolgreichen Games-Förderungspolitik und zeichnen sich mit dafür verantwortlich, dass Skandinavien mittlerweile im globalen Games Business eine Rolle spielt.

155 Also der branchenspezifischen Kombination aus Stress, Überstunden und Arbeiten bis zur Abgabe eines Projektes. „Crunch-time“ wird mitunter auch als „poor project management“ beschrieben.

156 https://c.ymcdn.com/sites/www.igda.org/resource/collection/9215B88F-2AA3-4471-B44D-B5D58FF25DC7/IGDA_DSS_2014-Summary_Report.pdf

157 Prescott & Bogg 2013b: 134

158 Vgl. Wimmer & Sitnikova 2012

publishing, distribution and retail. Although these stages vary in duration and type from market segment to market segment, the procedure is largely similar.“[159]

Ähnlich wie Kerr differenziert Müller-Lietzkow folgende Akteure voneinander: Publisher, Entwicklungsstudios,[160] PR & Marketingagenturen, Technologielieferanten und Middleware-Produzenten, Freelancer und Kleinstunternehmer sowie den gesamten Bereich Handel.[161] Bei der Auseinandersetzung mit Frauen in der Spieleindustrie sollte von daher stets auch konkretisiert werden, in welchem Unternehmenskontext die Frauen tätig sind.

Abschließend soll noch angemerkt werden, dass im März 2015 laut Branchenverband BIU knapp 13.000 Menschen bei rund 450 Unternehmen mit dem Entwickeln und „Publishen“ (Verlegen) von Digitalen Spielen generell beschäftigt sind.

Schlussendlich wird auch der Aspekt der Entlohnung thematisiert und festgestellt, dass die Befunde zu den Entgeltunterschieden in der Spieleindustrie zwar nicht einheitlich sind, aber davon ausgegangen werden kann, dass – wie im Bereich anderer „New Economy“ Unternehmen – ein hohes Niveau von Einkommensungleichheit bzw. -differenzierung sowie ein hoher Anteil an variabler und am Markterfolg orientierte Entgeltbestandteile charakteristisch für die Spieleindustrie sind.

Karrieren von Frauen in der Spieleindustrie

Nachdem im einführenden Exkurs einerseits ausgeführt wurde, dass die Beschäftigungsverhältnisse in der Spieleindustrie aufgrund des hohen Projektcharakters der Branche in hohem Ausmaß einer *Crunch-Time-Kultur* unterliegen, und andererseits, dass die Beschäftigten sich hohen Flexibilitätsanforderungen ausgesetzt sehen, bleibt nun zu zeigen, inwiefern daraus eine spezifische Altersstruktur der Branche resultiert. Im Folgenden soll jedoch dezidiert auf die weiblichen Beschäftigten innerhalb der Spieleindustrie eingegangen werden, weil diese im Hinblick auf die Analyse des Virtuous Cycle-Konzepts im Vordergrund des Erkenntnisinteresses stehen.

159 Kerr 2006: 62

160 Hierbei kann wiederum zwischen „First Party“-Studios (Teil eines Publishers für den sie entwickeln), „Second Party“-Studios (entwickeln primär Auftragsarbeiten für grosse Publisher) und „Third Party“-Studios (unabhängige Studios, die eigene Ideen umsetzen) unterschieden werden. Vgl. Kerr 2006: 64

161 Vgl. Müller-Lietzkow in Bevc & Zapf 2009)

Generell gibt es (nach wie vor) recht wenige Frauen in der Spieleindustrie, auch wenn die Statistiken[162] diesbezüglich auseinandergehen; von 6% weiblicher Beschäftigter[163] bis ca. 25% reichen die Schätzungen, der Branchenverband BIU vermutet ca. 20%Frauen in der deutschen Spieleindustrie. Laut dem *IGDA Developer Survey*[164] ist der typische „Game Worker" zwischen 30 und 35 Jahre alt, männlich, weiß und körperlich nicht beeinträchtigt oder behindert.[165]

The fact that the game industry is predominately male is not a new observation. For instance, developers in the game industry are straight, white men. The International Game Developers Association (IGDA) surveyed nearly 6500 professionals in their first study examining game developer demographics and found that 88,5% of game developers were male, 83,3% were white, and 92% were heterosexual."[166] Allerdings muss auch hier angemerkt werden, dass in den Anfängen der Spieleindustrie, als digitale Spiele noch „Boys' Toys" waren, Frauen noch unterrepräsentierter waren als heute und diese Zahlen sich in den letzten Jahren, nicht zuletzt im Zuge des zunehmenden digitalen Spielekonsums der weiblichen Zielgruppe, zugunsten der weiblichen Beschäftigten in der Industrie verändert haben.[167]

Julie Prescott und Jan Bogg konnten aufzeigen, dass die in der Branche beschäftigten Frauen primär in den nicht-technischen Bereichen arbeiten, die mit den Produkten nur periphär, also nicht im Sinne von tatsächlicher Beeinflussung, in Berührung kommen. „Women in the industry tend to be concentrated in more traditional ‚feminine' roles such as marketing and administration. Women are underrepresented in core creation and development roles, such as coders, designers and artists; roles that tend to require technical skill and knowledge."[168] Prescott & Bogg bestätigen damit Ergebnisse von Lizzie Haines die bereits 2004 feststellte: „…that the majority of women in the games industry work in mana-

162 Vgl. u.a.: Haines 2004, Donnelly 2012; Prescott & Bogg 2011; IGDA Report 2005/2015

163 David Smith auf der Quo Vadis 2012; http://www.heise.de/newsticker/meldung/Quo-Vadis-Spieleindustrie-leidet-unter-Frauendiskriminierung-1850430.html

164 Einer der wenigen Reports, der bereits seit über zehn Jahren kontinuierlich Daten zum Arbeitsmarkt und zur Arbeitszufriedenheit (in) der Spieleindustrie erhebt.

165 Vgl. Wimmer & Sitnikova 2012, IGDA 2015

166 Heeter et al. 2004: 2

167 Vgl. Grapenthin 2009, Zaremba 2009

168 Prescott & Bogg 2011b: 2005

gerial, administrative, marketing and PR roles; with 73% of women working in games, working outside the main jobs of creating games.“[169]

Dieser Aspekt ist für die Überprüfung des Virtuous Cycle-Konzeptes insofern zentral, da man aufgrund dieser Erkenntnis davon ausgehen kann, dass Frauen kaum die Produkte beeinflussen können/werden. Prescott & Bogg konstatieren: „It would seem that women within the industry have little voice in the content, interaction styles, character representation and the reward system involved in games (core content creation/developmental roles). All of the core content creation roles affects what is created and how games are perceived.“[170]

Prescott & Bogg untersuchten im Hinblick auf die Spieleindustrie geschlechtsspezifische Segregation, die sie in horizontale und vertikale Segregation differenzieren. Während die vertikale sich auf Karrierestufen bezieht, bezieht sich die horizontale Segregation (bzw. auch „occupational segregation“) auf die Berufswahl von Frauen und Männern und auf die Tatsache, dass bereits an dieser Stelle geschlechterdifferenzierende Momente wirksam werden.[171] „Both horizontal and vertical gender segregation is claimed to exist within the games industry. Vertical segregation represents the difference in parity in the numbers of women and men in the more senior roles within the industry.“[172] Laut Prescott & Bogg existieren in der Spieleindustrie jedoch nicht nur horizontale und vertikale Segregation, sondern werden auch spezifisch kombiniert.

„However, Haines study revealed that senior women were more often found in managerial and senior roles in the less technical areas of games development or in areas more associated with traditional female roles, such as marketing, rather than direct game development. Women are more likely to be presented at the senior levels in some areas due to the increasing number of women in these areas.“[173]

169 Prescott & Bogg 2013b: 130

170 Ebd.

171 „Women in male dominated occupations have been found to receive less support than men but more support in mixed-gender occupations; whereas men receive high levels of support in female-domintaed occupations. Therefore, being in the minority is an advantage for men, but as disadvantage for women. (Taylor 2010).“ – Prescott & Boog 2011(b): 207

172 Prescott & Boog 2011(b): 209

173 Ebd.

Abbildung 15: Arbeitsbereiche von Frauen in der Spieleindustrie

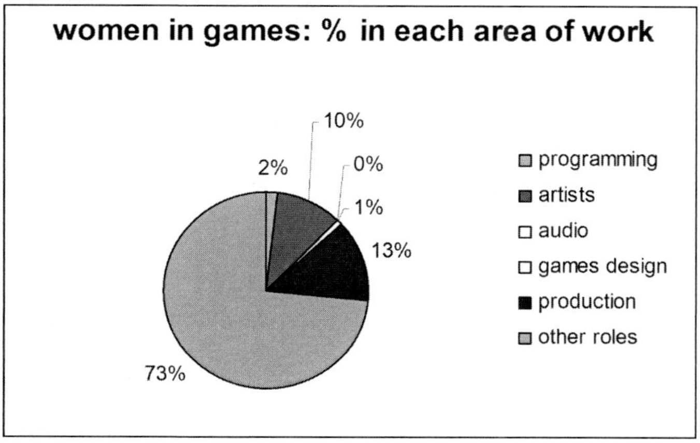

Quelle: Lizzie Haines 2004

In einer anderen Untersuchung konnte Julie Prescott die Vermutung empirisch bestätigen, dass Frauen in der Spieleindustrie eine geringere Genderidentifikation haben als Männer: „In general, women in the games industry had low gender identification at work; supporting previous research looking at the gender identity of women in the wider ICT (Information, Communication and Technology) sector (Griffiths, Moore and Richardson 2007).“[174]

Die der Untersuchung zugrundeliegende Vermutung ist, dass Frauen in männerdominierten Branchen, wie z.B. der IT Industrie dazu tendieren ihre Genderidentität geringer zu bewerten/beachten, um sich der eher männlichen Umgebung anzupassen. Wobei laut Prescott dieser Tatbestand damit in Konflikt zu stehen scheint, dass zunehmend als „weiblich“ assoziierte (soziale) Kompetenzen im Management eine immer wichtigere Rolle spielen und dies wiederum Chancen für Frauen bzw. weibliche Karrieren auch in eher männlich dominierten Branchen ermöglicht. „Hybrid roles, combining technical and traditionally female skills have been viewed as a way forward for women to adjust to working in male work cultures without them compromising their gendered identity (Guerrier et al. 2009). However, not everyone views technology as masculine.“[175]

174 Prescott & Bogg 2013a: 60

175 Ebd.: 56

Zudem zeigten Prescott & Bogg auch, dass Frauen, die in der Spieleindustrie beschäftigt sind, seltener als Männer in Führungspositionen kommen[176] und dass offensichtlich auch in der Spieleindustrie eine sprichwörtliche „gläserne Decke" zu existieren scheint.[177] Zudem würden Männer und Frauen auch unterschiedliche Erfahrungen im Arbeitskontext machen: „Men and women have been found to experience the workplace differently. The token status of men is beneficial to their careers (often referred to as the glass escalator), a very different outcome to the token status of women, who are discriminated against, have limited career opportunity and often work in a hostile environment."[178]

Dem *Hoppenstedt Branchen Report*[179] zufolge gibt es in der deutschen Spieleindustrie signifikant wenige Frauen auf der ersten Führungsebene: „Branchenübergreifend liegt der Frauenanteil auf der ersten Führungsebene bei knapp 11 Prozent, in der Games-Branche hingegen nur bei 5,66 Prozent. [...][180] Das scheint vor allem unter dem Gesichtspunkt bedenklich, dass die Branche bereits vor Jahren das weibliche Geschlecht als Zielgruppe entdeckt hat und die Spielinhalte auf das Publikum zuschneidet."

In der deutschen Spieleindustrie gab es lange Zeit nur eine öffentlich wahrnehmbare bzw. sichtbare weibliche Geschäftsführerin: Odile Limpach bei *Blue Byte*[181]. Wenngleich es zahlreiche Frauen in verantwortungsvollen Positionen innerhalb der deutschen Games-Branche gibt (Statistiken diesbezüglich fehlen jedoch gegenwärtig noch), sind Frauen in der sprichwörtlichen ersten Reihe eher

---

176 Wobei in derselben empirischen Untersuchung 72% der Frauen und 74% der Männer angaben, dass sie keine Begrenzungen für weibliche Karrieren in der Games Karriere sehen. – Vgl. Prescott & Bogg 2011b

177 „The majority, 72% of female and 66% of male participants agreed that the glass ceiling exists, supporting previous research which suggests there is a lack of women in senior/executive positions." – Prescott & Bogg 2011b: 20

178 Prescott 2013b:127

179 Vgl. Hoppenstedt Branchenreport Games Branche: http://www.vdav.de/deliver.php?id=1731 (Mai 2015)

180 „Besser sieht es auf der zweiten Führungsebene aus. Hier entspricht der Anteil der weiblichen Manager mit rund 27 Prozent fast dem Bundesdurchschnitt (ca. 29 Prozent)."

181 Odile Limpach hat im Jahr 2014 Blue Byte verlassen und ist mittlerweile als Professorin für Game Economics am Cologne Game Lab tätig.

die Ausnahme. Ein Nebeneffekt dessen ist, dass Frauen die weiblichen Vorbilder fehlen.[182]

Bislang konnte die starke Unterrepräsentanz von Frauen in der Spieleindustrie nicht ursächlich erklärt werden, wenn auch zahlreiche Untersuchungen sich diesem Thema widmen. Es wird u.a. davon gesprochen, dass Frauen die Spieleindustrie nicht als Arbeitgeber wahrnehmen oder aber die Arbeitsbedingungen scheuen würden[183] oder es wird die geringe Quote von Frauen in IT bzw. Games Studiengängen generell angeführt. Auch der Aspekt des Zugangs zur Branche[184] (Ausbildungsmöglichkeiten, spezifische Recruiting Strategien) wird benannt[185]. Jedoch scheint dieses Argument in Zeiten eines sich zunehmend ausdifferenzierenden Angebotes an Ausbildungen und Studiengängen für die Games-Branche nicht mehr zutreffend zu sein.

Auch das schlechte Image der Branche sowie latenter Sexismus innerhalb der Spiele und in den Unternehmen werden angeführt. Eine Umfrage der *International Game Developer Accosciation* Ende 2014 ergab, dass Sexismus innerhalb der Unternehmen und Sexismus in den Spielen zwei der wichtigsten Ursachen für die negative Wahrnehmung der Spieleindustrie seien.[186] Laut Julie Prescott sind vor allem folgende Faktoren verantwortlich für das schlechte Image: „In the industry, the negative working practices which have a particularly negative impact on attracting and retaining women within the industry include: long-hours culture, crunch time, flexible working issues and the potential need to relocate.“[187]

Auch der „Gender Wage Gap“, also die Tatsache, dass Männer und Frauen in gleichen bzw. ähnlichen Positionen unterschiedlich viel verdienen (Frauen immer weniger) konnte für die Spieleindustrie nachgewiesen werden.[188]

Ähnlich wie in anderen vergleichbaren Kreativbranchen kann auch im Hinblick auf die Spieleindustrie festgestellt werden, dass sich Familiengründung und Karriereambitionen bzw. schlichtweg eine Erwerbsbiografie oft konflikthaft ge-

---

182 If you are one of those women having a tough time and want to look for inspiration, it's not easy to see the female role models“ – Vgl. Jackson in Donnelly 2012

183 Vgl. u.a. Haines 2004; Graner Ray 2004; Blake 2011; Donnelly 2012

184 Vgl. u.a.: Müller-Lietzkow et al. 2006; Dudley 2013; Kafai u.a. 2008

185 Lange existierten keine bzw. unzureichend professionellen Angebote, die Frauen für eine Tätigkeit in der Spieleindustrie befähigen konnten (vgl. u.a. Blake 2011).

186 https://c.ymcdn.com/sites/www.igda.org/resource/collection/9215B88F-2AA3-4471-B44D-B5D58FF25DC7/IGDA_DSS_2014-Summary_Report.pdf

187 Prescott 2013b:136

188 Vgl. u.a. IGDA Survey 2014, Prescott 2011a und 2013b oder *Gamasutra Salary Survey 2014*

genüber stehen. „It has been acknowledged that there is a lack of women with children working in the games industry as there is in the wider ICT and SET sectors [...] However, it is unclear from the limited research into women working in the computer games industry whether women who enter the industry do not want children or they do not have children due to their careers.“[189]

Flexible Beschäftigungsmodelle (wie z.B. Teilzeitarbeit oder Home-Office-Regelungen) werden als gegensteuernde Maßnahmen vorgeschlagen: „An effective method that could potentially increase the number of women in the industry could be the introduction of more flexible working practices such as part time working. Part time work has been found to be a rarity within the industry.“[190] Nach wie vor ist auch das Argument zu hören, dass viele junge Frauen die Games-Branche nicht als potenziellen Arbeitgeber in Betracht ziehen; sozusagen ein „Sichtbarkeitsproblem“ besteht.

M.E. gibt es keine monokausale Erklärung für den geringen Frauenanteil in der Spieleindustrie, vielmehr spielen all die in diesem Kapitel benannten Aspekte eine Rolle. Da dieser Zusammenhang, also der Virtuous Cycle, bislang noch nicht empirisch untersucht wurde, können aber zum Status Quo nur Annahmen darüber getroffen werden.

Das Bemühen um weibliche Arbeitnehmer

> More diverse teams have been found to be more productive, happy and profitable than others.
> MCKINSEY/„WOMEN MATTER“

Nachdem auf den letzten Seiten primär die quantitative Unterlegenheit von Frauen sowie einige sie begleitende Arbeitsbedingungen innerhalb der Industrie erörtert wurden, soll nun noch kurz das Augenmerk auf die Bemühungen der Branche um weibliche Arbeitskräfte thematisiert werden. Wie bereits dargestellt, wurden Frauen nicht nur als mögliche Zielgruppe, sondern auch als mögliche Produzenten – Entwickler, Designer, Vermarkter etc. – von digitalen Spielen bereits Ende der 90er Jahre wahrgenommen. Aufgrund der Tatsache jedoch, dass die meisten Unternehmungen von Frauen für Frauen (kommerziell) scheiterten waren Frauen in der Spieleindustrie zwar nach wie vor präsent, aber nicht im Fokus.

Dies hat sich m.E. aufgrund von zwei Entwicklungen in der jüngsten Vergangenheit grundlegend verändert. Zum einen durch die Tatsache, dass mittler-

189 Prescott 2013b: 133

190 Ebd.: 135

weile rund die Hälfte aller Spieler weiblich ist und zum anderen durch die spätestens seit #GamerGate präsente Debatte um Frauen in der Spieleindustrie, die teils von außen (z.B. durch Medien oder auch Verbände) an die Branche herangetragen wurde und teils auch aus dieser heraus in Form von selbstreflexiven Bestrebungen rund um das Thema Unternehmenskultur entstand.

Fakt ist, das Thema Frauen in der Spieleindustrie hatte während der Erarbeitung der vorliegenden Dissertation nicht nur mediale Sichtbarkeit, sondern auch eine recht hohe Relevanz – innerhalb der Spieleindustrie, aber auch innerhalb der Forschung – und daher entwickelten sich parallel zum Schreiben und Recherchieren zahlreiche Initiativen, Diskussionen und auch Handlungsempfehlungen für die in der Games-Branche beheimateten Unternehmen.

Jedenfalls findet das Bemühen um weibliche Arbeitnehmer auf unterschiedlichen Ebenen statt: Zunächst geht es darum, junge Mädchen und Frauen generell erst einmal in die Ausbildungs- und Studiengänge, die spezialisiert für die Spieleindustrie ausbilden, hineinzubringen. Diesbezüglich scheinen in den letzten Jahren Erfolge erzielt worden zu sein, zumindest berichten einige Ausbildungsinstitute (z.B. *Cologne Game Lab*) von Zuwachs an Studentinnen. Insofern kann auch nicht mehr von geschlechterspezifischen Unterschieden beim Interesse bzw. der Karrieremotivation[191] für die Spieleindustrie ausgegangen werden. Zudem geht es auch darum, weibliche Bewerber für offene Positionen innerhalb der Spielebranche zu rekrutieren. Diesbezüglich gibt es Erkenntnisse und Studien, dass Frauen sich oft weniger zutrauen und im Durchschnitt etwas zögerlicher nicht nur beim Schritt zur Bewerbung[192], sondern auch in der Bewerbungssituation selbst, sind.

Schließlich ist es auch wichtig, die Loyalität der in den Unternehmen der Branche angestellten Frauen zu fördern, damit diese dem Unternehmen treu bleiben. Es gibt Erkenntnisse, dass zumindest im Technologie-Sektor viele Frauen nach einigen Jahren die Branche wieder verlassen; 65% würden innerhalb von zehn Jahren den Technologie Sektor wieder verlassen, mehr als doppelt so viel wie Männer.[193]

Aber auch die Förderung von weiblichen Karrieren ist von Bedeutung, damit Frauen gleichermaßen wie ihre männlichen Kollegen nicht nur eine kontinuierliche Erwerbsbiographie, sondern eben auch Aufstieg erleben. Insgesamt hat m.E. die Spieleindustrie in den letzten Jahren erkannt, dass in all diesen Bereichen

191 Dieses Argument ist ein recht altes im Zusammenhang mit geschlechtlicher Organisationsforschung und nicht speziell im Hinblick auf die Spieleindustrie entstanden. Vgl. u.a. Lange 1998.

192 Vgl. hierzu u.a.: Parmar 2012

193 Vgl. u.a.: http://women2.com/2014/06/30/women-leaving-tech/?hvid=30vkW (Oktober 2015)

(Ausbildung, Bewerbung, Arbeitsbedingungen und Karriereförderung) Handlungsbedarf besteht – möchte man tatsächlich im Sinne der Erhöhung der Diversität der Branche mehr weibliche „Game Worker" in die Branche holen – und in allen Bereichen bereits Bemühungen gezeigt.

Fazit

> Frauen sind einfach näher dran. Sie wissen eher, was andere Frauen wollen und welche Geschäftsmodelle bei ihnen funktionieren. Wir wünschen uns mehr Frauen in der Spieleindustrie.
>
> MAXIMILIAN SCHENK/GESCHÄFTSFÜHRER BIU

An dieser Stelle sollen noch einmal die zentralen Erkenntnisse überblicksartig dargestellt werden, betonend, dass nur im Zusammenspiel dieser ein Erklärungsansatz für die geringe Beteiligung von Frauen an der Entwicklung, Vermarktung usw. von digitalen Spielen gesehen werden kann, bevor im nächsten Kapitel eine Gesamtzusammenfassung des analytischen Teils erfolgt.

- Frauen in der Spieleindustrie sind in einem Bereich der Kreativ- bzw. Kulturindustrie beschäftigt, der sich durch sehr dynamische und herausfordernde Arbeitsbedingungen auszeichnet; die Unternehmen sind zumeist durch den Projekt-Charakter der Entwicklung geprägt, es gibt primär zeitlich befristete Arbeitsverträge und Aspekte wie „Crunch-Time" und hohe Flexibilitätsanforderungen sind zentral.
- Es wird vermutet, dass Frauen die Spieleindustrie lange Zeit nicht als potenziellen Arbeitgeber im Bewusstsein hatten (u.a. aufgrund von Imageproblemen bzw. mangelnder Sichtbarkeit der Industrie), dies ändert sich aber mittlerweile. Frauen sind sowohl in Games-spezifischen Ausbildungen als auch in Bewerbungsprozessen um konkrete Positionen innerhalb der Unternehmen zunehmend vertreten.
- Als Angestellte der Unternehmen – die sich in jüngster Vergangenheit zunehmend um mehr Frauen bemühen – sind Frauen zumeist quantitativ unterlegen (gegenwärtig rund 20% Frauen in der deutschen Games-Industrie) und sehen sich dabei – analog zu anderen Branchen – mit Aspekten wie z.B. Gender Pay Gap, (doppelten) Belastungen durch familiäre Anforderungen und wenig Frauen in Führungspositionen („glass ceiling"-Phänomen) konfrontiert.

„Towards a Virtuous Cycle“[194]

> Women are going to be essential in turning games into a true mass medium.
>
> NINA KRISTENSEN/JUST ADD MONSTERS

Dieses Kapitel hat den Versuch unternommen, das Konzept des Virtuous Cycle, dessen reale Existenz mit der vorliegenden Arbeit analytisch und empirisch exploriert werden soll, zunächst in vier Ebenen zu untergliedern und diese dann separat im Hinblick auf den Forschungsstand zu erörtern. An dieser Stelle sollen nun kurz die zentralen Ergebnisse zusammengefasst werden, um damit zur nachfolgend dargestellten empirischen Untersuchung überzuleiten.

Der *Virtuous Cycle* beschreibt den bislang nur vermuteten, aber noch nicht empirisch bestätigten, Zusammenhang von weiblichen Konsumpräferenzen, der Darstellung weiblicher Charaktere und Spielfiguren innerhalb der Games, dem Angebot an Spielen bzw. Produkten für die weibliche Zielgruppe sowie der Beteiligung von Frauen an der Entwicklung und Vermarktung von Spielen innerhalb der Spieleindustrie.[195]

Im Folgenden werden nun überblicksartig die *Ergebnisse des analytischen Teils (A)* sowie die durch diese aufgeworfenen *Fragen für die empirische Untersuchung (F)* dargestellt.

- **A1:** Es wurde gezeigt, dass Frauen lange Zeit keinen oder kaum Zugang zu digitalen Spielen hatten, weshalb diese in den Anfängen lange als „Boys' Toys“ galten, mittlerweile aber rund die Hälfte aller Spieler weiblich ist.
- **F1:** Im Sinne des Virtuous Cycle müsste hinterfragt werden, *warum* mittlerweile die Hälfte aller Spieler weiblich ist, ob sich z.B. die ästhetische und narrative Darstellung weiblicher Charaktere sowie das Produktangebot für Frauen in den letzten Jahren verändert hat. Auch die Konsequenzen des Zuwachses weiblicher Spieler wären interessant, ob z.B. ob auch der Anteil weiblicher Beschäftigter gewachsen ist.
- **A2:** Das Angebot an weiblichen Spielefiguren und Helden, mit denen sich Frauen identifizieren können, ist in jüngster Vergangenheit spürbar angestiegen.

194 Die Kapitelüberschrift ist eine Anspielung auf den Beitrag „Getting Girls into the Game – Towards A Virtuous Cycle“ von Fullerton et al. in Kafai et al. 2008.

195 Wobei jeder dieser Aspekte so komplex ist, dass es m.E. eigener, dezidierter Forschung bedürfte.

- **F2:** Zu ergründen wäre daher, ob im Zuge dessen noch mehr Frauen spielen bzw. auch Interesse haben, in der Spieleindustrie zu arbeiten. Es wäre aber auch denkbar, dass das gewachsene Angebot an Heldinnen innerhalb der Spiele eine Reaktion seitens der Industrie auf mehr spielende Frauen ist.
- **A3:** Bei der historischen Entwicklung des kontinuierlich gestiegenen weiblichen Konsums waren vor allem folgende Ereignisse zentral: (1) Die Spieleplattform *Wii* (2006)[196] (2) die Einführung des *iPhone* (2007), welches innerhalb kurzer Zeit das Mobile Gaming revolutionierte; (3) die Etablierung des (mittlerweile kaum noch relevanten) Genres des Social Gaming.
- **F3:** Im Hinblick auf den Virtuous Cycle wäre interessant zu klären, inwieweit der Anstieg der weiblichen Zielgruppe und das Angebot an Spielen bzw. Plattformen in Wechselwirkung standen sowie ob bzw. inwiefern diese Entwicklungen auch die Spieleindustrie prägten, z.B. durch vermehrtes weibliches Interesse an Beschäftigung in der Spieleindustrie oder durch qualitative Veränderungen innerhalb der Spiele selbst.
- **A4:** In der Forschung wird davon ausgegangen, dass Männer und Frauen unterschiedliche Konsumpräferenzen haben, im Hinblick auf das Genre, die Spieleplattform, aber auch den Spielekontext und die Spielemotivation.[197] Frauen bevorzugen andere Plattformen (eher Mobile, Social und Online Games) sowie andere Genre (Casual Games, Adventure, Simulation, Rollenspiele) und spielen eher allein und wenig(er) wettkampforientiert als Männer. Frauen möchten sich mit den Spielecharakteren identifizieren.
- **F4:** Es sollte empirisch untersucht werden, inwieweit sich dies im Zuge der sich quantitativ und qualitativ verändernden weiblichen Spielefiguren verändert (hat). Auch die vermuteten unterschiedlichen Spielmotive (z.B. Entertainment vs. Wettkampf) und Sozialformen (allein vs. mit anderen) sowie der Zusammenhang zwischen Genrepräferenzen und Produktangeboten bedürfen einer empirischen Überprüfung.
- **A5:** Im Hinblick auf die Darstellung von weiblichen Spielefiguren ist zu konstatieren, dass diese oft stereotyp und zumeist sexuell aufgeladen sind und eine solche ästhetische Darstellung oft einhergeht mit narrativ begrenzten und dem

196 Die *Wii* setzte dem stereotypen Vorurteil, Frauen wären rein technisch nicht in der Lage, digitale Spiele zu konsumieren, ein Ende und revolutionierte mit ihrer Zielgruppen-Positionierung (Familien, Frauen, Kinder, ältere Leute) den Markt.

197 Allerdings herrscht in der Literatur keine Einigkeit darüber, was die weiblichen Präferenzen angeht, es werden unterschiedliche und auch widersprüchliche Aussagen gemacht.

männlichen Helden des Spieles unterlegenen Rollen. An diesen Darstellungsmustern scheint sich in den letzten Jahren nur wenig geändert zu haben.

- **F5:** Die Tatsache, dass sich die ästhetische und narrative Darstellung wenig verändert hat, würde im Sinne des Virtuous Cycle die Vermutung nahelegen, dass sich weder die Produkte noch die Rezeption durch das Anwachsen der weiblichen Zielgruppe verändert haben und insofern auch nicht die weibliche Beteiligung von Frauen an der Entwicklung und Vermarktung von digitalen Spielen. Dies sollte näher untersucht werden.
- **A6**: Ab Sommer 2014 entwickelte sich ein intensiver Diskurs, originär nur um das Thema des schon lange in der Kritik stehenden Dreiecksverhältnisses von Games-Unternehmen, ihren Produkten und den Beziehungen zu Spielejournalisten, der sich als „#GamerGate" bezeichnet schnell verselbständigte und im Kern das Thema Frauenfeindlichkeit in der Gamer Kultur aufgriff.[198]
- **F6:** Es sollte empirisch geklärt werden, inwiefern #GamerGate die Spiele-Branche beeinflusste bzw. ob und welche Konsequenzen daraus erwuchsen.
- **A7:** Die Frage, ob die weibliche Zielgruppe ein dezidiert weibliches Produktangebot braucht bzw. auch wünscht, lässt sich aufgrund der Literatur bzw. der bisherigen Erkenntnisse nicht wirklich klar beantworten. „Falsch ist es aber auch, Spiele auf den Markt zu bringen und dabei anzunehmen, diese wären ‚objektiv' im Sinne von geschlechtsneutral."[199] Das Angebot für weibliche Spieler erscheint oft ebenso stereotyp, wie die ästhetische Darstellung der weiblichen Charaktere.
- **F7:** Zu diesem Thema sollten im Rahmen der empirischen Erhebung die *Experten*, d.h. Personen aus der Industrie, aber u.U. auch die Spielerinnen nach ihrer Perspektive befragt werden, da diese Frage analytisch nicht zu beantworten ist.
- **A8:** Kommerzielle Versuche, Spiele nur für Frauen zu entwickeln und zu vermarkten, waren bis zum Ende der 90er Jahre wenig erfolgreich (Kapitel 3.3). Dennoch hält sich im Sinne des Virtuous Cycle die Annahme, dass vielfältigere bzw. diversere Spieleentwicklungsteams der Vielfalt der Konsumenten besser gerecht werden könnten.
- **F8:** Im Rahmen der empirischen Untersuchung sollte die Frage nach dem Zusammenhang zwischen diversen bzw. vielfältigen Teams innerhalb der

198 M.E. kann die #GamerGate-Debatte auch als die zeitgenössische Debatte zum Virtuous Cycle verstanden werden, da alle Ebenen, die dieses Konzept inkludiert, in den Kritikpunkten der kulturkritischen Stimmen gegenüber der Spieleindustrie im Status Quo enthalten sind.

199 Richard 2004: 76

Spieleentwicklung in den Unternehmen und den tatsächlich entwickelten Produkten gestellt werden.[200]

- **A9:** Die Spieleindustrie zeichnet sich u.a. durch eine junge, dynamische und kreative Unternehmenskultur aus. Dabei sind gegenwärtig nur wenige Frauen an der Entwicklung und Vermarktung von digitalen Spielen beteiligt. Gründe erscheinen jedoch so komplex, dass sie im Rahmen der vorliegenden Arbeit nur gestreift werden können.
- **F9**: Die Ursachen für die quantitative Unterlegenheit weiblicher Beschäftigter sollten empirisch hinterfragt werden.
- **A10**: Die weiblichen Beschäftigten in der Spieleindustrie unterliegen Arbeitsbedingungen, die teils spezifisch für die Branche sind und teils spezifisch für weibliche Beschäftigung. Insgesamt erscheinen die Bedingungen innerhalb der Branche für Frauen weniger förderlich als für Männer. In jüngster Vergangenheit gibt es seitens der Unternehmen Initiativen, weibliche Karrieren zu fördern.
- **F10:** Es sollten im Rahmen der empirischen Erhebung geschlechtsspezifische Arbeitsbedingungen sowie auch deren Bewertung seitens der weiblichen Angestellten erfragt werden.

Abbildung 16: Die #sosehengameraus Kampagne trat im Januar 2016 gegen stereotype Vorurteile „Gamern“ gegenüber an

Quelle: Twitter

200 Wenngleich es aufgrund der qualitativen Forschungsmethodik keine repräsentativen Aussagen geben wird, so doch zumindest Anhaltspunkte „aus dem Feld“.

Abbildung 17: Titelbild der Facebook Seite „So sehen Gamer aus" (2016)

Quelle: privat

Frauen und digitale Spiele – die Expertenperspektive

> Die Qualität einer empirischen Untersuchung wird u.a. daran gemessen, ob die Untersuchung dazu beitragen kann, den Bestand an gesichertem Wissen im jeweiligen Untersuchungsbereich zu erweitern.
> BORTZ & DÖRING/FORSCHUNGSMETHODEN & EVALUATION: 236

Wie bereits in der Einleitung dargelegt, werden unterschiedliche Aspekte rund um Frauen und digitale Spiele bzw. die Genderkonstruktion digitaler Spiele in der vorliegenden Dissertation in Anlehnung an das Virtuous Cycle-Konzept analytisch untersucht. Zunächst wurden die notwendigen theoretischen Grundlagen skizziert und darauf aufbauend der bisherige Forschungsstand zum Thema präsentiert.

Im empirischen Teil der Arbeit wird nun die Vorgehensweise der Studie vorgestellt, indem zunächst einige grundlegende Gedanken zum methodischen Vorgehen ausgeführt, anschließend das Forschungsdesign sowie die Durchführung der Erhebung skizziert sowie die gewonnenen Ergebnisse dargestellt werden.

Angemerkt werden soll hier, dass m.E. erst durch die Verbindung von Theorie und Empirie ein Erkenntniszuwachs im Hinblick auf den Untersuchungsgegenstand der vorliegenden Arbeit zu erwarten ist. Insofern soll mit dem vorgelegten empirischen Material ein relevanter Debattenbeitrag zum Thema Digitale Spiele geleistet werden.

METHODISCHES VORGEHEN

Der im Folgenden dargestellten empirischen Untersuchung sind bestimmte inhaltliche wie methodische Limitationen inhärent. Inhaltlich muss ein Teilaspekt aus dem komplexen Forschungsgegenstand ausgewählt werden, weil nicht alle zu interessierenden Perspektiven auf einem Gebiet untersucht werden können: „Ergebnis der Formulierung von Fragestellungen ist die Eingrenzung des als wesentlich erachteten Ausschnittes eines mehr oder minder komplexen Forschungsfeldes, das unterschiedlichste Festlegungen dieser Art ermöglichen würde.“[1] Dabei bedeutet die Auswahl auch immer eine Fokussierung auf bestimmte Forschungsgegenstände und lässt andere zunächst außen vor.[2]

Ursprünglich stand die Befindlichkeit von Frauen in der deutschen Spieleindustrie im Fokus des Forschungsinteresses, jedoch wurde die Fragestellung im Zuge der Literaturrecherche erweitert und zur Frage der Existenz eines Virtuous Cycle modifiziert. Insofern entwickelte sich auch das geplante methodische Vorgehen sukzessive und in Abhängigkeit vom konkreten Forschungsinteresse.

Generell folgt die Logik der vorliegenden Arbeit den allgemeinen (wissenschaftstheoretischen) Phasen eines empirischen Forschungsprozesses[3]: 1. Auswahl des Forschungsthemas, 2. Einarbeitung in den Theoriestand, 3. Formulierung der Fragestellung, 4. Auswahl der Methode, 5. Umsetzung der Fragestellung in Forschungsfragen, 6. Auswahl der Untersuchungseinheiten, 7. Aufbau des Feldzuganges, 8. Durchführung der Datenerhebung, 9. Datenerfassung, 10. Datenauswertung und 11. Publikation. Dabei verliefen die ersten drei Schritte parallel und zirkulär, sodass die Forschungsfrage sich aus der Einarbeitung ins Thema ergab.

Grundsätzlich kann sich einem Untersuchungsgegenstand auf *deduktive* oder *induktive* Weise genähert werden, wobei die deduktive Herangehensweise eine eher methodologische ist, bei der „aus vorausgesetzten elementaren Sätzen kompliziertere Sätze korrekt ab[ge]leitet [werden]“[4]. Deduktion kann als das Denken vom Allgemeinen zum Besonderen bzw. von der Regel über den Fall zum Resultat und Induktion das Schlussfolgern vom Besonderen zum Allgemeinen bzw. vom Fall über das Resultat zur Regel beschrieben werden.

Forschungen mit deduktiver Herangehensweise versuchen, allgemeine Grundsätze, Theorien und Hypothesen empirisch am Material zu belegen bzw. auch zu widerlegen. Sie kommen insofern aus der Theorie in die Empirie, wohingegen induktives Vorgehen bei der Empirie ansetzt und die im Feld (an Einzelfällen) gewonnenen Fakten zur Formulierung von allgemeinen Gesetzmäßigkeiten, Hypothesen oder Theorien nutzt.

---

1 Flick 2012: 135

2 Vgl.: Ebd.: 134

3 Vgl. Flick 2012

4 Wagner et al. 2008: 67

Im Unterschied zur Deduktion geht die Induktion vom Einzelfall aus: „Die Induktion der ‚Schluss vom Besonderen auf das Allgemeine'. Die Induktion schreitet vom Gegebenen und Beobachteten zum Nichtgegebenen, zum Nichtbeobachteten, vom Einzelnen, vom Teil zum Ganzen fort' und ‚ist ein Schluss der Verallgemeinerung'."[5]

Laut Wagner et al. (2008) sind mit dem induktiven Vorgehen zwei Probleme verbunden: Erstens bleibt die Induktion, die auf Beobachtung von Phänomenen beruht, immer unvollständig, wodurch auch der abgeleitete allgemeine Satz unsicher bleibt. Zweitens sei der Ausgangspunkt von Induktion immer die Erfahrung eines „Einzeldings" und insofern stelle sich die Frage, „wie und mit welchem Recht es möglich [ist], von der Erfahrung des Einzelnen und Besonderen auf Allgemeines zu schließen [...]".[6]

Die Autoren erörtern auch das „Induktionsprinzip", welches besagt, „dass aus eben jenen Beobachtungen des Besonderen auf Allgemeines geschlossen werden kann, wenn [...] bestimmte Bedingungen eingehalten werden..."[7]. Dabei sollten die Verallgemeinerungen zum einen auf einer großen Anzahl von Aussagen beruhen und zum anderen müssen die Beobachtungen unter einer Vielzahl von Bedingungen wiederholt worden sein. Schlussendlich darf keine der Beobachtungsaussagen im Widerspruch zum entsprechenden allgemeinen Gesetz stehen.[8]

Ziel induktiver Forschung generell kann (muss aber nicht) die Generierung bzw. Erarbeitung von Gesetzmäßigkeiten und/oder einer Theorie sein, wobei als Gesetz eine bestätigte Hypothese bezeichnet werden kann und als Theorie die Zusammenfassung mehrerer Gesetze.[9]

Zum zentralen Untersuchungsgegenstand bzw. zur Forschungsfrage der vorliegenden Arbeit – der Bedeutung des Virtuous Cycle auf die Genderkonstruktion digitaler Spiele – existiert zwar durchaus eine Fülle an Beschreibungen, Erkenntnissen und vorhandenen Fakten, jedoch liegt keine gültige sozialwissenschaftliche Theorie vor. Das Primärziel der Erhebung war jedoch weniger die Generierung einer Theorie, sondern vielmehr die empirische Exploration des theoretisch behaupteten Konzeptes des Virtuous Cycle. Dabei fiel die Entscheidung auf qualitative empirische Methoden als Erhebungsinstrument.

5 Wagner et al. 2008: 70

6 Ebd.

7 Wagner et al. 2008: 76

8 Der Begriff „Beobachtungen" inkludiert hier auch Befragungen sowie Inhaltsanalysen und Tests (vgl. Wagner et al. 2008: 73).

9 Vgl. Wagner et al. 2008: 71

Das Vorgehen der vorliegenden Untersuchung kann insofern explorativ beschrieben werden: Zunächst sollte dem theoretisch postulierten Konzept des Virtuous Cycle im Feld nachgespürt werden, dabei sollten andererseits auch neue Hypothesen im Hinblick auf die unterschiedlichen Ebenen der Genderkonstruktion digitaler Spiele ermittelt werden, um schließlich daraus Rückschlüsse auf allgemeingültige Aussagen ziehen zu können, ohne dass diese den Anspruch einer Theorie hatten.

FORSCHUNGSDESIGN

Zum Begriff des Untersuchungsdesigns soll an dieser Stelle allgemein festgehalten werden: „Das Design einer Untersuchung berührt fast alle Aspekte der Forschung von den winzigen Details der Datenerhebung bis zur Auswahl der Technik der Datenanalyse.“[10] Mit dem Begriff Forschungsdesign ist die Frage nach der Planung einer Untersuchung angesprochen.[11] Die Entscheidung für eine bestimmte Forschungslogik wird stets auch im Zusammenhang mit dem analytisch-theoretischen Hintergrund der spezifischen Arbeit getroffen.

Das Forschungsdesign der vorliegenden Untersuchung lässt sich in der qualitativen Forschung verorten. Qualitative Forschungsverfahren sind „kontextbezogene und kontextberücksichtigende Verfahren“, welche „eben die Kontexte, in denen Handeln und, allgemeiner, soziale Wirklichkeit entstehen“, in die Analyse miteinbeziehen. Qualitative Forschung ist zudem kommunikativ angelegt, weil man nur „in der kommunikativen Auseinandersetzung mit einem anderen Menschen den Sinn dessen verstehen kann, den er mit sozialem Handeln verbindet.“ Die subjektiven Sinnzuschreibungen werden erst dadurch für den Forscher intersubjektiv nachvollziehbar.[12]

Im Gegensatz zu quantitativen Verfahren beruhen qualitative nicht auf objektivem Faktenwissen über andere Personen, sondern auf der Kommunikation zwischen Forschern und den untersuchten Personen.[13] Auch in der vorliegenden Arbeit wurden in den Gesprächssituationen – mit u.a. Gamedesignern, Spielejournalisten, Spielerinnen, Marketing-, PR- und Personal Managern usw. – mögliche Antworten nach Ursache-Wirkungsfragen, Erklärungsansätzen sowie persönliche (Experten-)Einschätzungen angestrebt. Schlussendlich bezieht sich das Kon-

---

10 Definition von Ragin 1994, S. 191 in Flick 2012: 173

11 Vgl. Flick 2012: 173

12 Krotz 2005: 13

13 Ebd.: 22

zept des Virtuous Cycle auf den qualitativen Zusammenhang unterschiedlicher Ebenen bzw. Aspekte, wie beispielweise weibliche Konsumpräferenzen, Angebote für die weibliche Zielgruppe, weibliche Spielfiguren und Frauen in der Spieleindustrie. Demnach kann nur ein qualitativer Zugang die Wirkmechanismen dieses Kreislaufs beschreiben.

Die vorliegende Studie versteht sich als qualitative Feldstudie. „Die Feldforschung ist ein klassisches Gebiet qualitativ orientierter Soziologie. Feldforschung will ihren Gegenstand bei der Untersuchung in seiner natürlichen Umgebung belassen; die Forscher selbst begeben sich in diese natürliche Umgebung, sie gehen ‚ins Feld' [...] Feldforschung will ihren Gegenstand in möglichst natürlichem Kontext untersuchen, um Verzerrungen durch Eingriff der Untersuchungsmethoden bzw. durch die wirklichkeitsferne Außenperspektive zu vermeiden."[14]

Bei der Gestaltung eines konkreten, qualitativen Untersuchungsdesigns spielen laut Flick folgende Aspekte eine Rolle: die Zielsetzung der Studie, die Formulierung der Fragestellung, die theoretische Rahmung, die methodische Herangehensweise, die Auswahl des empirischen Materials, die Auswahlmethode (Sampling) oder auch die vorhandenen zeitlichen, personellen und materiellen Ressourcen.[15] Für die Planung der vorliegenden Studie beeinflussten insbesondere die personellen und zeitlichen Ressourcen das Untersuchungsdesign.

Die genaue Planung des konkreten Untersuchungsdesigns ist relevant, weil dieses beeinflusst, wie die Realität wahrgenommen (und in Form von neuen Theorien) beschrieben wird: „Wie immer ich forsche, nach welchen Verfahren ich vorgehe und welche Methoden der Datenerhebung ich anwende – alles hat einen Einfluss darauf, was ich von der ‚Wirklichkeit' als relevant zulasse und was ich als Ergebnis akzeptiere – als Beschreibung der Theorie."[16]

Das zentrale Gütekriterium qualitativ empirischer Sozialforschung ist die gegenstandsadäquate Auswahl der Methoden, weshalb eine Methode „niemals für sich genommen gut oder schlecht [ist], ihr Wert kann nur daran gemessen werden, inwieweit sie den inhaltlichen Erfordernissen einer Untersuchung gerecht wird."[17] Insofern soll im Folgenden dargelegt werden, aus welchen Gründen welche Methode für die vorliegende Untersuchung eingesetzt wurde. „Gerade in der empirischen Forschung ist die präzise Dokumentation der eigenen Vorgehensweise und der Ergebnisse eine unverzichtbare Forderung, die es anderen

14 Mayring 2002: 54f.

15 Vgl. Flick 2012: 173 – 176

16 Krotz 2005: 37

17 Bortz & Döring 2006: 29f.

Forschern ermöglicht, die Untersuchung genau nachzuvollziehen und ggf. zu replizieren."[18]

Für die vorliegende Untersuchung wurde die Durchführung von Experteninterviews als konkrete Methode gewählt. Die Gespräche wurden in zwei Subgruppen mit je sechs Gesprächspartnern und mit einem Abstand von rund einem Jahr geführt und anschließend vollständig transkribiert und ausgewertet. Die Einteilung in Subgruppen erfolgte, nachdem alle Gesprächspartner identifiziert und benannt waren und sich eine Unterteilung in eher praktisch orientierte (Spielerinnen, in der Industrie Beschäftigte usw.) und theoretisch orientierte (Spielejournalistin, Game Design Professorin usw.) feststellen ließ.[19]

Experteninterviews sind als qualitative Verfahren typischerweise „durch offene und kommunikativ angelegte Instrumente gekennzeichnet"[20] und zudem (Varianten von) Leitfadeninterviews, die laut Uwe Flick für sozialwissenschaftliche Studien aufgrund ihrer Offenheit zunehmend eingesetzt werden, weil in der offenen Gestaltung die Sichtweisen des Befragten eher zu Geltung kommen als in standardisierten Fragebögen.[21] Da Experteninterviews generell eher verwendet werden, um spezifische Fachkenntnisse, Perspektiven und Einschätzungen zu erheben, wurden sie auch als angemessenes Erhebungsinstrument für die vorliegende Untersuchung bewertet.

Aufbauend auf den Erkenntnissen des analytischen Teils der Arbeit wurde ein Leitfaden für die Interviews entwickelt, der die einzelnen Themenblöcke des Gespräches in einer plausiblen Reihenfolge vorstrukturieren sollte. Gleichzeitig enthielt dieser Formulierungsvorschläge für die Fragen, damit auch spontan auf den Gesprächsverlauf reagiert werden konnte. „Solche Leitfäden haben eine doppelte Funktion: Sie dienen der Strukturierung des Themenfeldes der Untersuchung sowie als konkretes Hilfsmittel in der Erhebungssituation."[22] Insofern ist die Erarbeitung eines Leitfadens die zentrale Vorarbeit bei den Experteninterviews.

Folgende Schritte wurden nacheinander vorgenommen: Sammlung und Systematisierung des Stoffes sowie Gruppierung der Fragen und Themenblöcke;

18 Bortz & Döring 2006: 37

19 Die zusätzliche Kombination mit einer quantitativen Methode wie z.B. Online-Befragung zur Ermittlung repräsentativer Daten erschien im Hinblick auf die Forschungsfrage wünschenswert, musste jedoch aus forschungspragmatischen Gründen (primär zeitlichen und personellen Ressourcen) verworfen werden.

20 Krotz 2005: 33

21 Vgl. Flick 2012: 194

22 Bogner et al. 2014: 27ff.

Entwurf von Leitfadenfragen und Differenzierung von Fragetypen[23] sowie schließlich die Gestaltung[24] des Leitfadens. Dabei durchlief der Leitfaden vier Überarbeitungsphasen, bis er schließlich eingesetzt wurde. Auf einen empfohlenen Pretest wurde aus forschungspragmatischen Gründen verzichtet.[25]

Anmerkung zur Person des Forschers

> Fragestellungen erwachsen nicht aus dem Nichts heraus. Sie haben häufig ihren Ursprung in der persönlichen Biographie des Forschers und in seinem sozialen Kontext.
>
> UWE FLICK/QUALITATIVE SOZIALFORSCHUNG: 133

An dieser Stelle soll auch kurz mit der sprachlichen Konvention gebrochen werden, nicht in der ersten Person Singular zu argumentieren, da dies an dieser Stelle schwer zu umgehen ist.

Während des Forschungsprozesses kam mir als Forschender eine ambivalente Rolle zu: Einerseits verfolgte ich ein wissenschaftliches Ziel, andererseits war ich selbst bis zum Forschungsbeginn an der vorliegenden Arbeit in der Spieleindustrie tätig. Deshalb war mir sowohl die Industrie aus der Innensicht vertraut als auch bereits einige der Gesprächspersonen bereits im Vorfeld bekannt.

Zudem habe ich mir ein spezifisches Fachwissen zum Thema Frauen und digitale Spiele angeeignet, dass mir zwar u.U. in der empirischen Untersuchung zugute kam, allerdings die Objektivität und Neutralität des Forschers beeinflussten. Demnach war die wissenschaftliche Objektivität per se durch berufliche Vorerfahrung geprägt, wenngleich nicht beschränkt, was jedoch als unumgänglicher Tatbestand bei der vorliegenden Arbeit kritisch reflektiert werden muss.

---

23 In Anlehnung an Bogner et al. nicht mehr als drei Hauptfragen, die als Gesprächsanreize pro Themenabschnitt dienen sollen. Vgl. Bogner et al. 2014: 28f.

24 „Wenn man bedenkt, dass der Blick in den Leitfaden im Gespräch eher sporadisch erfolgt, sollte seine grafische Gestaltung eine schnelle Orientierung ermöglichen: eine klar ersichtliche Gliederung mit entsprechenden Überschriften, hervorgehobene Hauptfragen (z.B. durch Fettdruck oder größere Schrifttypen), nachgeordnete Nebenfragen (z.B. eingerückt oder kleiner gedruckt).“ Bogner et al. 2014: 29

25 „Wenn es die Zugangsmöglichkeiten erlauben, sollten wir den Leitfaden einem Pretest unterziehen, bei dem wir die Funktionalität des Leitfadens reflektieren.“ Bogner et al. 2014: 34

Die allgemeingültigen Gütekriterien empirischer Forschung unterscheiden sich jedoch für quantitative Forschung versus qualitative Forschung, da aufgrund der Beschaffenheit des Datenmaterials hier nicht dieselben Maßstäbe angelegt werden können. Für die quantitative Forschung sind dies Objektivität, Validität und Reliabilität: „Messungen sollen möglichst objektiv, zuverlässig und gültig sein."[26] Für die qualitative Forschung, hingegen empfehlen sich andere.[27]

Mayring beschreibt sechs Gütekriterien für qualitative Forschung: argumentative Interpretationsabsicherung, Regelgeleitetheit, Nähe zum Gegenstand, kommunikative Validierung und Triangulation.[28] Obwohl dies eingangs hinsichtlich der fehlenden Objektivität zum Untersuchungsgegenstand problematisiert wurde, beschreibt Mayring, dass eine gewisse Nähe zum Untersuchungsgegenstand eher förderlich als hinderlich ist. Zumal die vorliegende Arbeit dem *Grounded Theory*-Ansatz folgt, dessen klassisches Anwendungsgebiet die Feldforschung ist, „in die der Forscher, meist durch teilnehmende Beobachtung selbst involviert ist. Bei Feldforschung besteht in der Regel ein längerfristiger Kontakt mit dem Gegenstandsbereich."[29] Meine berufliche Vorerfahrung innerhalb der Spieleindustrie trägt also insofern zur Vertrautheit mit dem Gegenstandsbereich bei.

Zwar könnte kritisch angemerkt werden, dass die hier eingenommene Forscherhaltung aufgrund der Vorerfahrung nur wenig objektiv sein konnte, allerdings kann man der Forderung nach objektivierbarer und personenunabhängiger qualitativer Forschung auch das Argument gegenüberstellen, dass die Nähe des Forschers zum Untersuchungsgegenstand auch Vorteile für den Forschungsprozess hat, wie z.B. Zugang zum Feld und damit zu Insiderwissen.[30]

Zudem erwachsen wissenschaftliche Fragestellungen zumeist aus den persönlichen Interessen des Forschers bzw. aus den konkreten Erfahrungen in der

26 Diekmann 2007: 247

27 „Gütekriterien qualitativer Forschung müssen neu definiert, mit neuen Inhalten gefüllt werden. [...] Es müssen Belege angeführt und diskutiert werden, die die Qualität der Forschung erweisen können." Mayring 2002: 140

28 Vgl. Mayring 2002. Im Hinblick auf die vorliegende Untersuchung bedeutet z.B. die „argumentative Interpretationsabsicherung" den Bezug zu theoretischen Erkenntnissen; „Regelgeleitetheit" bezieht sich auf ordnungsgemäßes sozial- bzw. kommunikationswissenschaftliches Arbeiten (z.B. Methodenkenntnisse); die „kommunikative Validierung" bezieht sich auf die Überprüfung theoretisch gewonnener Aspekte in den Expertengesprächen. „Triangulation" hingegen kann sich auf eine Kombination unterschiedlicher Methoden oder auch Forscher beziehen.

29 Mayring 2002: 106

30 Ebd.: 146

Auseinandersetzung mit dem Themengebiet: „Sie haben häufig ihren Ursprung in der persönlichen Biographie des Forschers und in seinem sozialen Kontext. Die Entscheidung für eine bestimmte Fragestellung hängt zumeist von lebenspraktischen Interessen des Forschers und seiner Einbindung in bestimmte soziale oder historische Kontexte ab.“[31]

Nicht zuletzt trägt auch die kommunikative Begabung des Forschers, gerade bei der Datenerhebung durch Interviews, eine zentrale Rolle, weswegen Flick den Forscher mit seinen individuellen kommunikativen Fähigkeiten als das zentrale Instrument der Erhebung betrachtet.[32]

EXPERTENINTERVIEWS

> Indem das Wissen des Experten praxiswirksam wird, strukturiert es die Handlungsbedingungen anderer Akteure in relevanter Weise mit.
> UWE FLICK/QUALITATIVE SOZIALFORSCHUNG: 215

Im Folgenden soll nun kurz das Experteninterview, das wie bereits erörtert als Erhebungsinstrument im Rahmen der vorliegenden Untersuchung diente, als sozialwissenschaftliche Methode vorgestellt werden.

Experteninterviews zeichnen sich weniger aufgrund einer bestimmten Regelhaftigkeit in der methodischen Vorgehensweise aus, als vielmehr über den Gegenstand des Interesses: den Experten[33]

Während Experten im Alltagsverständnis gemeinhin als Fachleute, Sachverständige oder Kenner mit Spezialwissen gelten, werden sie im sozialwissenschaftlichen Kontext als „Mitarbeiter einer Organisation in einer spezifischen Funktion und mit einem spezifischen (professionellen) Erfahrungswissen“ verstanden.[34] Laut Alexander Bogner et al. ist der Expertenstatus keine inhärente Eigenschaft oder Fähigkeit der jeweiligen Personen, sondern vielmehr eine Zu-

31 Flick 2012: 133

32 Vgl. Flick 2012: 143. Insofern begünstigte meine Vorerfahrung innerhalb der Spieleindustrie forschungstheoretisch vor allem die Datenerhebung, zumindest wirkte sie sich hier nicht nachteilig aus. Letztlich war ich während des gesamten Forschungsprozesses um kritische Reflexion bemüht, um die notwendige Distanz zum Forschungsgegenstand zu gewinnen.

33 Bogner et al. 2014: 9

34 Flick 2012: 215

schreibung von außen,[35] weshalb die als Experten identifizierten Personen durch diese Rollenzuschreibung auch das Interesse hätten, sich als solche zu präsentieren und zu inszenieren.

Zudem hängt der Expertenstatus auch vom jeweiligen Forschungsinteresse ab,[36] d.h. das spezifische Forschungsinteresse und die Fragestellung definiert, wer als Experte für eine konkrete Fragestellung definiert wird.

Für die vorliegende Untersuchung wurden Personen als Experten definiert, die entweder innerhalb der deutschen Spieleindustrie tätig sind oder im Rahmen ihrer Freizeit intensiv Zeit mit digitalen Spielen verbringen oder sich beruflich, z.B. in Hochschulkontexten o.ä., mit digitalen Spielen auseinandersetzen.

Das Wissen der Experten kann auf unterschiedlichen Ebenen angesiedelt sein: Hier lässt sich zwischen Betriebs- und Kontextwissen bzw. zwischen technischem Wissen, Prozesswissen und Deutungswissen differenzieren, wobei immer alle Wissensarten im Interview bedeutsam sind, jedoch eine oder mehrere mal mehr oder weniger relevant gesetzt werden können.[37] Dabei entscheidet laut Bogner et al. der Forscher, welche Wissensdimension für ihn primär relevant ist, d.h. Daten oder Prozesse oder eher Deutungen.

Für Experteninterviews ergeben sich drei grundlegende Einsatzmöglichkeiten im Forschungsprozess: Sie können generell entweder (a) zur Exploration eingesetzt werden, also zur Orientierung in einem neuen Feld oder auch im Vorfeld der Erstellung des eigentlichen Leitfadens (mit dem dann andere Zielgruppen befragt werden), (b) um Kontextinformationen zu Erkenntnissen aus anderen Methoden zu gewinnen oder (c) um Theorien zu entwickeln.[38] Im Zusammenwirken mit anderen Methoden ergeben sich ebenfalls drei unterschiedliche Varianten des Forschungsdesigns: Experteninterviews können als eigenständige Methode, in Ergänzung zu einer anderen Methode oder nach der eigentlichen empirischen Erhebung eingesetzt werden, wobei laut Flick die thematische Verengung in Experteninterviews dazu führt, dass diese Methode eher als komplementäres Verfahren eingesetzt wird.[39]

---

35 Vgl. Bogner et al. 2014.

36 „Wer der gesuchte Experte ist, definiert sich immer über das spezifische Forschungsinteresse und die soziale Repräsentativität des Experten gleichzeitig – der Experte ist ein Konstrukt des Forschers und der Gesellschaft." Bogner et al. 2014: 11

37 Vgl. Bogner et al. 2014: 21

38 Vgl. ebd.

39 „Zeitdruck und andere technische Probleme, die dabei auftreten, können ihre Verwendung als eigenständiges Verfahren an Grenzen stoßen lassen." Flick 2012: 219

Meist sind Experteninterviews von der Zeitknappheit der Gesprächspartner geprägt, da die Experten aufgrund anderer Verpflichtungen nur ein begrenztes Zeitfenster für das Gespräch zur Verfügung stellen können. Insofern tragen sowohl die Interviewkompetenzen des Forschers als auch die entsprechende Gestaltung des Interviewleitfadens zum optimalen Gesprächsverlauf bei.[40] Entscheidend bei der Durchführung eines Experteninterviews ist, inwiefern es dem Forscher gelingt, „das Interview und den Interviewten auf das interessierende Expertentum zu begrenzen bzw. festzulegen“[41]; so, dass dieser nicht abweicht und der Forscher tatsächlich Aussagen zu seiner Problemzentrierung erhält.

Bei der konkreten Realisierung von Experteninterviews gilt es zahlreiche Schwierigkeiten zu überwinden. So müssen die „richtigen“ Experten identifiziert werden, die bereit sind, trotz Zeitknappheit an der Studie teilzunehmen. Darüber hinaus müssen vorab mögliche rechtliche Fragen zwecks Vertraulichkeit geklärt und Verschwiegenheitserklärungen durch eventuell komplizierte Genehmigungsverfahren von Tonbandaufzeichnungen eingeholt werden. Nicht zuletzt ist auch ein hohes Maß an Interviewexpertise des Forschers erforderlich.[42]

Auswertung und Analyse

Daten können auf unterschiedliche Art und Weise aufbereitet werden: So reicht die Bandbreite an Dokumentationsmöglichkeiten von qualitativen Daten von „Feldnotizen“ und Forschungstagebüchern oder Dokumentationsbögen bis hin zu Transkriptionen oder auch der sogenannten „Realität als Text“.[43] Zusätzlich existieren unterschiedliche Auswertungsverfahren, die jeweils mit spezifischen theoretischen Traditionen bzw. sozialwissenschaftlichen Schulen einhergehen: „Außerdem muss man beachten, dass jedes Verfahren einem spezifischen Forschungskontext entstammt. [...] Insofern handelt es sich bei Auswertungsverfahren nicht einfach um standardisierte Instrumente, die beliebig benutzt werden können.“[44] Insofern sollte sich also die Wahl des Auswertungsverfahrens an der Wahl einer spezifischen Datenerhebungsmethode orientieren, d.h. diese müssen korrespondieren.

---

40 „Aufgrund des Zeitdrucks und der Fokussierung in der Anwendung kommt dem Leitfaden hier noch stärker eine Steuerungsfunktion in Hinblick auf den Ausschluss unergiebiger Themen zu.“ Flick 2012: 216

41 Flick 2012: 217

42 Vgl. Flick 2012

43 Vgl. Flick 2012

44 Bogner et al. 2014: 71

Es wurden insgesamt zwölf Gespräche in zwei Subgruppen geführt, wobei die ersten sechs Interviews mit Personen waren, die eher einen theoretisch-reflektierten Zugang zum Thema Frauen und digitale Spiele haben und die folgenden sechs Experteninterviews eher mit „Praktikern" geführt wurden. Jedes Gespräch wurde vollständig und wortwörtlich transkribiert. Die für die vorliegende Arbeit geführten Gespräche hatten eine durchschnittliche Dauer von rund 40 Minuten. Es wurden also insgesamt ca. 500 Minuten Gesamtgesprächsdauer transkribiert, was einem Textumfang von ca. 150 Seiten entsprach.

Es existieren unterschiedliche Transkriptionssysteme, wobei sich jedoch nach Flick kein Standard durchgesetzt hat.[45] Seiner Auffassung nach verleitet „die Formulierung von Transkriptionsregeln häufig zu einem Fetischismus, der in keinem begründbaren Verhältnis mehr zur Fragestellung und Ertrag der Forschung steht."[46] Grundsätzlich kann dabei zwischen wörtlicher und der kommentierten Transkription unterschieden werden.[47]

Generell ist es sinnvoll, nur so viel und so detailliert zu transkribieren, wie bestimmte Fragestellungen eine wortwörtliche Transkription erfordern[48]. „Erstens bindet eine zu genaue Transkription von Daten häufig Zeit und Energie, die sich sinnvoller in ihre Interpretation stecken lassen. Zweitens werden Aussage und Sinn des Transkribierten in der Differenziertheit der Transkription und der resultierenden Unübersichtlichkeit der erstellten Protokolle gelegentlich eher verstellt als zugänglich."[49]

Für die vorliegende Untersuchung wurde sich für die wortwörtliche Transkription entschieden, weil sie eine vollständige Texterfassung ermöglicht und die Basis für eine ausführliche interpretative Auswertung bietet. Zudem sollte durchaus auch beachtet werden, mit welchen Begrifflichkeiten die Experten auf Fragen antworteten bzw. Sachverhalte beschrieben.

Als Ergebnis der Transkription von im Feld geführten Gesprächen liegen dem Forscher dann Texte vor, egal für welches Transkriptionsverfahren sich entschieden wurde. Diese Texte können zwar mit unterschiedlichen Verfahren analysiert werden, aber alle vereint der Anspruch, Texte zu verstehen. Flick vergleicht verschiedene Analysetechniken, die sich hinsichtlich der Anwendungsbereiche, Offenheit für den Text, Strukturierung des Gegenstandes sowie auch hin-

45 Vgl. hierzu: Flick 2012: 381ff.

46 Flick 2012: 379

47 Vgl. u.a. Mayring 2002

48 z.B, bei sprachwissenschaftlichen Fragestellungen oder der Bezeichnung von Lebenswelten in der Soziologie

49 Flick 2012: 380

sichtlich der potenziell auftretenden Probleme bei der Anwendung der Methode unterscheiden. Dabei ist für ihn keines der Verfahren „der Königsweg für qualitative Analysen. Jede Methode hat ihre Stärken und Schwächen, die sie jeweils mehr oder weniger hilfreich für die eigene Studie machen.“[50]

Die Experteninterviews der vorliegenden Arbeit wurden nach der vollständigen, wortwörtlichen Transkription mittels *Codierung* analysiert[51].Codieren lässt sich dabei in folgende Teilschritte aufschlüsseln: „Zerlegen in Sinneinheiten und ein Abstrahieren dieser Sinneinheiten durch den Code, ein Untersuchen auf Kontexte und Zusammenhänge und ein damit verbundenes gegenstandsbezogenes Neuordnen.“[52] Dabei werden die identifizierten Sinnabschnitte aus den Interviews abstrahierend in Rubriken zusammengefasst, wodurch der Text dem Analysanden in einer neuen Gestalt entgegentritt: „Codieren meint dementsprechend ‚die Operationen, mit denen Daten aufgebrochen, konzeptualisiert und auf neue Weise wieder zusammengesetzt werden‘.“[53] Darüber hinaus wurden auch diejenigen Aussagen gesondert erfasst, die Beurteilungen der Gesprächspartner im Hinblick auf einen Zusammenhang dieser Ebenen enthielten.

Danach erfolgte die Kategorisierung, d.h. das Material wurde auf jeder Ebene in Kategorien zusammengefasst, die sich inhaltlich voneinander unterscheiden. Innerhalb der Kategorien wurden die jeweiligen Argumente nochmals feiner systematisiert.

Durch diese graduelle Feinkategorisierung zeigten sich nicht nur Gemeinsamkeiten und Unterschiede im Material, sondern auch, welche Aspekte überhaupt relevant sind. Die Entscheidung, welche Kategorien bzw. Aspekte differenziert werden können, muss stets subjektiv getroffen werden, da ein objektives Kriterium für eine Sinneinheit nicht existiert.[54] Die so erfolgte Codierung des empirischen Materials ermöglichte schließlich eine detaillierte Auswertung und lieferte damit neue Erkenntnisse aufgrund der geführten Gespräche.

50 Flick 2012: 482

51 Konkret wurden die rund 150 Seiten Text zunächst mehrfach gelesen und dabei farblich codiert. Anschließend wurden alle farblich codierten Aussagen in ein Dokument übertragen, um die Kategorisierung bzw. Systematisierung zu vereinfachen. Dabei wurden die Aussagen bereits der jeweiligen analytischen Ebene des Virtuous Cycle zugeordnet (Konsum, Angebot, Ästhetik und Produktion).

52 Krotz 2005: 180

53 Ebd.

54 Vgl. Krotz 2005: 180

Datenerhebung

Zunächst wurden die Interviews mit der Beantwortung folgender Fragen[55] vorbereitet: Wie viel Zeit und welche Ressourcen stehen zur Verfügung? Wie viele Interviews sollen geführt werden? Ist die Anreise zu den Gesprächspartnern und damit das persönliche Gespräch anstatt eines Telefoninterviews notwendig? Welche Gesprächsdauer sollte man für die Interviews vorsehen? Wie lang wird für die Transkription pro Gespräch anberaumt? Nach welchen Methoden wird diese erfolgen? Wie viel Zeit wird für die Auswertung benötigt? Anschließend wurde die Methode der PZIs gründlich recherchiert, um eine methodologisch möglichst angemessene Durchführung zu gewährleisten.

Auch die Selektion der Gesprächspartner sollte sozialwissenschaftlichen Konventionen genügen. Vornehmlich sollte sie nicht willkürlich, sondern nach bestimmten Kriterien erfolgen, da bereits die Auswahl der Interviewpersonen – auch als „Sampling" bezeichnet – Auswirkungen auf die zu erhebenden Daten hat.[56] Die Auswahl der Gesprächspartner erfolgte primär nach dem Kriterium der Diversifikation, d.h. es sollten Personen mit möglichst unterschiedlichem Erfahrungshintergrund befragt werden, um eine möglichst große Bandbreite an Antworten zu erhalten und eine differenzierte Perspektive auf den Untersuchungsgegenstand zu gewinnen.[57]

Aufgrund forschungspragmatischer Ressourcenbegrenzung wurden sechs Gespräche je Subgruppe anvisiert: „Neben den Forschungsfragen spielen dabei auch forschungspraktische Erwägungen eine Rolle, nicht zuletzt also finanzielle und zeitliche Ressourcen. Weil aufgrund beschränkter Ressourcen Vollerhebungen oft nicht möglich sind, ist es notwendig, aus dem Expertenpool eine nachvollziehbare und begründete Auswahl zu treffen."[58]

Einige Gesprächspartner waren persönlich bereits bekannt, einige waren zumindest namentlich bekannt und wieder andere konnten über eine konkrete Interviewanfrage gewonnen werden. Insgesamt zeigten sich alle kontaktierten Per-

---

55 Vgl. Witzel 2012

56 „Das Sampling beim Interviewen von Expertinnen, also die (gezielte) Auswahl der zu befragenden Personen, orientiert sich in erster Linie an der (den) Forschungsfrage(n). Es gilt gemäß der Frage(n) Personen zu finden, die als Informanten über den gewählten Forschungsgegenstand Auskünfte erteilen können bzw. deren themenrelevante Deutungen wir erheben wollen." Bogner et al. 2014: 34 f.

57 Zudem sollte die geschlechtliche Verteilung der Befragten möglichst ausgewogen sein, um eine mögliche Verzerrung dadurch zu vermeiden.

58 Bogner et al. 2014: 35

sonen sehr interessiert und kooperativ, wodurch fast alle geplanten Gespräche auch innerhalb kurzer Zeit zustande kamen. (In einem Fall vergingen jedoch vier Monate von der ersten Kontaktaufnahme bis zum Termin.)[59]

Die Orte für die Gesprächsführung wurden individuell vereinbart, wodurch sie je nach Wunsch des Gesprächspartners unterschiedlich ausfielen.[60] Alle Gesprächspartner waren am Thema sehr interessiert und gaben sich große Mühe, die Fragen zu beantworten. Zudem schienen die Interviews die Gesprächspartner zum weiteren Nachdenken angeregt zu haben, weil diese sich auch im Nachgang noch mit der Problematik beschäftigten und der Forscherin davon berichteten.[61]

Besonders bemerkenswert an den Gesprächen innerhalb der ersten Subgruppe (der „Theoretiker") war, dass fast alle Interviewpersonen betonten, sie würden nur ihre individuelle Meinung äußern, hätten aber von der Materie „wenig Ahnung."[62] Die Gesprächspartner der zweiten Subgruppe (der „Praktiker") hingegen wurden rein von der Gesprächsführung als fordernder bzw. selbstbewusster erlebt, was sich vorrangig in der Art und Weise der Antworten widerspiegelte.

Alle Interviews wurden nach der Fertigstellung vollständig und wortwörtlich transkribiert. Beim ersten Lesen der Transkripte wurde zunächst eine farbliche Codierung vorgenommen, anschließend wurde jedes einzelne Gespräch analysiert sowie dann insgesamt ein Vergleich aller Gespräche pro Subgruppe durchgeführt. Die Transkripte wurden in einer Datei zusammengefasst, wobei die Namen der Gesprächspartner anonymisiert wurden.

Die Kernaussagen wurden in einer separaten Datei festgehalten, durch die später die Vergleichbarkeit mit den Experteninterviews gewährleistet wurde.

Abschließend bleibt bereits an dieser Stelle kritisch anzumerken, dass bei der Auswahl der Interviewpersonen in beiden Phasen der Erhebung noch mehr Wert auf Differenzierung gelegt hätte werden können. So wurden z.B. nur Personen, die in geografischer Nähe zum Forscher waren, potenziell berücksichtigt und Gesprächsangebote aus Berlin und Hamburg wurden aus forschungspragmatischen Gründen nicht wahrgenommen.

---

59 Dass Experten oft vielbeschäftigt und deshalb schwer erreichbar sind, zeigte sich schon in der Theorie bzw. Methodenliteratur.

60 Intervieworte waren u.a.: Büro des Gesprächspartners, Wohnzimmer in der Privatwohnung und öffentliches Café. Ein Gespräch wurde per Skype geführt.

61 Ein Gesprächspartner berichtete sogar einige Monate später, dass es in seinem Unternehmen aktive Maßnahmen der Veränderung im Hinblick auf die Beschäftigung von Frauen gegeben hätte.

62 Dieser von den Befragten geäußerte Einwand konnte allerdings bei den Experteninterviews innerhalb der zweiten Subgruppe, der „Praktiker", so nicht festgestellt werden.

DARSTELLUNG DER ERGEBNISSE

Im Folgenden sollen nun die zentralen Ergebnisse der geführten Gespräche dargestellt werden, wobei die gewonnenen Erkenntnisse in Anlehnung an die analytischen Ebenen des Virtuous Cycle-Konzeptes dargestellt werden. Dabei sei unterstrichen, dass die die im Folgenden benutzten Zitate[63] nur der Illustration dienen, durch das subjektive Herausgreifen einiger Zitate aber u.U. eine nicht intendierte Verzerrung erfolgt.

An dieser Stelle sei noch einmal auf das deduktiv-induktiv-explorative Vorgehen der Untersuchung hingewiesen. Im Sinne der Schlusslogik vom Besonderen auf das Allgemeine wird vermutet, dass die Aussagen der Gesprächspartner zu einem bestimmten Grad ein Abbild der Realität bzw. der gegenwärtigen Situation in der deutschen Spielebranche sind.

Relevanz des Diskurses „Frauen und digitale Spiele"

> Hm, ich könnte mir vorstellen, dass sich einfach in den letzten Jahren herausgestellt hat, dass Gaming eben nicht nur ein reines Männerhobby ist, sondern dass sich tatsächlich auch immer mehr Frauen für diese, ja doch, Männerdomäne interessieren. (T6)

Zum Einstieg in die Gespräche wurden alle Interviewpartner gefragt, warum ihrer Meinung nach das Thema „Frauen und digitale Spiele" in jüngster Zeit so rege diskutiert wird. Die Antworten waren relativ homogen, wenngleich insgesamt sehr unterschiedliche Aspekte benannt wurden, was m.E. primär auf die Erfahrungshintergründe der Experten zurückgeführt werden kann.

Mehrmals wurde dabei benannt, dass Frauen sich mittlerweile viel intensiver mit dem Medium digitale Spiele auseinandersetzen, als es früher der Fall war bzw. auch, dass digitale Spiele keine „Boys' Toys" mehr seien.

Diese historische Fortentwicklung von digitalen Spielen, die sich nun weg vom Image der „Boys' Toys" bewegen, wurde ähnlich in der Forschungsliteratur beschrieben, wodurch die Gespräche diese analytische Annahme bestätigen konnten:

„Naja, ich glaube, zum einen ist es einfach vor zwanzig Jahren kein Thema gewesen. Da waren Spiele noch so eine Nische, nur Jungs haben gespielt. Spiele wurden von Männern

63 Für einen besseren Lesefluss und wegen der Übersichtlichkeit wurde entschieden, einige ergänzende Zitate nur als Fußnoten darzustellen.

gemacht und dann natürlich für Männer gemacht in erster Linie und da hat man sich keine Gedanken gemacht über die Erweiterung der Zielgruppen oder sonst irgendwas. Das hat sich ja erst geändert als, im Prinzip mit *Die Sims*, also sicher nicht nur, aber das war so einer der ganz wichtigen Punkte, wo festgestellt wurde, ‚Mensch, die Zielgruppe Frauen ist natürlich auch ökonomisch interessant'." (T4)[64]

Trotzdem gab es auch einen Gesprächspartner, der digitale Spiele immer noch als „Boys' Toys" bezeichnet, womit er aber die Ausnahme von allen Expertenmeinungen darstellt.

Dadurch, dass Frauen mittlerweile mehr und „gleichberechtigt" spielen, sind diese laut der Befragten nicht mehr in der Minderheit, weshalb das Thema „Frauen und digitale Spiele" zwangsläufig mehr Aufmerksamkeit erfährt:

„Und mit einem Mal sieht man nicht nur den Markt, den es gibt, der zu 95% aus männlichen Spielern besteht, sondern mit einem Mal hat man so ein ganz tolles Phänomen, nämlich, dass sich der Markt auf einmal schlicht und ergreifend verdoppelt und das hat man vorher wahrscheinlich, nicht wirklich drüber nachgedacht oder nicht wirklich gesehen." (P1)

In diesem Zusammenhang wird auch das Umsatzpotenzial der weiblichen Zielgruppe betont: „Und am Ende war halt, man hat nur 50% der Menschheit sozusagen angesprochen mit dem was man gemacht hat und das ist natürlich ein Umsatzpotential, das irgendwann mal gehoben werden muss" (P1). Letztendlich hätten die Unternehmen diese Neuorientierung auf die Zielgruppe der Frauen längst vollziehen wollen, aber es scheiterte an der Realisierung: „... dass die ganze Beschränkung auf eine rein männliche Zielgruppe über die ganzen Jahre natürlich, die ein großes Kopfzerbrechen gemacht hat, den ganzen Firmen, weil man das natürlich schon lange, lange öffnen wollte, aber irgendwie da total dran vorbei gearbeitet hat und das nicht hinbekommen hat" (P1).[65]

Im Hinblick auf die Benennung des Faktors Umsatz war – wenig überraschend – auffällig, dass insbesondere diejenigen Gesprächspartner, die in ihrer beruflichen Position mit Umsatzverantwortung vertraut waren (ungefähr ein Viertel der Gesprächspartner), diesen Aspekt nannten, andere Gesprächspartner

64 Oder auch: „Also, wie gesagt es ist ja heutzutage nicht mehr so, dass du die Frauen nur bei den Casual Spielen oder nur bei den Sims findest. Die findest du ja auch in den anderen Bereichen" (T6).

65 Der Aspekt des Umsatzpotenzials tauchte in allen Gesprächen auf, wobei die kommerziellen Interessen der Spieleentwickler von den „Theoretikern" eher kritisch und von den „Praktikern" eher neutral, als gegebener „Artefakt", betrachtet wurden.

jedoch nicht. Weiterhin wird angeführt, dass digitale Spiele mittlerweile als „Leitmedium" betrachtet werden:

„Das hängt damit zusammen, dass digitale Spiele DAS Leitmedium geworden sind und für unsere gegenwärtige digitale Kultur und insofern den Film als Leitmedium für die industrielle Kultur abgelöst haben und dann wäre es erstaunlich, wenn dieses Leitmedium nur von einem Geschlecht wahrgenommen wird und nicht von beiden." (P4)

Wie jedoch im analytischen Teil bereits angemerkt, sollte die Verwendung des „Leitmedium"-Begriffes eher zurückhaltend erfolgen; was dieser Gesprächspartner m.E. zum Ausdruck bringen wollte, ist, dass digitale Spiele heute gesellschaftlich akzeptiert(er) sind: „Ich weiß noch als ich jünger war, da war man halt, wenn man viel gezockt hat, da war man der Nerd und die waren komisch. Mittlerweile ist es ja auch einfach so, dass Nerds auch schon wieder sexy sind. Von daher ist es auch gesellschaftlich viel normaler geworden und das bedeutet halt auch, dass Frauen grundsätzlich damit auch mehr in Kontakt kommen..." (P6)

Auch die #GamerGate-Debatte wurde als Ursache für die innerhalb der Spielebranche jüngst rege Diskussion benannt: „Und natürlich ganz klar – ‚GamerGate', auf jeden Fall! [...] Und ich denke gerade dadurch ist es doch ein bisschen mehr ins Zentrum der Öffentlichkeit gerückt, in der Aufmerksamkeit" (T2). Wobei überraschenderweise einige der Gesprächspartner mit dem Begriff #GamerGate zunächst nichts verbanden und die Kontroverse erst kurz durch den Interviewer in Erinnerung gerufen werden musste.

Dabei wird von einem Interviewpartner der Kern der Debatte als „die unglückliche Darstellung" von Frauen in Spielen bezeichnet: „Für mich ist der Grund, ist einfach, es ist provoziert worden, wahrscheinlich unwissentlich, von Spieleentwicklern, die nicht aufgepasst haben und sich keine Gedanken gemacht haben darüber wie ihre Heldinnen dargestellt werden." (P3)

Diese Äußerung deutet auf eine wenig selbstkritische Perspektive hin. Da im Kern der #GamerGate Debatte die ästhetische Darstellung weiblicher Protagonisten stand und hierzu angemerkt wird, diese sei wahrscheinlich „unwissentlich" durch Entwickler, „die nicht aufgepasst haben" entstanden, wird implizit den am Entwicklungsprozess Beteiligten jegliche Verantwortung (bzw. auch Zurechnungsfähigkeit) abgesprochen.

Schlussendlich wurden auch langfristige gesellschaftliche Entwicklungen, wie zum Beispiel die generelle Stellung von Mann und Frau in unserer Gesellschaft[66]

66 „Naja, ich denke erst mal, dadurch, dass sich halt allgemein beruflich auch viel ändert mit der Stellung von Mann und Frau, zum Beispiel auch, dass mindestens soundsovie-

oder der Fakt, dass Frauen insgesamt in technischen Berufen unterrepräsentiert seien, angemerkt. Diese Anmerkungen deuten m.E. darauf hin, dass die Gesprächspartner einerseits die Spieleindustrie als Teilbereich der Kultur- und Kreativbranche (oder auch des Medienmarktes) sehen, insofern die Wirksamkeit von allgemeinen Prinzipien als ursächlich vermuten, andererseits aber wenig andere konkrete Gründe für die Unterrepräsentanz von Frauen innerhalb der Spieleindustrie benennen konnten.

Geschlechtsspezifische Konsumpräferenzen

> Wenn wir jetzt hier Frauen haben, in der Firma, die spielen, dann spielen die auch nix anderes, das ist jetzt nicht so, dass die dann anfangen und nur ganz bestimmte Spiele spielen, so klassisch, so Adventures oder was man so gedacht hat, dass das so sein kann. Die spielen ganz normal. (P1)

Für die Ebene der geschlechtsspezifischen Konsumpräferenzen ergaben die Experteninterviews rund 60 Items, die in folgende Kategorien unterteilt wurden: soziale Aspekte (des Spielens) sowie Aspekte zur Nutzung digitaler Spiele allgemein sowie spezifische Genrepräferenzen der Geschlechter.

Hinsichtlich der sozialen Aspekte beim Spielen gaben die Befragten zunächst an, dass Männer und Frauen eine ähnliche Spielemotivation teilen können. Ausschlaggebend seien hier vielmehr die unterschiedlichen Spielgenres, die eine je spezifische Bedürfnisbefriedigung bieten und damit unterschiedliche Motivationen bedienen: „Also entsprechend der Fülle der Genres gibt es auch entsprechende Motivationen, die dann entsprechend dazu andocken können. [...] Und das ist, so habe ich es jedenfalls verstanden, das unterscheidet sich nicht so sehr zwischen Männern und Frauen." (P4)

Dabei wird auch, wie im analytischen Teil herausgearbeitet, angemerkt, dass eine der Hauptmotivationen zum digitalen Spielen Ablenkung und Unterhaltung sei.[67] Dieser generelle Aspekt sollte m.E. unstrittig als Hauptmotiv für die Rezeption digitaler Spiele bewertet werden.

---

le Frauen irgendwo eingesetzt werden müssen im Vorstand. Ich glaube, das wirkt sich auf viele Bereiche aus, auch auf die Spieleindustrie" (P2).

67 „Also meistens spielt man ja um sich abzulenken, vom Alltag, um, naja, weiß nicht, um einfach mal den Kopf frei zu bekommen oder der Langeweile entgegen zu wirken. Ich glaube, da sind die Motive wahrscheinlich sehr ähnlich" (P2).

So ähnlich die Motive zwischen den Geschlechtern sein mögen, beim präferierten Spielkontext lassen sich eindeutige Unterschiede feststellen: Frauen spielen lieber in Gemeinschaft, als allein.

„... aber ich glaube schon, dass Frauen halt dieses kooperative oder auch mal mit einer Freundin spielen oder auch einem Freund, es muss ja jetzt nicht unbedingt eine Frau sein, ähm, das schon präferieren, als jetzt irgendwie alleine vor dem Computer zu sitzen." (T3)[68]

Frauen sind auch allgemein stärker an Gemeinschaft interessiert: „Na, ich habe schon so ein bisschen auch das Gefühl sie sind schon so ein bisschen stärker an diesen ganzen Communities und Social Sachen dauerhaft interessiert." (P1)

Aber Frauen werden nicht nur geselliger hinsichtlich der tatsächlichen physischen Präsenz eingeschätzt, sondern die Interviewten glauben, dass von Frauen auch generell weniger Zeitbudget für das Spielen reserviert wird bzw. zur Verfügung steht. Zeitintensiv zu spielen sei nach wie vor den Männern vorbehalten:

„Also die packen das so in ihren Alltag so ein bisschen rein, morgens, mittags, abends mal so ein bisschen, aber nicht so, wie man das Klischee halt kennt, so ‚ich setze mich jetzt mal 10 Stunden am Stück hin und zocke'. Das ist so das Klischee, das Männern anhaftet." (P4)

Sowohl dass Frauen eher in der Gemeinschaft spielen als auch, dass sie weniger zeitintensiv spielen, wurden bereits im analytischen Teil mit Blick auf bisherige Studien herausgearbeitet, wodurch dies bisherige Befunde eher bestätigt.

Nicht nur die spielerischen Rahmenbedingungen unterscheiden sich zwischen den Geschlechtern, auch inhaltlich und atmosphärisch hätten Frauen andere Ansprüche: Sie würden mehr Wert auf „Schönheit" in den Spielen legen als Männer und es sei ihnen wichtig(er), sich mit den Produkten wohlzufühlen.[69]

Im Hinblick auf die allgemeine Nutzung digitaler Spiele werden von den Interviewten vielfältige Aspekte angesprochen. Geht man zu den Anfängen der

68 Wobei sich das „zusammen" durchaus auf physische Präsenz und den realen sozialen Austausch bezieht und nicht auf ein „zusammen" in einem virtuellen Netzwerk (wie es Männer auch gerne tun).

69 „Total angenehm, weil man hat nicht so diese, dieses ständige Rumgejammere, was man so oftmals in diesem Fußballmanagerforum ist, wo es dann um irgendwelche Spieldetails und um den Erfolg geht, sondern da geht's mehr so um ‚macht's nicht kaputt', ‚macht so schöne Sachen' und das sorgt einfach dafür, dass wir uns hier wohlfühlen" (P1).

Spieleindustrie zurück, so hätten Männer historisch gesehen viel mehr gespielt als Frauen, was einerseits mit dem anfänglich limitierten Produktangebot und andererseits mit der geringen Vielfalt an Spielegenres erklärt wurde: „... und es war ja auch eine Zeit lang wirklich so, dass zumindest der große Teil der Computerspiele von Männern und Jungs gespielt wurde, weil es die einfach von den Genres her am meisten angesprochen hat." (T3)

Darüber hinaus wird der männliche Spielekonsum seit den Anfängen der Spieleentwicklung aber auch mit der generellen Affinität zu Technik bei Männern begründet: „Also klar, historisch gesehen haben Männer einfach einen intensiveren Zugang zu Technik gehabt, Frauen weniger, aber das ändert sich ja auch zusehends." (T2)

Der Aspekt des Zugangs zu Technik wurde dabei von männlichen wie weiblichen Gesprächspartnern gleichermaßen angemerkt, wobei keiner derjenigen, die diesen Aspekt ansprachen, erklären konnte, warum Frauen eine geringere technische Affinität haben könnten. Auch in der Forschungsliteratur wird wiederholt erwähnt, dass der Zugang zu Computer- und Videospielen in den Anfängen der Industrie eine hohe Technikkompetenz erforderte, weil die Spiele hohe Systemanforderungen an die Hardware stellten, sodass vor Spielbeginn zunächst umgerüstet werden musste:

> „Ich glaube, das hat was mit so einer gewissen Technikaffinität zu tun, die Männern ja eher nachgesagt wird als Frauen. [...] wenn man früher ein Spiel installiert hat, dann hat das schon mal ein paar Stunden gedauert und dann musste man möglicherweise auch sein System umbauen und was weiß ich nicht noch alles mit der Hardware anstellen. Und möglicherweise hat das in der Anfangszeit der Spieleentwicklung Frauen abgeschreckt..." (T4)

Zu dieser verbesserten, da intuitiveren Handhabbarkeit der Spiele äußert sich ebenfalls ein Experte, der meint, dass Frauen mehr spielen würden, weil die Spiele „einfacher" geworden sind. Als Paradebeispiel nennt er hierfür die sogenannten „Casual Games", wie z.B. *Candy Crush Saga*:

> „Also wenn ich dran denke wie früher so, also in den frühen Neunzigern, die Spiele auf dem Amiga oder so waren, die waren schon, da musste man sich schon wirklich damit beschäftigen und es gab kein Internet wo man nach Lösungen gucken konnte und so. [...] Und dadurch, dass die Spiele viel, viel einfacher geworden sind und auch überall zu kriegen sind. Auf dem Handy oder am Computer oder sonst was [...] ich denke mal, dadurch ist es so allgemein, überhaupt, auch bei vielen anderen Männern, die früher nicht gespielt haben, so gekommen." (P2)

Anzumerken ist an dieser Stelle, dass alle Gesprächspartner aufgrund ihres Expertenstatus über die „Evolution“ der Spieleplattformen sehr gut informiert waren, teilweise auch die Öffnung des Marktes durch neue Spieleplattformen (wie z.B. *Nintendo Wii*) auch professionell – durch Marketingkampagnen o.ä. – mitbegleitet haben.

Aber nicht nur die Technik ist benutzerfreundlicher geworden, auch die heranwachsenden Generationen hätten sich zunehmend auf die Allgegenwärtigkeit von Technik eingestellt („digital natives“): Digitale Spiele sind mittlerweile eine ganz „normale“ und gesellschaftlich akzeptierte Freizeitaktivität, die weniger mit Argwohn betrachtet wird als in den Anfängen:

> „Ich weiß es nicht genau, ich glaube dass Jungs und Mädchen mittlerweile mit Technik aufwachsen und deshalb von Anfang an auch für Mädchen ok ist sich damit zu beschäftigen. Das ist akzeptierter, auf dem Schulhof, das Mädchen auch einen DS haben, auch spielen. Spiele sind kein super komisches Hobby mehr, sondern eine ganz normale Freizeitaktivität und haben dadurch eine größere Zielgruppe.“ (P3)

Insgesamt wird aber von den meisten Gesprächspartnern unterstrichen, dass sich die Produkt- bzw. Genrevielfalt, u.a. durch neue Spielplattformen, in den letzten Jahren verändert hat und im Zuge dessen Frauen häufiger und intensiver spielen. „Also ich glaube eher, weil Spiele insgesamt eine breitere Zielgruppe angesprochen haben, sind die Frauen mit reingerutscht und natürlich ist auch das Angebot viel, viel grösser, viel vielfältiger als vorher und deshalb gibt es für jeden was zu spielen.“ (P3)

Die größere Vielfalt wird einstimmig von allen Gesprächspartnern, die diese betonten, als sehr positiv bewertet, primär, weil ein diversifiziertes Produktangebot differenzierte Zielgruppen zur Folge hätte.[70] Dabei sehen die Experten durchaus auch historische Vorbilder für die heutigen Spiele, die ebenfalls eher atypisch für den weiblichen Geschmack gewesen waren, wie z.B. Kampfspiele:

> „Auch die Spiele werden einfach interessanter für Frauen. Das war früher, da gab es so tolle Spiele, *Street Fighter* oder so, das war jetzt nicht unbedingt wo man sagte, da hat eine Frau Spaß dran. Gab's natürlich auch, aber es war nicht die Regel. Aber heutzutage mit solchen Spielen wie *World of Warcraft* zum Beispiel, da gibt's unglaublich viele weibliche Spieler.“ (P5)

70 Auf diesen Punkt wird im Abschnitt „Das Produktangebot für die weibliche Zielgruppe“ noch näher eingegangen.

Die gestiegene Vielfalt an Spielen begründet ein Experte mit der „Demokratisierung der Produktionsmittel“[71], durch die die Hürde, digitale Spiele zu entwickeln und auf den Markt zu bringen, gesunken sei, was eine Fülle an Spielgenres nach sich zog. Dieser Aspekt wurde als einer der wenigen in der Forschung bisher nicht explizit als ursächlich für die Entwicklung des Mediums „Digitales Spiel“ benannt und kann daher als durch die Experteninterviews empirisch neu gewonnener Aspekt gelten.[72] Vermutlich wurde auf die allmähliche Demokratisierung der Produktionsmittel bislang in der Forschungsliteratur nur wenig eingegangen, da sich diese nur in überschaubarem Ausmaß mit den tatsächlichen Produktionsbedingungen in der deutschen Spieleindustrie beschäftigt. Untersuchungen, die innerhalb der Industrie den Entwicklungsprozess explorieren, liegen m.E. zumindest keine aktuellen vor.[73]

Hinsichtlich der geschlechtsspezifischen Genrepräferenzen überwiegt bei allen Befragten die Einschätzung, dass keine existierten, weil andere Faktoren, wie z.B. das Alter, eine weitaus größere Rolle auf Konsumvorlieben hätten.[74]

---

71 Mit der „Demokratisierung der Produktionsmittel“ ist die Tatsache gemeint, dass im Gegensatz zu den Anfängen der Spieleindustrie digitale Spiele mittlerweile auch mit relativ überschaubaren Entwicklerteams und -budgets für Plattformen wie z.B. Smartphones (iOS, Android u.ä.) oder auch Downloadplattformen wie Steam entwickelt und vertrieben werden können und dank spezifischer Game Engines, die bei der Entwicklung verwendet werden können, auch kleine Teams komplette Produktionen „stemmen“ können. Produkte für klassische Spielekonsolen wie Playstation oder Xbox hingegen können mitunter Millionenbudgets haben und mehrere hundert Menschen monatelang beschäftigen.

72 „Und heute gibt es eben Entwicklungsumgebungen, die kostenlos sind oder günstig und du musst den Vertrieb gar nicht über den klassischen Handel organisieren, hast halt gar keine bis geringen Kosten für den Vertrieb. Sodass dieser weitere Zugang automatisch auch dazu führt, dass es eine größere Vielfalt an Inhalten gibt und je mehr Inhalte und je mehr Angebote es gibt, desto mehr Menschen interessieren sich dafür und desto größer wird die Breite der demografischen Gruppen halt, die sich dann dafür interessieren, vom Alter, vom Geschlecht, vom Bildungsniveau, von den Interessen daran usw.“ (P4).

73 Exemplarisch bzw. wegweisend kann hier Müller-Lietzkow 2006 angeführt werden.

74 „Es gibt so viele verschiedene Frauen und so viele verschiedene Männer, ich möchte da kein Klischee oder kein Pauschalurteil benutzen und sagen ‚ja, Frauen spielen lieber dies oder das.‘ Weil meine Erfahrung ist, ich kenne Frauen, die alles Mögliche spielen und Männer genauso“ (P3).

Generell sei es schwierig, Konsumpräferenzen für ein Geschlecht zu pauschalisieren und dahingehend Spielekonzepte zu entwickeln, da es nicht *den* männlichen Spieler bzw. *die* weibliche Spielerin gäbe, sondern eben auch individuelle Vorlieben, die ausschlaggebend für das gespielte Genre bzw. die bevorzugte Plattform sind seien: „Also es mag sein, dass es Unterschiede gibt, aber die scheinen mir individuell viel ausgeprägter als geschlechtsspezifisch. Denn jeder Mensch hat ja unabhängig von seinem Geschlecht unterschiedliche Interessen." (T2) Insofern wird formuliert, dass die Zuschreibung geschlechtsspezifischer Vorlieben durchaus auch ein Klischee sein kann.

> „Dass es dieses Klischee zwar irgendwie gibt, Frauen spielen nur Casual Games, de facto stimmt das aber nicht, das weiß ich ganz genau, sondern Frauen spielen eigentlich auch nahezu auch die Spiele, die Männer spielen." (T4)

Hier wurde offensichtlich, dass aufgrund eines Mangels an verwertbaren Untersuchungen bzw. repräsentativen Materials wenig Klarheit und auch Einigkeit herrscht, die Experten antworteten durchaus sehr heterogen und teilweise auch sehr ambivalent, d.h. in der eigenen Argumentation wenig schlüssig.

Obwohl die Befragten genderspezifische Zuschreibungen eher kritisch hinterfragen, äußern sie dennoch auch potenziell typisch männliche bzw. typisch weibliche Spielevorlieben: „Ich glaube Frauen spielen wenig Shooter, wenn dann eher Strategiespiele, die ganzen Knobelspiele und Wimmelspiele, das glaube ich auch. Ja, ich glaube das machen Frauen doch schon öfter. Und Männer spielen glaube ich durchweg alles. Ja, das ist schon glaube ich geschlechtsspezifisch." (T1)

Ein Aspekt, der von mehreren Gesprächspartnern benannt wird – und von zwei Experten auch mit empirischem Material belegt wurde – ist, dass Männer eher wettbewerbsorientiert und Frauen eher kooperativ spielen: „Im Prinzip weiß man, Männer haben eher so den Hang zu antagonistischen Spielen, Wettkampfspiele, Actionspiele und so weiter und Frauen eher den Hang zu kooperativen Spielen. Jetzt mal sehr allgemein ausgedrückt" (T4). Oder auch: „Und Frauen sind auch grundsätzlich ein bisschen weniger kompetitiv, also bei denen ist auch der kompetitive Gedanke nicht so vorhanden" (P6).[75]

---

75 Dass diese genretypischen Zuschreibungen nicht unbedingt negativ gesehen werden, zeigt sich an folgendem Zitat, bei dem Frauen generell ein „breiterer Horizont" attestiert wird, da sie sowohl eher männlich konnotierte als auch gänzlich andere Genre spielen: „[...] Also die haben dann vielleicht sogar einen etwas breiteren Horizont, was die Genres angeht, die sie spielen würden" (T6).

Frauen würden zudem Spiele mit Beziehungsaspekten, mobilen Plattformen sowie sogenannte „Casual Games“ präferieren: „Im Mobile-Bereich, da ist es glaube ich tatsächlich mittlerweile so, dann ist der Anteil der weiblichen Gamer ich meine mittlerweile sogar schon größer als der der männlichen Gamer“ (T6).

Wobei auch darauf hingewiesen wird, dass geschlechtsspezifische Präferenzen einerseits den weiblichen Spielern per se eigen sind, andererseits aber auch seitens der Spieleindustrie geprägt und forciert werden.

„Dass Frauen eher so Casual Gaming, also so *Candy Crush* und so spielen und Männer eher Ego-Shooter und so weiter. Das hat sich halt einfach auch über die Jahre entwickelt. Und die Frauen fühlen sich, glaube ich, auch einfach so ein bisschen mehr, oft in so eine Ecke gedrängt, auch. Das ist, wie gesagt, hat sich so eingependelt. Das liegt auch am Konsumverhalten, auch von den Frauen aus.“ (T5)

Interessanterweise liegt nach Meinung der Experten die „Schuld“ für solch eine genderspezifische Ausprägung von Spielegewohnheiten nicht zwangsläufig bei den Frauen bzw. den Geschlechtern, sondern vielmehr sehen sie hier „die Industrie“ mit ihren Vermarktungs- und Absatzstrategien in der Verantwortung:

„Also man kann schon feststellen, also vermeintlich feststellen, dass das Konsumverhalten variiert, von Männern und Frauen. Allerdings ist das natürlich auch gemacht. Denn die Industrie ist ja hinterher, geschlechtlich markierte Produkte zu verkaufen, einfach um Zielgruppen unterschiedlich ansprechen zu können und dementsprechend ist es wohl so. Aber auch da würde ich sagen, dass es nicht inhärent weibliches oder männliches Konsumverhalten ist, sondern dass Menschen in gewisse Richtungen erzogen und gesteuert werden.“ (T2)

Einige Interviewpartner plädierten deshalb für eine differenzierte Betrachtung beim Konsum bestimmter Spielegenres, damit man auch individuelle Präferenzen wirklich nachvollziehen könne. Dies sei insofern auch notwendig, weil Einordnungen zu bestimmten Genres sich nicht immer stereotyp auswirken müssen und auch das andere Geschlecht anziehen können. Entscheidender sei die konkrete Spieledurchführung, wie ein Experte anhand eines Landwirtschaftssimulationsspiels beschreibt.[76]

76 „Also ganz ehrlich – mein Lieblingsbeispiel ist eigentlich ein Landwirtschaftssimulator, was überwiegend von Männern gespielt wird, was interessant ist, weil eigentlich wäre es Simulation und dann eher für Frauen, aber dadurch, dass man da zum Beispiel Traktor fahren kann oder so was scheint es dann doch eher bei Männern anzukommen [...]“ (E1).

Alle Gesprächspartner sehen keine geschlechtsspezifischen Unterschiede im Hinblick auf die sozialen Aspekte des Spielens, also Spielemotivation bzw. in welchen sozialen Kontexten Spiele konsumiert werden. Dennoch stellen viele fest, dass im historischen Rückblick lange Zeit Unterschiede in der Nutzung von digitalen Spielen (d.h. die Häufigkeit und Intensität) zwischen den Geschlechtern bestanden, die sich mittlerweile nivellieren. Dennoch benennen die Interviewten gewisse Tendenzen hinsichtlich der Spielevorlieben bei Männern versus Frauen, die sich vor allem in den Eigenschaften der Spielekonzeption ausdrücken: Männer neigen demnach zu wettkampfsorientierten/antagonistischen Spielen, während Frauen einen kooperativen/sozialen Spieleaufbau bevorzugen, wobei dies stark mit individuellen Präferenzen korreliert. Die Experten bestätigen mit ihren Ausführungen insofern die im analytischen Teil dargelegten Punkte zum geschlechtsspezifischen Konsumverhalten.

Ästhetische Darstellung weiblicher Figuren

> Also, wir sind fast immer in einer Fiktion unterwegs und das heißt, da wird natürlich auch überzogen, da wird auch übertrieben, da wird auch im besten und im schlechtesten Sinne übertrieben im Hinblick auf ästhetische Vorstellungen. (T4)

Zur Ästhetik weiblicher Charaktere in digitalen Spielen äußerten sich die Befragten häufig. Die Auswertung der Gesprächstranskripte ergab immerhin 66 Items[77], deutlich mehr als in anderen Kategorien, die wie folgt differenziert wurden: allgemeine Aussagen zur Rezeption bzw. Wirkung digitaler Spiele; Aussagen zur Relevanz einer differenzierten Beurteilung von ästhetischen Maßstäben; Kritik an der stereotypen Darstellung von weiblichen Charakteren sowie neutrale Aussagen zur stereotypen Darstellung innerhalb der Spiele; Aussagen aus der Perspektive der Game- Entwicklung und schließlich Aussagen zur qualitativen Veränderung.

77 M.E. ein Indiz dafür, dass hier der Gesprächsbedarf bzw. das Interesse am höchsten war, nicht verwunderlich, da die Spieleindustrie sich in den letzten Monaten und Jahren insbesondere mit diesem Punkt in der Öffentlichkeit konfrontiert sieht und Vertretet der Branche bereits eine gewisse Rechtfertigungshaltung erlernt haben.

Abbildung 18: Bei „FIFA 16“ dürfen erstmals auch Frauen mitspielen

Quelle: © Electronic Arts

Abbildung 19: Concept Art für „Dragon Age 2“ (Bioware)

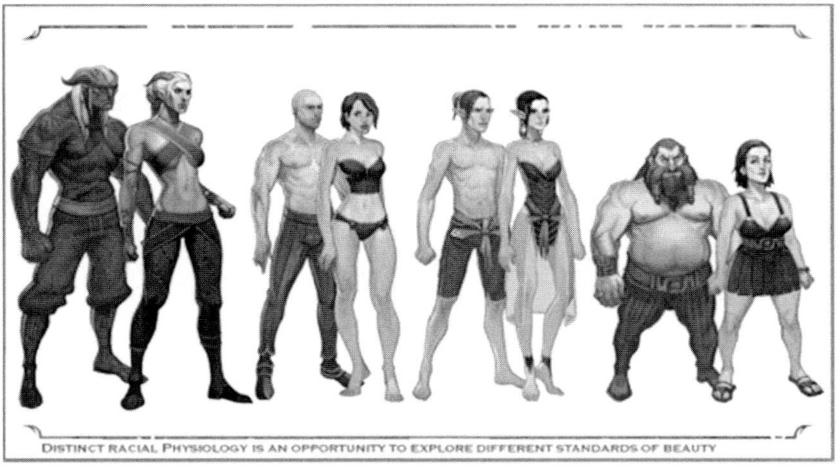

Quelle: http://eatplayhate.me/2010/08/17/hjim-part-2-dragon-age-ii/

Die Aussagen, die sich eher allgemein mit der Rezeption bzw. Wirkung von digitalen Spielen beschäftigen, betonen vor allem, dass digitale Spiele ein fiktives Format bzw. eine Kunstform seien, weshalb diese nicht reglementiert werden könnten und sollten:

„Es ist aber grundsätzlich meiner Meinung nach kein richtig oder falsch. Deshalb, diese Debatte kann nur dazu führen, dass die Leute sich Gedanken machen, man wird keine Lösung finden, wie Frauen dargestellt werden sollten. Man sollte auch keine Lösung haben, finde ich, weil das ist Kunst und Ausdruck, das muss jeder so machen wie er meint." (P3)

Wobei der Verweis darauf, dass digitale Spiele eine Kunstform seien und insofern frei von moralischen oder ästhetischen Gestaltungsregeln, von mehreren Gesprächspartnern kam. Kritisch könnte hier hinterfragt werden, inwieweit dieses Argument eher als Selbstschutz der Experten dient, die sich so abermals von einer gewissen Verantwortung freisprechen.[78] Das Kunst-Argument scheint eine gern genutzte Legitimation für jedwede ästhetische Darstellung innerhalb digitaler Spiele, wenngleich diese an anderer Stelle von den Experten als Massenmedium oder „Leitmedium" bezeichnet wurden.

Die oftmals stereotype ästhetische Darstellung wird damit begründet, dass Spieler „das Schöne" sehen wollen. In Spielen, die auch als Flucht vor dem Alltag und der Unterhaltung dienen, wolle man eben nicht „das Alltägliche"[79] sehen. Das würde den Hauptmotivlagen der Spieler zuwiderlaufen, die gerade eine Ablenkung aus dem Normalen dadurch suchten.

Dabei wurde jedoch nicht hinreichend geklärt, warum die sexuelle Stilisierung insbesondere weibliche Charaktere betrifft, männlich Protagonisten jedoch eher stereotyp, aber ohne sexuelle Überzeichnung präsentiert werden.

Gleichzeitig wird darauf hingewiesen, dass der Spieler sich auch selbst an der individuellen (ästhetischen) Gestaltung der Charaktere beteiligen kann.

Zumindest können Spieler eine Spielfigur auswählen, wenngleich der Iden–tifikationsgrad mit dem zu spielenden Charakter individuell verschieden ausfallen kann. Ein Interviewpartner gibt an, dass es für ihn nebensächlich sei, mit welcher Figur er ein Spiel bestreite. Entscheidender sei das Spielerlebnis an sich, wobei diese Aussage dem analytischen Argument zuwiderläuft, nach dem der

78 Schließlich darf auch Kunst nicht alles, wenngleich die Konventionen natürlich ungleich weiter sind als bei anderen Medienprodukten. Aber genau an dieser Stelle sollte durchaus kritisch hinterfragt werden, ob digitale Spiele tatsächlich Kunstprodukte sind und insofern frei in ihrer Gestaltung oder massenmediale Unterhaltungsprodukte, die sich in einem abgesteckten Gestaltungsrahmen bewegen, der u.a. durch juristische Gesetzmäßigkeiten (z.B. Altersfreigaben) geprägt wird. Die Experten schienen in diesem Punkt eher uneins.

79 „Ich glaube, man wird immer Stereotypen darstellen, weil man, glaube ich, auch Stereotypen sehen will. Also keiner will eine typische Hausfrau sehen, sondern man möchte eine schöne Protagonistin sehen" (T5).

Rezipient sich mit der zu spielenden Figur in gewisser Weise identifiziert. Jedoch bleibt kritisch zu hinterfragen, inwieweit diese Gesprächspartner dennoch einer immanenten und unbewussten Medienwirkung ausgesetzt sind, auch wenn ihnen diese nicht unmittelbar bewusst ist.

Die stereotype Darstellung wird einerseits als „Selbstzweck" einiger Spiele aus Marketinggründen beschrieben, an anderer Stelle auch einfach nur als „unbedacht."[80] Zwei Interviewpersonen könnten sich hierin auch durchaus ein Spiel mit bestehenden gesellschaftlichen Klischees vorstellen. Sie merkten an, dass die stereotype und sexuell stilisierte Darstellung von Frauen eventuell auch als Satire der gesellschaftlichen Realität zu verstehen sei:

> „Aber nur aus der Tatsache heraus, dass jetzt eine Frau in irgendeiner Art und Weise dargestellt wird, also sexistisch oder sonst wie, heißt ja nicht, dass [...] also das muss ja nicht affirmativ sein, vielleicht will man's ja grade problematisieren, vielleicht ist es einfach nur ein Abbild. So, was weiß ich, dass in GTA Gewalt vorkommt, heißt ja nicht, dass die Gewalt gutgeheißen wird, sondern es ist einfach eine Darstellung, eine Parabel oder vielleicht auch eine Satire." (P4)

Zwischen der Ebene der ästhetischen Darstellung und der „Botschaft" des Spieles müsse deshalb unterschieden werden.[81]

An dieser Stelle ist abermals der Hinweis wichtig, dass die befragten Experten u.U. eine wenig kritische Perspektive auf die Produkte einnehmen, da sie als Branchenvertreter nicht nur eine hohe Affinität (und Leidenschaft) zu den Spielen haben, sondern aufgrund ihrer Berufsrollen auch eine gewisse Rechtfertigungshaltung innehaben. Inwiefern Botschaft und ästhetische Darstellung wirklich zu differenzieren sind – was im Zweifelsfall inhaltsanalytisch überprüft werden könnte – kann an dieser Stelle nicht pauschal geklärt werden, es sei jedoch eine gewisse Skepsis am hervorgebrachten Argument angemerkt.

Viele Gesprächspartner betonten, dass eine Differenzierung in der Beurteilung notwendig sei. Pauschalisierungen seien für eine ernsthafte Auseinanderset-

---

80 „Und wenn du dann halt leicht bekleidete Frauen mit großen Brüsten in den Spielen hast, dann verkaufen die sich halt gut. Das kann ich schon verstehen, dass Firmen das so machen. Das kommt halt immer auf den Kontext an, in dem du bist, wenn du ein Spiel entwickelst. Wenn's halt wichtiger ist, dass man halt viel verdient [...] Keine Ahnung, wahrscheinlich machen die Leute, die das Spiel designen auch keine großen Gedanken darüber, wie sie die Frauen dann darstellen" (P6).

81 „Weil man muss ja immer unterscheiden zwischen der Darstellung, die ist ja nicht automatisch das Gleiche wie die in irgendeiner Weise vermittelte Botschaft" (P4).

zung mit digitalen Spielen weder förderlich[82] noch zielführend, da aufgrund der Vielzahl der Spiele eine allgemeine Beurteilung der ästhetischen Darstellung nicht möglich sei, weil auch teilweise der Überblick über das Angebot fehlt.[83]

Insbesondere der Kontext des jeweiligen Spieles müsse bei einer ästhetischen Beurteilung berücksichtigt werden, der meines Erachtens in der Kritik und Analyse des Mediums oftmals zu kurz kommt. Eine emanzipierte Darstellungsweise von Frauen kann beispielweise auch dem historischen Kontext des Spiels nicht entsprechen, wodurch dann die Authentizität eines Spiels verloren geht:[84]

„Es kann natürlich sein, dass wenn man jetzt ein anderes Spiel macht, das zum Beispiel das Mittelalter originalgetreu wiedergeben soll, da hatten Frauen halt einfach eine andere Position und da wäre es dann schon unrealistisch und unglaubwürdig, wenn du dann halt Frauen und Männer gleichberechtigt machst. Es kommt halt immer auf den Kontext an.“ (P6)

Ein Gesprächspartner bewertet Spiele aus seiner Sicht ein sehr gleichberechtigtes und damit fortschrittliches Medium, weswegen eine kritische Analyse der Darstellung von Frauen im Grunde obsolet sei. Dabei macht er diese Pionierrolle in der gesellschaftlichen Gleichberechtigung von digitalen Spielen interessanterweise an gesellschaftlichen Gruppen mit einer anderen sexuellen Orientierung, an sozialen Schichten und Ethnien fest, die häufig vertreten seien:

„Es gibt auch zum Beispiel in vielen Spielen kein Problem mit Homosexualität oder mit unterschiedlichen Rassen und Klassen, also diese Unterschiede wurden in den meisten Spielen sowieso nie gemacht. Wenn sie doch gemacht werden, dann hat das andere Gründe, dann sind es Spiele, die eine ganz besondere Geschichte erzählen wollen.“ (T4)

Auch hier ist wieder eine gewisse Rechtfertigungstendenz zu erkennen – sollte es unschöne, überzeichnete oder unpassende Darstellungen von sozialen Kategorien wie z.B. Geschlecht geben, läge das an der Story des Spieles und sei insofern entschuldbar.

---

82 „Also ich denke, da gibt es Unterschiede, das kann man nicht einfach pauschalisieren, dass man sagt ‚Frauen in Videospielen sind gut/schlecht‘“ (T6).

83 „Ich glaube, das ist auch so schwierig zu pauschalisieren, das sind so viele unterschiedliche Spiele. Vor 15 Jahren gab's noch Lara Croft, da war es einfach zu sagen, ‚ja, die ist schon ein bisschen einfacher gestrickt‘. Aber mittlerweile, bei der Flut an Angebot, tue ich mich schwer, ein finales Urteil zu geben, ehrlich gesagt“ (P3).

84 Ein zweifellos wichtiger Aspekt, der aber m.E. tatsächlich oft in der Analyse bzw. Kritik des Mediums zu kurz kommt.

Wie im analytischen Teil bereits dargestellt, ist allerdings anzumerken, dass Themen wie Homo- oder Transsexualität erst in den letzten Jahren vermehrt in den Produkten sichtbar geworden sind, weshalb dies als eine relativ neue Entwicklung zu werten ist.[85]

Es gab auch einige relevante Aussagen aus der Perspektive der Game-Entwicklung, die insofern bedeutsam waren, weil diese Praktiker zu Wort kommen lassen und so bislang nur wenig in der Literatur zu finden sind. Zum Beispiel die Tatsache, dass Männer und Frauen gleich schwer zu designen sind:

> „Nein, das liegt jetzt nicht am Geschlecht, ob ein Charakter schwer oder leicht ist, sondern das liegt an anderen Faktoren. Eher so, wo kommt er her, was ist seine Motivation, wie kann ich ihn einsetzen, was sind seine Besonderheiten. Und wenn ich merke, das funktioniert als Frau nicht, dann mache ich halt einen Mann draus und andersrum. In dem Stadium kannst du das ja alles noch ändern, das ist ja dann kein Problem." (P6)

Ausschlaggebender für die Wahl des Geschlechtes sind demnach die Spielhandlungen, in die eine Figur verwickelt ist.

Eine Expertin meinte sogar, dass sie persönlich lieber Frauen als Männer gestalten würde.[86] Ein anderer Gesprächspartner hätte z.B. mit großen Brüsten allein keine Schwierigkeiten, solange dies in den Kontext des Spiels passt.[87] Im Umkehrschluss bedeutet dies, dass ein bestimmtes prägnantes Aussehen von Frauen in bestimmten Genrearten erwartet wird. Auffällig war diesbezüglich eine „Verteidigungstendenz" der Gesprächspartner bei der Beantwortung dieser Fragen, wobei besonders auf die Einhaltung von rechtlichen Bestimmungen geachtet wird.[88]

---

85 Exemplarisch sei hier das Spiel *Die Sims* von Electronic Arts genannt, in dem (erst) ab dem 4. Release („Die Sims 4") homosexuelle Beziehungen gezeigt wurden. Das Spiel war damit Vorreiter einer neuen Generation an Spielen, in denen Homosexualität oder Transsexualität erstmals präsentiert wurde.

86 „Ich selber zeichne ja auch lieber Frauen als Männer… [lacht] Muss ich so sagen, ich weiß nicht genau, woran es liegt, aber Frauencharaktere zu entwerfen macht mir persönlich immer mehr Spaß als Männercharaktere, Männer sind irgendwie langweilig, weiß nicht..." (P2).

87 „Ich meine, das ist auch ganz logisch, wenn man etwas entwickelt, will man ja auch, dass es gut aussieht, dass es passt. Man kann ja auch ein bisschen was Lustiges machen und so. Aber durchaus gehört das Thema offen zu den Entwicklungsthemen dazu, ganz klar" (P1).

88 „Das ist bei unseren Spielen nicht der Fall. Da gibt's also keine Darstellungen, die hinsichtlich des Jugendschutzes in irgendeiner Art und Weise problematisch wären,

Auf die moralischen Implikationen gehen die Gesprächspartner jedoch weniger ein, aber dennoch legen alle Experten Wert auf die Feststellung, dass keine unpassenden weiblichen Charaktere in ihren Unternehmen gestaltet werden.[89] Es wird auch angemerkt, dass es eine (strategische) Entscheidung des Unternehmens sei, inwieweit stereotype oder sexuell stilisierte Darstellungen dort gebilligt werden. Der Angestellte habe ja immer die Wahl für eine Firma zu arbeiten und müsste sich dies im Vorfeld überlegen, ob er diese strategische Ausrichtung des Unternehmens mittragen könne.[90]

Die ästhetische Darstellung von Spielen wurde ambivalent beurteilt – einerseits wurde diese als stereotyp und problematisch und andererseits auch als wenig besorgniserregend eingestuft. Die stereotype Darstellung von Weiblichkeit sei problematisch, weil es dafür oftmals auch keine Notwendigkeit gibt. Dass diese oft unangebracht ist, weil es weder der Kontext erfordert noch der Spielverlauf, fällt dem Interviewpartner sichtlich schwer einzuräumen: „... also, wenn man jetzt die Spiele betrachtet, die wir machen und wenn wir da im neuen Truckerspiel gucken, wie die Frauen aussehen, dass ist dann natürlich auch, da sind dann auch ein bisschen überzogene weibliche Darstellungen. Das muss ich ehrlich gesagt zugeben" (T3). An dieser Stelle ist der Verweis auf qualitative Unterschiede beider Subgruppen der Expertengespräche relevant – während die „Theoretiker" eher kritisch in die Richtung argumentierten, dass eine stereotype Überzeichnung der Spielfiguren problematisch sei, befanden die „Praktiker" relativ übereinstimmend, dass dies wenig besorgniserregend sei. Zudem äußerten auch diejenigen Experten, die Unternehmen vertraten, allesamt ungefragt, dass ihr Unternehmen keine problematischen Darstellungen innerhalb der Produkte hätte.[91]

---

weil ein bestimmtes Frauenbild beispielsweise gezeigt wird, was Kinder und Jugendliche in ihrer Entwicklung beeinträchtigen könnte, zum Beispiel" (P4).

89 „Aber, wenn ich jetzt an unsere Spiele denke, dann würde mir jetzt kein Spiel einfallen, wo dann extrem leicht bekleidete Damen rumlaufen und sich dann irgendwie zum Affen machen. Das haben wir bei unseren Spielen nicht" (E5).

90 „Ich würde mich jetzt auch nicht ganz so wohlfühlen, wenn ich jetzt so ein Spiel dann designen müsste. Aber das würde ich mir dann auch vorher überlegen, wenn ich bei so einer Firma anfange, dann würde ich vorher meinen Frieden damit machen und dann würde ich es auch einfach tun, weil dann ist es halt Arbeit" (P6).

91 Aus forschungsmethodischer Sicht wäre eine Gegenüberstellung von (weiteren) Expertengesprächen und Inhaltsanalyse ausgewählter Spiele wünschenswert, um zu überprüfen, inwieweit in den geführten Gesprächen eher eine Rechtfertigungstendenz zum Ausdruck kam oder die Experten nur „glücklich" ausgewählt wurden.

In diesem Kontext wird auch mehr Gleichberechtigung gewünscht, weil Frauen weitaus sinnlicher in Szene gesetzt werden als Männer, ohne dass dies der Handlungsverlauf immer zwingend verlangen würde:

„Ja, definitiv würde ich mir wünschen, dass es mehr Angleichung gibt zwischen der Darstellung von Männern und Frauen und, naja, eine Gleichbehandlung tatsächlich. Die Art und Weise wie man mit Männern und Frauen aktuell umgeht in der Darstellung ergibt für mich keinen Sinn. Also, warum man überhaupt so hart geschlechtsspezifisch trennt. Zum Beispiel auch was die erotische Inszenierung betrifft in Spielen, davon sind meistens nur Frauen betroffen." (T2)

Ob die Experten nun eher wünschen, dass auch männliche Protagonisten verstärkt erotisch in Szene gesetzt werden oder eher, dass es eine generelle Gleichbehandlung so erotischer Ästhetik im Hinblick auf die Spielfiguren geben sollte, lässt sich anhand der Gespräche nicht schlussfolgern.[92] Dabei gibt es offensichtlich Unterschiede in der stereotypen Darstellung der Geschlechter je nach dem Entstehungskontext des Spieles. So würde man bei kommerziellen Spielen weitaus mehr in klischeehafte Rollenbilder zurückfallen als bei Independent-Produktionen.

Der Verweis auf die sogenannte „Indie-Szene" ist insofern interessant, weil dort primär künstlerisch wie spielerisch anspruchsvolle und avantgardistische Produkte entwickelt werden, in denen mit gängigen Handlungs- und Darstellungsmustern gebrochen werden kann. Dies haben jedoch meist keine kommerziellen Ambitionen, weshalb die Reichweite der Produkte im Vergleich zu großen „AAA"-Produktionen oftmals auch eher begrenzt ist.[93] Damit bleibt eine zeitgemäße oder gar revolutionäre Darstellung von Frauen eher einem kleinen Publikum in der Spieleszene vorbehalten.

An dieser Stelle sei noch einmal auf die Problematik, ob digitale Spiele eher Kunstprodukte oder massenmediale Unterhaltungsgüter sind, verwiesen, die im vorangehenden Abschnitt angedeutet wurde. Auch hier wären weiterführende

92 Dies wäre ein spannender Punkt für eine Anschlussforschung, verbunden mit der Frage, wie Männer die Stilisierung bzw. Idealisierung männlicher Körper beurteilen.

93 Im Teil der kritischen Würdigung wird zu reflektieren sein, was spätestens durch die empirische Erhebung zu Tage gefördert wurde – dass es nämlich für eine umfassende Analyse des Mediums nicht ausreicht, sich nur die Massenmarkt-Produkte anzuschauen bzw. diese kritisch zu analysieren.

Studien wünschenswert, u.a. um die qualitativen Unterschiede von sogenannten „Indie“-Spielen vs. „AAA“-Produkte[94] genauer zu explorieren.

Gleichzeitig wird die stereotype Darstellung von Weiblichkeit von vielen Gesprächspartnern als nicht problematisch bewertet. Dies lag zum einen daran, dass die Befragten die Darstellungen subjektiv als unproblematisch empfanden und auch keine weiblichen Charaktere im Figurenarsenal vermissen, weil sie selbst gerne mit männlichen Figuren spielen: „Also, ich persönlich fand das nie schlimm, ich fand das immer OK, solange das nicht wirklich sexistisch wird“ (P2).[95] Dabei äußerten auch weibliche Gesprächspartner, dass sie gern mit männlichen Spielfiguren spielen, augenscheinlich gab es keine Korrelation zwischen dem Geschlecht der befragten Experten und deren Geschlechterpräferenz im Hinblick die Protagonisten innerhalb der Spiele. Darüber hinaus wird darauf verwiesen, dass Männer nicht weniger stereotyp dargestellt werden:

> „Es ist ja auch so, dass man, wenn man solche Spiele als Mann spielt und darauf Wert legt, dann hat man ja auch immer mit irgendwelchen muskelbepackten Dingen zu tun und muss sich ja dann auch denken, ‚na toll, komme ich jetzt gerade gut weg, nein, komme ich nicht‘. Das ist ja dann auch blöd. Also, da würde ich sagen, schenkt sich das gar nicht so viel.“ (P1)

Dieses Argument findet sich auch in der Literatur häufiger wieder, wobei allerdings zwischen stereotyper und sexuell stilisierter Darstellung unterschieden werden sollte. Zwar finden sich Männer ebenfalls häufig stereotypisiert dargestellt, als z.B. muskelbepackte Riesenfiguren, allerdings werden diese weniger in sexualisiert aufgeladenen Kontexten platziert.

Gründe dafür lassen sich in bisherigen Untersuchungen zur Ästhetik in zeitgenössischen digitalen Spielen kaum finden. Als ursächlich angenommen werden kann aber, insbesondere im Hinblick auf das Forschungsinteresse der vorliegenden Arbeit, ein Zusammenhang zwischen an der Produktion bzw. Entwick-

---

94 Äquivalent zu den AAA Kinofilmen sind hier Spiele mit hohem Entwicklungsbudget und hohen Verkaufserwartungen, wie sie klassischerweise von großen Publishern entwickelt werden, gemeint.

95 „Also viele regen sich dann ja auch auf, dass Frauen dann zu Sexobjekten werden oder nur als Nebencharaktere dargestellt werden oder auch gar nicht spielbar sind, dass es einfach keine spielbaren weiblichen Figuren gibt. Es ist bei mir halt so, dass es mir eigentlich völlig egal ist. Interessanterweise habe ich noch nie mit einem weiblichen Charakter gespielt. Noch nie“(T5).

lung beteiligten Gamedesignern, Entwicklern usw. und deren individuellen Vorlieben für die Darstellung von Weiblichkeit bzw. Männlichkeit.

Auch mit dem kommerziellen Erfolg dieser stereotypisierten Darstellung von Frauen wird argumentiert, weswegen sich die Spieleindustrie an die Kundenwünsche anpasse.[96] Bemerkenswerterweise hatte kein einziger Gesprächspartner eine kritische Einschätzung zu dieser Tatsache, vielmehr schien das allgegenwärtige „Sex sells" gemeinhin akzeptiert. Warum den Experten an diesem Punkt so wenig selbstkritische Reflexion möglich schien, wäre durch weiterführende Untersuchungen zu ergründen.

In einer Anekdote erzählt ein Gesprächspartner, dass die sexuell aufgeladene Zeichnung der prominentesten Spieleheldin (Lara Croft aus *Tomb Raider*) nur versehentlich einem Programmierfehler geschuldet sei.[97] Diese Erklärung hält sich innerhalb der Branche hartnäckig – angeblich soll der Lead Designer der ersten Lara Croft-Version eine Oberweiten-Vergrößerung von einhundertfünfzig statt fünfzig Prozent vorgenommen haben.[98]

Die stereotype Darstellung der Geschlechter innerhalb der Spiele wird auch damit begründet, dass zumeist Männer diese entwickelten, was nahelegt, dass das Kreislaufprinzip des Virtuous Cycle-Konzepts hier greift. „Es war halt schon immer so, weil es eine Männerdomäne ist, dass halt die Frauen so dargestellt wurden, wie die Männer, oder ich sage jetzt mal der ‚Durchschnittsgamer', es toll finden. Also, Lara Croft und was weiß ich" (T3). Frauen werden also bei der Spieleentwicklung durch die Brille der Männer gesehen und dies meist als Objekt der Begierde.

Insofern kann die Annahme, dass zwischen der ästhetischen Darstellung von Geschlechtlichkeit innerhalb digitaler Spiele bzw. dem Produktangebot an diesen und den Produktionsbedingungen ein Zusammenhang besteht, anhand der geführten Gespräche bestätigt werden. Auffällig war, dass die meisten Experten die Tatsache, dass so wenig Frauen in den Unternehmen vertreten sind bzw. an der

---

96 „Naja, es gibt ja genügend Computerspiele, die auf dieser Welle reiten, der ganze Fantasybereich und alles Mögliche. Nun gut, anscheinend mag die Zielgruppe diese Darstellung und deswegen wird das gemacht. Die Sachen werden ja auch ausgewählt. Wenn die nicht gespielt würden, dann würde man ja aufhören damit" (P1).

97 „Ich finde den Charakter von Lara Croft eigentlich sehr schön, weil das eine sehr selbstständige Frau ist, die auf sich allein gestellt ist, die Dinge erledigt und tough ist und das finde ich eigentlich ganz schön. Das war ja, glaube ich, ein Programmierfehler, dass sie so große Brüste hatte [lacht]" (T1).

98 Vgl. hierzu: http://de.ign.com/tomb-raider-pc/80929/feature/unnutzes-gaming-wissen-warum-hat-lara-croft-so-grosse-bruste (Stand: August 2016)

Spieleentwicklung beteiligt sind, als Artefakt bzw. Charakteristikum der Spieleindustrie verstanden und nicht weiter hinterfragten.

Dennoch nehmen die meisten Gesprächspartner eine qualitative Veränderung des Angebotes seit einigen Jahren wahr, weil das Medium „digitales Spiel" vielfältiger geworden sei, wobei sie dieses Gefühl nicht mit z.B. Daten oder Fakten stützen können: „Ich würde jetzt schon vermuten, dass es jetzt, wenn es früher mehr klischeehafte Darstellungen gab, dass das wahrscheinlich abgenommen hat, aber belegen kann ich das nicht, das ist eher so eine Vermutung, dass das Maß an Klischeehaftigkeit eventuell zurückgegangen ist" (P4).[99]

Zwar kann die Einschätzung der Experten, dass eine qualitative Veränderung im Hinblick auf die Darstellung der Protagonisten – sowie auch deren narrative Relevanz – seit einigen Jahren stattfindet, vom Verfasser gestützt werden, aber eben nur aufgrund subjektiver Wahrnehmung (wie z.B. Pressemeldungen, Veranstaltungen etc.) und nicht empirisch belegt. Hier sei noch einmal an die eher prekäre Datenlage im Hinblick auf die Ästhetik in zeitgenössischen digitalen Spielen sowie die Möglichkeit/Notwendigkeit zur Anschlussforschung verwiesen.

Im Vergleich zu anderen Medien, wie z.B. in Film und Fernsehen, gäbe es aber für digitale Spiele hinsichtlich der geschlechtlichen Rollenbilder durchaus noch Entwicklungspotenzial. Zwar sieht man auch hier Entwicklungstendenzen hin zu einer größeren Bandbreite an Rollen, die nun auch Frauen in digitalen Spielen einnehmen können, allerdings sei da die Film- und Fernsehbranche schon progressiver als die digitale Spielewelt.[100]

Der Fortschritt in der Ästhetik wird seitens der Gesprächspartner eher in Zusammenhang mit der qualitativen Veränderung in der Narration gesehen, da beispielsweise sowohl der Plot als auch die Figurenzeichnung wesentlich vielschichtiger und anspruchsvoller geworden sei, was indirekt auch der Darstellung von Frauen zugutekam: „Aber die Spiele auch insgesamt haben sich verändert. Die Tiefe, die Persönlichkeit von den Charakteren sind viel, viel komplexer geworden, viel realitätsnaher geworden und die von den Frauen auch, dann automatisch" (P3).

---

99 Insgesamt habe man auch die Schwarz-Weiß-Malerei in der Figurenkonzeption abgelegt, wovon auch die weibliche Darstellung profitiert habe: „Es gibt auch nicht mehr so die gute und die schlechte Frau, es ist viel facettenreicher geworden" (P3).

100 „Ich glaube, dass sich das zunehmend ändert. Also dass Videospiele auch eine größere Vielfalt abbilden können, die eher der Gesellschaft entspricht. So langsam geht es in diese Richtung, aber was bis jetzt zu sehen war, spiegelt das nicht wirklich wider. Und ich glaube, dass das andere Medien besser können" (T2).

Da dies aber männliche wie Protagonisten gleichermaßen zu betreffen scheint, ist dieser Aspekt für das der vorliegenden Arbeit zugrundeliegende Forschungsinteresse nur bedingt relevant.

Wichtig ist, eine qualitative Veränderung überhaupt festzustellen, wünschenswert wäre jedoch eine kontrastierende Einschätzung anhand von empirischen Untersuchungen.

Demgegenüber wird andererseits eine geringe Vielfalt der ästhetischen Darstellungskonventionen für weibliche Figuren angesprochen:

> „Der wichtigste Punkt ist für mich der, dass es relativ wenig Vielfalt gibt bei der Darstellung von Frauen. Also man sieht vor allem ein sehr, sehr enges Schönheitsideal, dass Frauen in Spielen, ganz gleich welche Rolle sie begleiten, fast immer jung, schlank, makellos sind. Ganz anders als Männer. Denn männliche Helden werden zwar auch oft idealisiert dargestellt, zum Beispiel sehr muskulös oder mit diesem klassischen Dreitagebart. Aber da ist die Vielfalt weitaus größer." (T2)

Die Tatsache, dass es allmählich und zunehmend weibliche Hauptfiguren gibt, trägt dazu bei, dass diese Protagonistinnen vermehrt von dem engen Schönheitsideal abweichen.[101] Diese Öffnung der ästhetischen Darstellungsvielfalt hin zur Figurenpluralität wurde bereits im analytischen Teil herausgearbeitet. Auch Branchenkenner, wie die befragten Experten, bestätigen hier diese Tendenz der Aufbrechung von Darstellungskonventionen.

Zusammenfassend kann konstatiert werden, dass im Hinblick auf die (geschlechtsspezifische) Ästhetik digitaler Spiele recht heterogene Aspekte thematisiert wurden, wobei es einen marginal spürbaren Unterschied zwischen beiden Subgruppen gab: Während die „Praktiker" sich sehr konkret äußerten und bestimmte Standpunkte vertraten, waren die „Theoretiker" in ihren Einschätzungen spürbar vorsichtiger und zurückhaltender und betonten wiederholt, dass die Antworten nur ihre persönliche Meinung darstellten. Dies überrascht insofern, als die Fragestellungen bei allen Gesprächen gleich waren.

Insgesamt offenbarten die meisten Gespräche eine wenig ausgeprägte kritische Selbstreflexion der Experten auf ihre Branche bzw. vielmehr die Produkte.

---

101 „Was die Darstellung von Weiblichkeit betrifft, wird es aber zunehmend aufgebrochen, habe ich das Gefühl. Also, es gab zuletzt einige interessantere Spielefiguren, auch Protagonistinnen, die da auch so ein bisschen rausfielen. Also zum Beispiel die Hauptfigur aus dem neuen Alien Titel ‚Isolation' ist eben nicht, ist keine Barbiepuppe, überhaupt nicht, sondern sie sieht aus wie eine normale Frau. Was ungewöhnlich ist, also das habe ich in den letzten Jahren kaum jemals gesehen" (T2).

Dies mag zunächst nicht verwunderlich scheinen, wirft aber im Rahmen der durchgeführten wissenschaftlichen Untersuchung einerseits Fragen nach der Angemessenheit der genutzten Methoden – bzw. deren Limitation – auf sowie andererseits den Wunsch nach tiefergehender Exploration der Expertenperspektive.

Das Produktangebot für die weibliche Zielgruppe

> Man hat nur 50 Prozent der Menschheit sozusagen angesprochen mit dem, was man gemacht hat und das ist natürlich ein Umsatzpotential, das irgendwann mal gehoben werden muss. wird auch im besten und im schlechtesten Sinne übertrieben im Hinblick auf ästhetische Vorstellungen. (P1)

Auf das Produktangebot für die weibliche Zielgruppe entfielen in den durchgeführten Interviews 46 relevante Items, wobei drei Fragen zu dieser Ebene gestellt wurden. Diese konnten drei Kategorien zugeordnet werden: der Aspekt Spiele für Frauen allgemein, kommerzielle Aspekte und das Bemühen um Diversität des Angebotes.

Die generelle Frage, ob es Spiele speziell für die weibliche Zielgruppe geben sollte, diente nicht nur dem Einstieg in die Diskussion zum Thema, sondern wurde auch von allen Gesprächspartnern sehr intensiv reflektiert. Dabei überwog bei allen Beteiligten der Tenor, dass Spiele dezidiert für Frauen „unsinnig" seien, weil man dadurch die mögliche Zielgruppe minimiere: „Weil du verlierst halt immer einen großen Anteil an Spielern oder schließt ihn aus, wenn du denen keine Angebote machst" (T3). Sehr homogen war die Ansicht, dass Spiele nur für Männer oder Frauen unangebracht und sogar diskriminierend seien.

Darüber hinaus konnte sich ein Interviewpartner auch unter einer genderspezifischen Spieleentwicklung nichts vorstellen: „Ich halte offen gestanden nicht so furchtbar viel von dem Ansatz zu sagen, ‚wir entwickeln jetzt Spiele für ein bestimmtes Geschlecht'. Das finde ich deswegen schwierig, weil was ist denn das, was soll denn dabei rauskommen?" (T4)[102] Zudem müsste man sich stereotyper Zuschreibungen – im Hinblick auf geschlechterspezifische Konsumpräfe-

---

102 Weiter: „Also warum in drei Teufels Namen sollte man hingehen und sagen, ‚das ist jetzt hier ein spezielles Frauenspiel'. Es mag sein, dass es Spiele gibt wo die Hauptzielgruppe Frauen sind, das heißt aber nicht, dass Männer das nicht auch spielen. Also ich sehe da grundsätzlich keine Veranlassung zu, es gibt genug Spiele, die für beide Geschlechter sind" (P2).

renzen – bedienen, die von der Mehrheit der Befragten implizit abgelehnt werden, zumal auch nicht wirklich eindeutig belegt ist, welche geschlechtsspezifischen Konsumgewohnheiten im Hinblick auf digitale Spiele existieren. Zudem würde man sich dadurch von einer Gleichberechtigung und Überwindung von Geschlechterzuschreibungen wegbewegen:

„Es gibt Frauen, die nicht tanzen mögen und die gerne Shooter spielen. Also deshalb, nee, nein! Dann geht man genau die falsche Richtung! Das man wieder die Schublade aufmacht und sagt, ‚ok, das ist ein Spiel für Frauen'. Es gibt Männer, die auch gern *Candy Crush* spielen, viele Männer kenne ich, die gern *Candy Crush* spielen, das bunt, rosa und mit Bonbons ist." (P3)

Ein Gesprächspartner bezeichnet geschlechtsspezifische Produktangebote sogar als „sexistisch", ein anderer formuliert weniger drastisch, dass Spiele für Frauen, die mitunter auch ironisch als „Pink Games" bezeichnet werden, die weibliche Zielgruppe eher langfristig ausgrenzten, weil sie als Spielerinnen wieder ein Spartendasein fristen anstatt dem Mainstream anzugehören:

„Und das Problem gerade bei diesen ‚Pink Games' zum Beispiel ist, man schafft eine kleine Sparte innerhalb des Mediums, die Frauen zugesprochen wird und der ganze Rest ist dann doch wieder Männer und Jungs. Also dadurch findet keine wirkliche Integration statt, zumindest nicht auf kurze Sicht." (T2)

Andere Interviewpartner betonen, dass eine stärkere Ausrichtung hin auf die weibliche Zielgruppe, sofern abzusehen ist, dass ein bestimmtes Produkt sehr gut bei dieser ankommt („performt"), durchaus legitim sei: „Hm, also, wenn man merkt, man hat durch das Spiel eine weibliche Zielgruppe gewonnen, dann kann man das Spiel drauf fokussieren, das glaube ich schon" (P1).

Die kommerzielle Legitimation von Produkten speziell für Frauen (oder Männer) wurde wenig überraschend ausschließlich von denjenigen Experten erwähnt, die Umsatzverantwortung innehaben. Insofern zwar die wenigsten der Gesprächspartner, in der Realität der Unternehmen jedoch diejenigen, die Entscheidungen über Produkte treffen oder zumindest an diesen Entscheidungen beteiligt sind.

Konkret benennen einige Gesprächspartner den Primat von „Angebot und Nachfrage". Solange Frauen mit dem vorhandenen Angebot zufrieden seien, würden sie es auch spielen: „Also ich denke mal, dass das auch so ein bisschen Angebot und Nachfrage ist und wenn von Frauen im Grunde auch das gespielt wird, was momentan oder seit Jahren angeboten wird, dann wird die Industrie sicher auch keine Notwendigkeit sehen, da was dran zu ändern" (T6).

Eine Befragung der weiblichen Nutzer, z.B. im Rahmen einer repräsentativen Studie, könnte Aufschluss darüber geben, inwieweit Frauen tatsächlich mit dem Angebot zufrieden sind. Schlussendlich würde sich zeigen, ob der Zusammenhang zwischen Angebot und Konsum nur in eine Richtung besteht. So argumentiert auch ein Interviewpartner, der zunächst Frauen befragen würde, um deren Bedarf und Wünsche genau zu ermitteln:

„Ich glaube, wenn man Spiele für Frauen produzieren würde, müsste man wirklich schauen, was die Frauen wollen, da müsste man wirklich eine Umfrage starten und gucken. Weil ich glaube, nicht alle wollen nur *Bejeweled* und so spielen. Das glaube ich einfach nicht." (T1)[103]

Aus der Literatur wäre zu folgern, dass diese Annahmen bislang oft nicht auf objektiven Daten beruhen, sondern subjektiven Vorannahmen der Entscheidungsträger, die wiederum zumeist männlich sind. (Was zumindest argumentativ einem weiteren Indiz für den Virtuous Cycle gleichkommt.)

Dies liefert ein weiteres Indiz dafür, dass der Virtuous Cycle als Mechanismus auch hier greift, weil die Rückschlüsse auf Spielevorlieben von Frauen von männlichen Entscheidungsträgern gezogen werden, womit die Entscheidung zur Spieleentwicklung weniger auf dem Feedback der eigentlichen Spieler beruht als vielmehr auf subjektiven Zuschreibungen von Dritten.

An dieser Stelle wird bereits deutlich, dass die Frage des Produktangebotes eng mit der Frage der Konsumpräferenzen zusammenhängt. Da eine strikte geschlechtsspezifische Ausrichtung in der Nutzung von digitalen Spielen eher abgelehnt wurde, ist es wenig überraschend, dass auch geschlechtsspezifische Produktangebote als eher unangebracht eingestuft werden.

Die Gesprächsteilnehmer verweisen auch auf gescheiterte, zurückliegende Versuche der Spieleindustrie, Produkte dezidiert für die weibliche Zielgruppe zu vermarkten (vgl. den Abschnitt: „Utopian Entrepreneurs"): „Also, historisch gesehen sind ja viele Versuche gescheitert in dieser Richtung" (P4). Erfolge mit bestimmten Spielen bei der weiblichen Spielerschaft werden teilweise als Zufallserfolg betrachtet, den man so nicht steuern könne:

103 Oder auch: „Ich glaube es gibt den Bedarf einfach zu gucken, was die so bevorzugen von der Spielemechanik und das ein bisschen, sozusagen, zu mischen mit den Sachen, die man bisher gemacht hat" (P3).

„Die Sims ist ja auch kein Spiel, das auch auf Frauen ausgelegt war am Anfang. Der hat sich ja auch nicht gedacht, ‚oh, jetzt mach ich aber mal das und das', das hat sich halt ergeben." (P1)

Um die Tatsache zu beurteilen, ob Spiele (von Frauen) für Frauen seit den 90er Jahren (kommerziell) erfolgreich vermarktet werden konnten, wären aktuellere Untersuchungen wünschenswert.[104]

Insbesondere in der „Praktiker"-Subgruppe wird über kommerzielle Beweggründe für die Einführung von spezifischen Produkten für die weibliche Zielgruppe argumentiert. Wenn sich diese verkaufen ließen, dann spricht aus Expertensicht nichts gegen eine zielgruppenorientierte Ausrichtung der Spiele. Dies führe ja zu keiner Kaufverpflichtung und Männern stehen nach wie vor alle Produkte offen:

„Hm, die Frage ist, warum nicht?! Also wenn es sich ja verkaufen lässt – durchaus! Und man kann ja an der Kasse, also, wenn man das Spiel kauft, wird mir dann ja wahrscheinlich nicht verboten, das Spiel zu kaufen. Also es kann ja dann durchaus auch Männer geben, denen das gefällt, auch wenn es nicht extra für Männer gemacht ist. Also, warum nicht?" (P2)

Aus dem Unternehmensalltag wird auch ein Produktbeispiel angeführt, mit dem man den Zielgruppengeschmack von Frauen getroffen hat, da es von weitaus weniger Männern gespielt wird: „*Miramagia* ist ja zum Beispiel extra für Frauen. Es gibt auch einen kleinen Prozentsatz an Männern, die das spielen, aber... Natürlich! Also, wir in dieser Branche, wir wollen ja auch verkaufen. Wir machen ja etwas und wenn sich das verkaufen lässt, ist es doch eigentlich etwas Gutes!" (P2). Zugleich wird der kommerzielle Erfolgsdruck auch als Grund angeführt, warum keine Spiele nur für Frauen entwickelt werden, denn dadurch schmälert man die potenzielle Käuferschaft, ohne zu wissen, ob die anvisierte Zielgruppe dies auch so annimmt.[105]

An dieser Stelle sei kritisch angemerkt, dass laut Branchenverband BIU rund 34 Millionen Menschen in Deutschland spielen (29 Millionen davon regelmäßig) und knapp die Hälfte davon weiblich ist – insofern handelt es sich zumindest rein rechnerisch um eine rund 17 Millionen große Zielgruppe.

104 Oder auch Langzeitstudien. Der Verfasserin sind diesbezüglich keine empirischen Arbeiten bekannt.

105 „Aber die Unternehmen haben natürlich auch immer die Herausforderung, sie können ja machen, was sie wollen, aber wenn es sich nachher nicht verkauft, weil die Zielgruppe es nicht annimmt, dann bleiben die auf den Verlusten sitzen und das ist das, was gerne übersehen wird" (T4).

Einer der Experten äußerte sich auch zum innovativen Konzept von *FIFA 16*, bei dem erstmals die Option für eine weibliche Mannschaft integriert wurde, womit das Unternehmen für eine Kontroverse in der Spieler-Community sorgte, da dieses Feature in der Spielerschaft sehr umstritten war.[106] Jedoch bleibt der Experte klar auf dem Standpunkt, dass man sich als Unternehmen nicht nur ausschließlich nach den Wünschen und Erwartungen der Zielgruppe orientieren dürfe, sondern Produkte auch aus eigenem Antrieb und Gutdünken auf dem Markt innovativ einführen müsse:

„Es war jetzt auch nicht so, dass es so auf totale Gegenliebe stieß, die Tatsache, dass wir Frauenfußball in *FIFA* integriert haben, da gab's auch wahnsinnig viele kritische Kommentare. Wenn man das jetzt nur unter der Brille anschaut und dann sein Verhalten danach ausrichten würde, das wäre dann wie so ein Autor, der ein Buch schreibt, nur unter dem Aspekt, wie sind nachher die Rezensionen." (P2)

Dabei sieht ein Experte auch die Präsenz von weiblichen Spielfiguren als Projektionsflächen für Frauen als keineswegs als einzigen Faktor für die Attraktivität eines Spiels. Vielmehr müsste in der ästhetischen Darstellung insgesamt berücksichtigt werden, wie ein Spiel insgesamt für beide Geschlechter interessant zu gestalten sei: „Es geht nicht immer nur darum, dass ich eine weibliche Spielfigur spiele. ... Sondern so, wie kann ich dieses oder jenes auch für andere Zielgruppen, also das andere Geschlecht, interessant machen und vice versa natürlich, wäre natürlich auch interessant, es umgekehrt zu machen. Und da gibt es eben ein paar Genres, die das ganz gut hingekriegt haben. Also *Sims* zum Beispiel wurde sowohl von Männern als auch von Frauen gespielt und viele andere eben auch und das ist eigentlich toll" (T4). Auch geschlechterübergreifende Ästhetikvorlieben der Spielercommunity und damit ein adäquates Produktangebot bieten Anlass für weitere Forschungsstudien.

In allen Gesprächen wurden wiederholt Argumente genannt, die sich für ein Bemühen um Diversität aussprechen. Teils stammen diese Aussagen von Experten aus den Unternehmen, die in ihren Spielen mehr Pluralität der Charaktere

---

106 „Aber die kritischen Stimmen waren schon sehr, sehr deutlich. So deutlich, dass wir auch dazu Stellung beziehen mussten, oder es jedenfalls für angebracht hielten, da Stellung zu beziehen, und es gab auch einen Post von unserem CEO, Peter Moore, der dazu auch deutlich Stellung genommen hat und gesagt hat, ‚das kann echt nicht wahr sein...' Er hat schon sehr deutlich sein Unverständnis dokumentiert, darüber, dass sich Leute jetzt so sehr darüber aufregen, dass wir in FIFA jetzt Frauen integriert haben" (P4).

und gestalterischen Angebote anstreben, teils auch von Gesprächspartnern im Rahmen der PZIs, die sich mehr Vielfalt wünschen:

„... wir haben bewusst einen Mann und eine Frau gemacht, zwischen denen man wählen kann. Einfach auch um die Möglichkeit der Zielgruppe auch zu vergrößern. Einfach weil wir sagen, ok, wenn eine Frau sich lieber von einer Frau durch das Spiel leiten lässt, dann ermöglichen wir das einfach." (P2)

Demnach möchte man vor allem sowohl männlichen als auch weiblichen Spielern Identifikationsmöglichkeiten anbieten. Damit möchte man in erster Linie Handlungsoptionen für die Spieler schaffen:

„Also, was wir machen ist, wir, glaube ich, bemühen uns, das wir das erst mal gleichberechtigt machen, soweit es irgendwo sinnvoll ist. Beim Fußball, selbst da haben wir es gemacht, selbst da haben wir geguckt, dass es für jedes Porträt, das wir malen, auch ein weibliches Pendant gibt. Weil wir immer damit rechnen mussten, dass da auch viele Frauen spielen, also muss es auch vernünftige Auswahlmöglichkeiten geben." (P1)

Die Interviewpartner sehen grundsätzlich einen Nachholbedarf bei der Etablierung von weiblichen Spielefiguren, wobei Lara Croft in *Tomb Raider* als Präzedenzfall eingestuft wird, seitdem die Industrie weiß, dass Vorbehalte unangebracht sind: „Also, es sollte mehr weibliche Spielefiguren in einem sinnvollen Kontext geben, da fehlt es, glaube ich, wirklich noch ein bisschen. Man hatte ja damals, glaube ich, wirklich Angst mit *Tomb Raider*, wird eine weibliche Spielfigur überhaupt ankommen, inzwischen weiß man, das ist alles Quatsch, Männer haben überhaupt gar kein Problem damit, eine weibliche Figur zu spielen, die Angst war unbegründet und seitdem traut man sich da auch mehr" (T4).

Auch hier zeigt sich der Zusammenhang zwischen Ästhetik und Angebot, denn die Akzeptanz des ästhetisch innovativen Angebots befördert auch eine dementsprechende Entwicklung. Wie im vorangegangenen Kapitel dargestellt, befindet sich die Industrie hier gerade in einer Umbruchphase, weshalb nun auch zunehmend Spiele mit weiblichen Protagonisten entwickelt und vermarktet werden.

Der Zwiespalt wurde bei einigen Gesprächspartnern auch deutlich, die eigentlich eine genderspezifische Spieleentwicklung ablehnten, die Klischees bedient, aber gleichzeitig deren kommerziellen Erfolg sieht: „Aber es gibt natürlich, das muss man auch sagen, für ganz bestimmte Zielgruppe, sagen wir mal Mädchen zwischen neun und dreizehn, da gibt's schon Spiele, die wirklich nur auf Mädchen zugeschnitten sind, irgendwas mit rosa Ponys. Und das funktioniert auch und umgekehrt funktioniert das auch bei Jungs, das ist gar keine Frage. Das ist wie mit Spielzeug auch, Barbie und Autos oder so. Aber warum sollte das so sein?“ (T4). Hier könnten Folgestudien aufdecken, ob die Experten diese Diskrepanz selbst wahrnehmen und welche Gründe sie hierfür finden.

Bei der Auswertung aller Interviews zum Aspekt Produktangebot war auffällig, dass die Subgruppe der „Praktiker“ sich eher zu kommerziellen Aspekten äußerten als die „Theoretiker“, die eher analytisch-moralische Überlegungen für die Bewertung anstellten.[107] Zusammenfassend wurden Produkte speziell für die weibliche Zielgruppe aber von allen Befragten mehrheitlich abgelehnt, wenngleich es durchaus Beispiele aus der Praxis gibt, die deren Erfolg belegen. Gleichzeitig sind sich die Interviewten durchaus bewusst, dass eine stärkere Ausrichtung auf weibliche Interessen und Bedürfnisse den kommerziellen Erfolg innerhalb der weiblichen Spielerschaft stärken könnte.

Frauen in der Spieleindustrie

> Sie haben gesagt, ich war oft die Quotenfrau – das ist kein nettes Kompliment, dass man einem macht. (P3)

Mit Abstand wurde im Rahmen aller geführten Gespräche sich am häufigsten zur Ebene der Produktion geäußert. Der Leitfaden bei den Experteninterviews enthielt hierzu drei Fragen und die PZIs vier. Insbesondere wurden Frauen in der Spieleindustrie thematisiert: 94 Items wurden als relevant markiert und in folgende sieben Kategorien differenziert: Frauen in technischen Berufen allgemein, Frauen wollen nicht in die Spieleindustrie, Sichtbarkeit und Attraktivität der Branche, Vereinbarkeit mit Familie, „Boys’ Club“-Mentalität, Diversität in den Unternehmen sowie qualitative Veränderungen.

Als eines der häufigsten Argumente auf die Frage, warum es gegenwärtig so wenig weibliche Beschäftigte in der Spieleindustrie gibt, wird genannt, dass Frauen nicht in die Spieleindustrie möchten. Einerseits wird dies direkt angesprochen, wobei Frauen generell abgesprochen wird, dass sie diese Art von Medienprodukten gerne produzieren wollen: „Und ich kann mir auch vorstellen, dass viele Frauen einfach keine Lust haben, so Zeug zu machen. Also wo es jetzt nicht der Reiz ist, dass der Körper weit fliegt und in 1000 Stücke zerfetzt wird“ (T1).

Andererseits wird dies implizit formuliert und problematisiert, weil die Herstellung von medialen Produkten keinem Geschlecht mehr zugesprochen werden

107 Dies erklärt sich aber aufgrund des beruflichen Hintergrunds der Experten, die alle mit Ausnahme einer Person auch in Unternehmen eingebunden sind und deshalb für kommerzielle Erfolge verantwortlich sind.

könne als einem anderen: „Tja, das ist eine schwierige Frage... [überlegt] Es spricht ja jetzt überhaupt nichts dafür, dass Männer bevorzugt werden im Einstellungsprozess oder Frauen benachteiligt werden. Jedenfalls so von der Sache her, weil da werden ja Medien entwickelt, wie ich es vorhin schon gesagt habe, unser Leitmedium und das ist irgendwie nicht Männern vorbehalten, das ist ja totaler Unfug" (P4). Hier wird die Produktion von medialen Produkten nüchtern betrachtet, weswegen eine Bevorzugung eines Geschlechts unangebracht sei und auch in der Einstellungspraxis vom Befragten noch nie beobachtet wurde.[108]

Leider existieren m.E. keine Daten, die das Argument, Frauen würden nun einmal nicht in der Spieleindustrie arbeiten wollen, belegen bzw. widerlegen können.

Abbildung 20: Odile Limpach – ehemalige Geschäftsführerin von „Blue Byte"

Quelle: Internet

Frauen wird zugeschrieben, dass sie sich weniger für Spielewelten interessierten als vielmehr für echte Lebenswelten. Infolgedessen bestünde auch ein geringes Verlangen seitens der Frauen, in diese Industrie einzusteigen: „Also wenn ich es persönlich noch mal sagen würde, ich habe ja mehr so das Gefühl, dass Frauen mehr so ein Interesse haben an der echten Welt und weniger irgendwie so ein In-

108 „Und ich kann auch wirklich beim besten Willen nicht feststellen, dass wenn die Leute suchen und ich war auch schon an vielen Einstellungsprozessen beteiligt, jetzt irgendwie die Frauen, die sich bewerben, benachteiligt würden" (P2).

teresse an virtuellen Welten und das ist, glaube ich, so grundsätzlich der Grund, warum es da so wenige gibt, würde ich sagen, so hauptsächlich" (P6). Ein Gesprächspartner differenziert hier zwischen den beruflichen Sparten in der Spieleindustrie. Er behauptet, dass Frauen sich für eher technische Bereiche weniger interessierten als für künstlerische, die sich um die Gestaltung von Spielewelten kümmern.[109] Obwohl diese Aussagen gewisse geschlechtsspezifischen Stereotypisierungen reproduzieren, ist diese Binnendifferenzierung notwendig, da eine große Bandbreite an unterschiedlichen Tätigkeitsfeldern innerhalb der Spielebranche existiert, die sehr unterschiedliche Qualifikationen und Kompetenzen voraussetzen.

Eng mit diesen Einschätzungen zum (angeblich) mangelnden weiblichen Berufsinteresse an der Spieleindustrie hängt auch die Kategorie Frauen in technischen Berufen allgemein zusammen. Dies liegt nach Meinung der Experten vor allem historisch daran, dass Frauen zunächst auch in der Wissenschaft und damit auf dem Gebiet der Technik unterrepräsentiert waren: „Also, als Erstes sehe ich da natürlich diesen historischen Grund, dass also mehr Männer in wissenschaftlichen Feldern zum Beispiel arbeiten oder in technischen Berufen und das bis heute zumindest scheinbar erhalten wird" (T2). Im Gesprächsverlauf relativierten die Interviewpartner zwar manchmal noch ihre Aussagen, indem sie Frauen doch ein Interesse am Programmieren zugestanden, aber im globalen Kontext betrachtet kam man dann doch zum Schluss, dass hier Frauen weitaus weniger aktiv sind.

Die meisten Gesprächspartner setzen dabei die Berufe in der Spieleindustrie mit technischen Berufen entweder gleich oder messen zumindest den IT-Professionen den größten Stellenwert in der Branche zu.[110] Dabei werden die nicht-technischen (in Marketing, Personal, Finanzen usw.) Berufssparten vollkommen ausgeblendet, wobei noch zu beweisen wäre, ob diese nicht rein zahlenmäßig möglicherweise die IT- Berufsgruppen noch übertreffen.[111]

---

109 „Aber ich glaube auch da, dass es da eine Unterscheidung zwischen Männern und Frauen von vornherein gibt. Dass man sagt, dass solche abstrakten, also für mich abstrakten Sachen wie Kodieren und so weiter und Rechnungen und so was ist eher auch männerspezifisch und so ein kreativer Bereich, also wie man Szenarien erstellt, von Modeling von Welten und Charakteren und so, schon eher in die weibliche Richtung geht" (T5).

110 „Aber es beschäftigen sich halt wenige Frauen mit Programmierung, ich weiß auch nicht genau wieso. Dadurch gibt es halt wenige Programmiererinnen und das ist halt ein ziemlich großer Anteil an der Branche" (P6).

111 Dabei arbeiten laut Julie Prescott nur 25% der Frauen in der Spielebranche in technischen Bereichen (vgl. hierzu vorliegend „Frauen in der Spieleindustrie", S. 103).

Auch dieser Aspekt ist insofern interessant, aber auch komplex, da die Spieleindustrie bislang nicht eindeutig zu verorten ist – einerseits wird sie gern als Teilbereich der IT-Industrie beschrieben, was jedoch m.E. grundlegend falsch ist. Innerhalb des „Monitoring Kultur- und Kreativwirtschaft“ des Bundesministeriums für Wirtschaft und Technologie wird die Spieleindustrie seit einigen Jahren gemeinsam in einem Cluster mit „Software“ aufgeführt und betrachtet.[112]

In der Verantwortung sehen die Gesprächspartner vor allem die Gesellschaft, um ein Bewusstsein für und die gezielte Förderung von Frauen in technischen Berufen zu schaffen: „Wie gesagt, ich habe die Befürchtung, dass viel Förderung notwendig ist, um Frauen überhaupt in technische Berufe zu bringen und dafür begeistern zu können oder nicht mehr davon abzuhalten, ganz explizit. Das heißt, dass es nicht nur eine Verantwortung der Branche selbst ist, sondern dass es innergesellschaftlich passieren muss“ (T6). Dieser Aspekt wurde mittlerweile auch von der Wirtschaft erkannt und wird durch Programme wie z.B. „Komm mach MINT“ oder den „Girls' Day“, forciert.[113]

Nachteilig wirkte sich für Mädchen und Frauen aus Expertensicht auch die fehlende standardisierte Ausbildung in diesem Bereich aus, da es bislang kaum spezifische Aus- bzw. Weiterbildungen für die Spieleindustrie gab: „Also erst mal gibt es ja wirkliche Ausbildungen und Studiengänge in diese Richtung noch gar nicht so lange. Also, wenn man Programmierer war, dann hat man eigentlich da schon sehr früh mit angefangen, hat da Informatik studiert und ... Also ich persönlich habe noch nie ein Mädel kennengelernt, die mit 13 Jahren angefangen hat, irgendetwas zu programmieren“ (P2). Wenn die Ausbildung bereits als Hobby in der Jugend und Kindheit beginnt, dann hätten Mädchen und Frauen weniger Chancen, diese Berufe zu ergreifen, weil diese Fähigkeiten in ihren Netzwerken/Peer Groups wenig gefördert oder geschätzt werden.

Dennoch zeichnen sich nun langsam Veränderungen ab, wie ein Experte aus eigener Erfahrung anhand des Anteils an weiblichen Studierenden in spielebranchentypischen Studiengängen schildern kann:

---

112 Was jedoch m.E. aufgrund einer Umsatzrelevanz von rund drei Milliarden Euro pro Jahr dringend korrigiert werden sollte.

113 „Komm mach MINT“ ist ein „nationaler Pakt für Frauen in MINT-Berufen, Mathematik, Ingenieurwissenschaften, Naturwissenschaften und Technik“ (vgl. http://www.komm-mach-mint.de). Im Rahmen des „Girls' Day“ haben Unternehmen die Chance, interessierten Schülerinnen, die dazu einen Tag lang in das jeweilige Unternehmen kommen, typisch männliche Berufe vorzustellen (vgl. http://www.girls-day.de).

„Beobachtet habe ich aber schon, wenn man sich so in Informatikstudiengängen umschaut, da ist zum Beispiel die Zahl der weiblichen Studierenden immer noch geringer, in den Game Design-Studiengängen ist es wie gesagt mittlerweile gleich, aber in den technikaffinen ist es immer noch ein bisschen geringer und das kann natürlich ganz viele Ursachen haben." (T4)

Mit diesen beiden Aspekten ist auch die Kategorie Sichtbarkeit und Attraktivität der Spielebranche verknüpft, weil die meisten Gesprächspartner gleichsam betonten, dass die Spielebranche für Frauen wenig ansprechend ist oder sie diese als Option für sich gar nicht wahrnehmen:

„Ich glaube, dass das nicht attraktiv genug ist. Also wenn Frauen natürlich irgendwann nicht mehr spielen, dass dieser Weg gar nicht erst aufgezeigt wird, in diese Industrie zu gehen, glaube ich. Dass da oftmals die Perspektive fehlt und deswegen Frauen gar nicht so... Also, wie soll ich das erklären?! Also, für Frauen ist das oft auch gar keine Option, weil sie sich gar nicht befassen, mit dem Thema, von vornherein nicht." (T1)

Dennoch spricht man der Spieleindustrie ein bisher noch nicht ausgeschöpftes Potenzial zu, wenn diese an Anziehungskraft gewinnt, sodass Frauen hier auch mutiger werden.[114] Das führen die Befragten auch auf die mangelnde Sichtbarkeit der Spielebranche als potenzieller Arbeitgeber zurück, wodurch Mädchen und Frauen die oft naheliegenderen Varianten für sich wählen würden.[115]

Innerhalb der Spielebranche wird deshalb seit geraumer Zeit diskutiert, wo Stellenausschreibungen zielgruppenadäquat platziert werden sollen, um speziell weibliche Interessenten zu erreichen.

Die vorherrschende Männerdominanz der Branche könne sich dementsprechend auch demotivierend auf Frauen auswirken, die in solchen Branchen dann mehr zu kämpfen hätten:

114 „Und ich glaube, würde man anders an das Thema herangehen, würde man das überhaupt attraktiver gestalten, würden glaube ich schon auch mehr Frauen in diese Industrie auch gehen und den Weg einfach dann wagen" (P1).

115 „Also man ... das steht ja auch nicht in der Tageszeitung, so von wegen ‚Hallo Leute, bewerbt euch hier'. Vielleicht denken viele Leute einfach gar nicht darüber nach, dass das halt machbar wäre. Da gehen Mädels, die zeichnen können, die denken dann ‚jaja, vielleicht irgendwas mit Mode oder Design' oder so. Vielleicht ist es einfach nicht so präsent. [...] Es wird immer präsenter durch die Studiengänge, jetzt so langsam kommt das, aber noch vor zehn Jahren? Nee" (P2).

„Und ich glaube, dass das auch viele Frauen abschreckt so mutig zu sein und zu sagen, ‚na dann sind es halt zehn Männer und eine Frau, aber ich krieg das trotzdem hin.‘ Und es gibt, denke ich, keinen Grund, dass Männer das irgendwie besser können, so, dass man sagt, Männer sind besser in Mathe, Physik und Ähnliches. Ich glaube, das ist auch noch so ein bisschen abschreckend für Frauen, dieses Vorgeprägtsein.“ (T5)

Dies führt zur Frage, inwieweit dieser Kreislauf durchbrochen werden kann, wenn Frauen durch die geringe Frauenquote in der Branche verunsichert scheinen. Auch diese Frage müsste empirisch in weiterführenden Studien nachgegangen werden, um daraus Maßnahmen abzuleiten, die dieser Tendenz entgegenzuwirken. Die Gesprächspartner sind davon überzeugt, dass bei einer höheren Bewerberzahl von Männern diese zwangsläufig in der Spielebranche weiterhin überrepräsentiert sind: „Also ich denke, wenn das Verhältnis tatsächlich so ist, dass sich mehr Männer auf so einen Job bewerben, dann wird es auch weiterhin so sein, dass mehr Männer da reinkommen. Davon ganz abgesehen, wer jetzt welche Spiele spielt“ (T6). Ansatzpunkt sollte demnach aus Sicht des Interviewpartners sein, die Repräsentanz von Frauen als Arbeitnehmer zu erhöhen anstatt Spiele genderspezifisch aufzubereiten.

Auch die Überlegung, dass Frauen sich evtl. nicht öffentlich zur Spielebranche – aufgrund deren bislang immer noch eher negativen Images im Jugendalter – bekennen möchten, wird als Ursache für die geringe Frauenanzahl in den Unternehmen benannt: „Vielleicht würden sich manche Mädels schämen zu sagen, ‚ja, ich entwickel Computerspiele‘. Weiß ich ja nicht, je nachdem was für ein Freundeskreis sie haben, wird ihnen das vielleicht peinlich vorkommen“ (P2).

Obwohl gegen die These spricht, dass mittlerweile die Hälfte aller Spieler weiblich sind und sich dementsprechend auch in den Peer Groups die Anzahl der spielenden Mädchen erhöht haben dürfte, könnte eine ethnografische Studie hier aufzeigen, inwieweit Spielen in den Lebenswelten von Mädchen tatsächlich eine Rolle spielt.

Der Anteil der weiblichen Beschäftigten in der Spieleindustrie ist eng gekoppelt an den Anteil der weiblichen Bewerber auf offene Stellen sowie dem Anteil weiblicher Studenten in den Ausbildungsgängen für die Spieleindustrie bzw. den Absolventinnen. Hierzu existieren leider keine verbindlichen Zahlen bzw. Statistiken, was auch kritisch angemerkt wurde.[116]

---

116 „Also es wäre jetzt auch einfach an der Stelle mal interessant zu wissen, wie ist denn momentan das Verhältnis von Bewerbern rein geschlechtlich gesehen. Weil wenn sich mehr Männer bewerben, ist es ja auch durchaus verständlich, dass auch mehr Männer da sind nachher in den Jobs. Ich glaube auch nicht, dass es so eine Quote

Das Thema Vereinbarkeit mit Familie betrifft zweifelsfrei nicht nur die Spieleindustrie, dennoch wird dies auch im Zusammenhang mit der Frage nach den Ursachen für die geringe Anzahl weiblicher Beschäftigter in den Unternehmen genannt. Dabei war der subjektive Erfahrungshintergrund der Befragten mit dieser Problematik als eher gering einzuschätzen, weil die Hälfte der Befragten männlich war und nur die Hälfte der interviewten Frauen Kinder hat.

„Es ist natürlich nicht ganz einfach, dass in Einklang zu bringen, aber das ist ja ein generelles Thema, nicht nur von der Games- Industrie, sondern überhaupt. Wie kriegt man Familie unter einen Hut, gerade wenn man mehr arbeiten möchte und das ist ja total legitim, dass man auch mal mehr als nur 50% oder so arbeiten will ... Aber das hat jetzt spezifisch mit der Games- Industrie auch wieder nichts zu tun, weil das ja jedem dann so geht." (T3)

Obwohl sich die Vereinbarkeit von Familie und Beruf auch in anderen Branchen stellt, bewertet ein Interviewpartner die Spielebranche als besonders familienunfreundlich.

Insbesondere die bestimmten Produktionszyklen der Spieleindustrie verlangten oftmals nach einem wochenlangen Vollzeit-Arbeitseinsatz, was in Teilzeitarbeitsverhältnissen nicht durchführbar wäre. Aber auch hier berichtet die Interviewte von positiven Veränderungen in der Arbeitsorganisation der Prozesse.[117]

Generell wird dabei die Vereinbarkeit von Beruf und Familie in Deutschland kritisiert, die insbesondere für Spitzenpositionen keineswegs selbstverständlich sei.[118] Hier fehle es im Vergleich zu anderen Ländern an einer zuverlässigen Kinderbetreuung. Ein Experte benennt dabei auch sehr offen unternehmerische Motive für diese Situation: „In Deutschland 3-4 Jahre auf jemanden zu warten...

---

gibt, wo dann gesagt wird, ‚wir möchten so und so viel Frauen einstellen'. Weiß ich nicht, aber glaube ich nicht" (T6).

117 Und weiter: „Also, die Erfahrung, die ich halt so kenne, auch von meinem Mann früher, wenn es hart auf hart ging und das Spiel musste raus, dann wäre das nicht kompatibel mit einer Familie, sage ich jetzt mal. Dann müsste man wirklich vier Wochen durcharbeiten" (T3).

118 „In Deutschland, glaube ich, ist der Grund ehrlich gesagt, dass es noch nicht selbstverständlich ist, dass Frauen Familie und Beruf ohne Weiteres ausüben können, wahrscheinlich spielt das immer noch eine sehr große Rolle, meiner Einschätzung nach. Zumindest für die Managementpositionen bzw. die Karrierepositionen" (E3).

Ich habe immer mit mir gekämpft... Das ist eine lange Zeit im Job, einfach auf jemanden zu verzichten" (P3).[119]

Dass die Spielebranche sich vermutlich auch in der Bezahlung genauso wenig von anderen Branchen unterscheidet wie in der Frage der unzureichenden Vereinbarkeit von Familie und Beruf, sprechen mehrere Interviewpartner an. Obwohl Interviewpartner theoretisch davon ausgehen, dass die Spielebranche eine Gleichberechtigung anstrebt, halten sie es zumindest für denkbar, dass Frauen auch hier tendenziell weniger als Männer verdienen, wie dies auch in anderen Wirtschaftssektoren gehandhabt wird:

„Grundsätzlich würde ich sagen nein. Also nicht vom Grundsatz, so nach dem Motto Frauen verdienen grundsätzlich weniger als Männer, das glaube ich nicht. Das heißt aber nicht, dass es nicht trotzdem typische Ungerechtigkeiten geben kann und dass es nicht, wenn man es sich genau anschauen würde, nicht tatsächlich doch so ist, dass Frauen tendenziell weniger verdienen als Männer, wie in anderen Branchen auch." (T4)[120]

Damit attestiert man der Spielebranche keine Vorreiterrolle in Bezug auf die Bezahlung oder die Vereinbarkeit von Familie und Beruf, sondern sie fügt sich in die bestehenden Verhältnisse der Wirtschaft ein.

Ein nicht zu vernachlässigender Punkt im Hinblick auf die Familienfreundlichkeit der Spielebranche ist auch, dass diese mitsamt ihrer Zielgruppe „altert" – waren früher die meisten Beschäftigen innerhalb der Spieleindustrie eher in ihren Zwanzigern, haben heute viele Unternehmen Mitarbeiter mit Familien und Kindern.[121] Diesbezüglich wären zwingend verwertbare Daten erforderlich, die jedoch gegenwärtig noch nicht existieren.

---

119 Insbesondere wird die Länge des Ausfalls von Müttern für das Unternehmen thematisiert, wodurch eine gleichrangige Eingliederung nach drei Jahren als nahezu ausgeschlossen angesehen wird: „Nur, wenn jemand drei Jahre weg sein will und danach wieder auf die gleiche Position kommen will... Also als Unternehmerin sage ich, ‚das ist schwierig'" (P3).

120 Oder auch: „Obwohl, grade in dieser Branche, es gibt ja keine Tarife, es gibt keine festen Sätze, es gibt ja nichts, woran man sich irgendwie orientieren könnte, selbst irgendwelche Vergleichszahlen im Internet, das ist so schwammig, da verdient ein Grafiker von 1500–4500 Euro. Das kann man überhaupt nicht irgendwie nachvollziehen und deswegen ist es vielleicht ein bisschen schwierig auch. Ich könnte mir vorstellen, dass Frauen woanders weniger bezahlt werden, genau aus diesen Gründen" (P2).

121 Wobei andererseits auch das Phänomen der Alters-Diskriminierung innerhalb der Spieleindustrie bereits für Schlagzeilen sorgt – Betroffene erzählten, dass sie in Be-

Ebenso gibt es keine repräsentativen Daten für den deutschen Markt zum Aspekt des „Gender Pay Gap", auf den bereits im analytischen Teil hingewiesen wurde.

Ob die Spieleindustrie tatsächlich diesbezüglich wenig innovativ und damit für Frauen wenig attraktiv ist, könnte in einer Anschlussforschung aufgegriffen werden. Die zitierten Aussagen der Interviewpartner sind allerdings Indizien, die zumindest die erhobenen Zahlen aus Nordamerika von einem zehnprozentigen durchschnittlichen Unterschied in der Bezahlung zwischen Männern und Frauen bestätigen.[122]

In den Interviews fielen auch gehäuft Aussagen, die mit dem Ausdruck der „Boys' Club"-Mentalität in der Spielebranche[123] umschrieben werden können. Diese Haltung und das enge Netzwerk zwischen Männern erschwert es Frauen, innerhalb der Industrie Fuß zu fassen. Dieser Zugang zum Arbeitsmarkt in der Spielebranche zeigt sich nach Meinung eines Interviewpartners schon im Bewerbungsprozess:

> „Also, ich könnte mir vorstellen, dass auf der einen Seite, wenn Stellen ausgeschrieben werden, es bestimmte Bereiche gibt, wo gesagt wird: ‚Ok, da ist bereits schon ein bestehendes Team, das besteht überwiegend aus Männern', dann könnte ich mir vorstellen, dass da auch einfach gesagt wird: ‚Naja, wir möchten, dass da auch weiterhin nur Männer reinkommen, das hat bisher funktioniert, da wissen wir, das klappt von der Chemie her'." (T6)

Auch nach außen vermittelt die Spielebranche oftmals den Eindruck eines in sich abgeschlossenen, vornehmlich männlichen Kreises: „Dann definitiv, dass über viele Jahre hinweg dieser Eindruck des ‚Jungs-Clubs' erhalten wurde. Also, dass Spiele als Jungs-Sache bezeichnet wurden, auch innerhalb der Industrie und durch das Marketing, und Frauen dadurch eben abgeschreckt oder eben ursprünglich nicht angesprochen wurden" (T2). Selbst bei Branchenveranstaltungen berichtet eine weibliche Interviewpartnerin vor falscher Rücksichtnahme,

werbungsprozessen aufgrund ihres Alters (sofern dies weit über 40 Jahre lag) benachteiligt wurden. Vgl. u.a.: http://kotaku.com/when-the-game-industry-thinks-youre-too-old-1705240167 (Stand Juli 2016)

122 Laut dem „Gamasutra Salary Survey" (von 2014) gibt es rund 10% Unterschiede in der Bezahlung von Männern und Frauen in unterschiedlichen Berufsbildern.

123 Exemplarisch: „Also in der Regel ist es ja so, dass man in ein Unternehmen kommt, also zumindest im Entwicklungsbereich, wo halt relativ wenige Frauen sonst sind. Man kommt dann halt tatsächlich in ein Unternehmen, wo dann eben von 7 Leuten 6 Männer sind" (P1).

weil ihr Männer nicht dieselben Fähigkeiten bei z.B. gemeinsamen Spielen zugestanden haben und ihr „geholfen" haben.[124]

Generell wird von einer eher frauenfeindlichen Stimmung in der Spielebranche berichtet wie z.B. #GamerGate: „Naja und zuletzt diese diversen Fälle von Belästigungen, Bedrohungen und Vorurteilen, mit denen sich viele Frauen konfrontiert sahen, die natürlich entmutigen... Das ist natürlich eine Atmosphäre, die da geschaffen wird, die davon abhalten kann, in die entsprechenden Berufe zu streben" (T2).

Aber auch am spezifischen Beispiel wird anhand des Schicksals einer Spieleentwicklerin belegt, wie sich dies konkret auswirken kann. So wurde die amerikanische Gamedesignerin mit Häme überschüttet und hatte in ihrem Privatleben mit erheblichen Konsequenzen zu kämpfen.[125] Diese vermeintlichen Vorbilder könnten Frauen abschrecken, in die Spieleindustrie zu gehen. Allein die Vorstellung, eine Außenseiterrolle einzunehmen, wirke wohl wenig anziehend auf potenzielle zukünftige Arbeitnehmer:

> „Und natürlich auch, weil es eine sehr männerlastige Branche ist. Vielleicht denken die dann ‚ach, dann sitze ich den ganzen Tag mit irgendwelchen nerdigen Brillentypen da und weiß nicht, ob ich das dann könnte und die würden mich dann alle anmachen.' Was ja überhaupt nicht so ist, aber vielleicht wirkt das irgendwie im Geiste abschreckend, der Gedanke." (P2)

Interessant wäre in dieser Hinsicht, die weiblichen Beschäftigten zu befragen, inwieweit sie selbst sich tatsächlich durch die Atmosphäre innerhalb der Branche gestört oder gar belästigt fühlen. Die Mitarbeiterzufriedenheit könnte dann in Zusammenhang zu anderen Branchen ermittelt werden. Auch die Erwägung eines Arbeitsplatzwechsels oder gar Branchenwechsels könnte vergleichend analy-

---

124 „Also ich habe oft erlebt, bei Branchenveranstaltungen, dass man mich nicht wirklich ernst genommen hat und das aber gut gemeint hat. Also in dem Sinne ‚ich helfe dir jetzt, du schaffst es vermutlich nicht selbst.' Beziehungsweise bei Spieleabenden war es oft so, dass man mir sagte, man würde mich schonen wollen und einen Gang zurückschalten, damit ich eine Chance habe. Also das sind die typischen Erfahrungen, die ich gemacht habe" (T2).

125 „Also was explizite Bedrohungen betrifft, ein ganz prominentes Beispiel natürlich Zoe Quinn, die ja im Rahmen des ‚GamerGate'-Skandals im letzten Jahr massiv bedroht wurde, deren persönlichen Daten offengelegt wurden und die sich bis heute mit diesem Problem konfrontiert sieht. [...] Aber sie ist ja dadurch ins Rampenlicht gerückt, dass sie eben massiv bedroht wurde und sogar aus ihrem Heim vertrieben" (T2).

siert werden, denn bekannt ist, dass Karrierefrauen aus der Technologiebranche diese weitaus häufiger wieder verlassen als Männer.[126]

Dass Frauen die Atmosphäre in den Teams deutlich verbessern könnten und deshalb auch mehr Frauen in den Unternehmen erwünscht seien, beschreibt ein Interviewpartner folgendermaßen: „Wenn die Jungs total alleine sind, ist es halt in der Regel schlecht. Also, es muss immer ein Korrektiv da sein. Es wirkt halt ganz anders. Hier hat jedes Team glücklicherweise auch eine Frau und es wäre nicht gut, wenn das nur Jungs sind... [lacht]“ (P1).[127] Frauen werden dabei oft als Gegensteuerungsmittel betrachtet, die sowohl einen positiven Effekt auf die Kollegenschaft als auch auf das Produkt selbst haben kann:

> „Und sagen wir mal so, ohne Frauen im Team fängt mal halt irgendwie an, man ist dann mal eher, wenn man so eine reine Männerrunde hat, ist man halt eher mal dabei so Blödsinn zu machen oder so zotige Witze und so 'nen Kram und ich kann mir halt auch vorstellen, dass man sich dann in bestimmten designerischen Themen vielleicht auch leichter verrennt, als wenn man jetzt eine Frau im Team hat, weil da reißt man sich immer noch ein bisschen eher zusammen und das ist halt für 's Produkt an sich ziemlich gut.“ (P6).

Allerdings müssten Frauen dann auch Durchhaltevermögen besitzen, um sich in den eher männerdominierten Teams behaupten zu können: „Ich glaube, wenn man als Frau bestehen möchte in einer relativ männerdominierten Welt von Entwicklern und auch kreativen Köpfen, dann muss man auch deutlich mehr Ellenbogen haben und auch Durchsetzungsvermögen“ (T5).

Auch, wenn möglicherweise der Start in solchen Berufen sich für Frauen als problematisch erweist, könnten Frauen den Umgang erlernen: „Die Frauen, die ich gesehen habe, die wissen ihre Rolle dann und wissen genau, was sie zu tun haben und fühlen sich wohler in den Teams, der Anfang kann halt etwas schwierig sein“ (P3).[128]

---

126 Vgl. hierzu: http://women2.com/2014/06/30/women-leaving-tech/?hvid=4YMfXw; http://www.huffingtonpost.com/2015/03/27/women-in-tech_n_6955940.html (Juni 2016)

127 Besonders positiv wirkten sich die Frauen auf den sprachlichen Umgang und das soziale Verhalten aus: „Naja, die ganze Atmosphäre ist natürlich eine andere. Es gibt eine gewisse Sprachdisziplin. Es gibt in allen Bereichen einfach mehr. Es ist einfach zivilisierter. Also nur Jungs sind einfach nicht gut! Das funktioniert nicht so gut…“ (P1).

128 Typische Problemfelder, die durch die Mischung der Teams entstehen können, werden ebenfalls angesprochen: „Ja, also, wenn sie junge Leute, also Spieleentwickler,

Zusätzlich wird in den Gesprächen immer wieder die Diversität in den Unternehmen betont, da diese grundsätzlich gewünscht sei und auch gefördert werde. Stellen würden grundsätzlich nach geeigneter Qualifikation und nicht nach Geschlecht besetzt werden, was auch den geltenden Regelungen in Deutschland entspricht: „Also es ist auch bei unseren Vorstellungsgesprächen so, es ist nicht so, dass wir sagen, wir brauchen jetzt unbedingt einen Mann oder wir brauchen jetzt unbedingt eine Frau, sondern wir gucken einfach auf die Qualifikationen, die diese Person mitbringt. Also es spielt gar keine Rolle, ob es ein Mann oder eine Frau ist“ (P5).[129]

Aus der Unternehmenspraxis wird auch vom Bemühen um weibliche Mitarbeiter berichtet, weil man deren soziale Kompetenz und die andere Perspektive schätzt: „Also die Entwicklungsstudios und in Deutschland weiß ich das – wollten immer auch eher Frauen in ihren Teams haben und nicht etwa dafür, dass die Kaffee holen können, sondern weil sie diesen Blickwinkel gerne haben möchten und auch für's Team“ (T4).

Auch die Mitarbeiter selbst erkennen die Vorzüge eines gemischtgeschlechtlichen Teams: „Zumindest sagen die Teams, die früher nur männliche Entwickler hatten, wenn dann Frauen dazugekommen sind, die haben alle nur positive Assoziationen dazu. Die sagen, ‚das hat unserem Team total gutgetan‘ und so weiter, ‚und wir haben auch einen neuen Blickwinkel bekommen‘“ (T4).

Frauen wird dann oftmals eine Aufpasserrolle innerhalb des Teams zugeschrieben.[130] Ein Interviewpartner gibt an, dass der Frauenanteil im eigenen Unternehmen mit 14% schon recht hoch sei.[131]

---

oft haben die eher junge Mitarbeiter und wenn sie zehn junge Männer haben und eine hübsche Frau... [lacht herzhaft] reinwerfen, dass es da immer mal wieder Konflikte geben kann, das ist selbstverständlich“ (P3).

129 „Also wenn sich jemand, wie gerade schon gesagt, bewirbt, dann achten wir nicht so sehr darauf, welches Geschlecht ist das, sondern was für Qualifikationen bringt die Person mit und das ist das, worauf wir Wert legen. Ob Mann oder Frau, das spielt gar keine Rolle“ (P5). Das Bewerbungsprozedere wird als relativ ungezwungen beschrieben: „Wenn jemand zu uns kommt und sagt, ‚ich habe Interesse bei euch zu arbeiten‘, und die Qualifikationen stimmen mit dem überein, was wir benötigen, dann hat die Person den Job“ (P5).

130 Oder auch: „Wir haben das auch von Anfang an gesagt. Zumindest bei der Einstellung wollten wir auch ganz gezielt eine Frau, die sozusagen aufpasst auf den Laden. Das war uns wichtig. Wir haben so am Anfang gesagt, ‚wir brauchen so eine Mama‘, damit das alles so ein bisschen familiär und nett wird. Das war unser Ziel. Das haben wir verfolgt und gleich von Anfang an war klar, so starten wir“ (P1).

Die Verantwortlichen scheinen sich durch mehr Frauen in ihren Teams allgemein eine Verbesserung in der Zusammenarbeit aufgrund der Diskussionsfreude der Frauen zu erhoffen. Aber nicht direkt wirken die Frauen, sondern auch indirekt, weil sich die anderen Teammitglieder dann auch zum Beispiel an den Frauen mit ihren Erwartungen orientieren.[132] Insbesondere in einer männerdominierten Branche wie der Spieleindustrie verspricht man sich durch die Perspektive des anderen Geschlechts neue Impulse, die sich nur positiv auswirken könnten: „Da geht's nicht unbedingt um einen weiblichen Blickwinkel, sondern um einen anderen Blickwinkel. Vielleicht auch, weil man geschlechterspezifisch anders auf Dinge schaut, wie in anderen Bereichen ja logischerweise auch. Und immer da, wo man eine Branche hat, die stark von einem Geschlecht dominiert ist, da tut der Blick des anderen Geschlechts grundsätzlich gut." (T4). Dies beruht insofern auf dem Diversitätsprinzip, welches besagt, dass eine Vielfalt an Perspektiven für eine Vielfalt in der Produktgestaltung sorgt.

Insgesamt sehen viele Gesprächspartner – zumindest für die Zukunft – eine qualitative Veränderung der Situation. Dabei ist der Tenor generell, dass es in den nächsten Jahren automatisch mehr Frauen in der Industrie geben wird, weil immer mehr Frauen Interesse am Medium zeigen, wodurch zunehmend Mädchen und Frauen in den entsprechenden Ausbildungsgängen vertreten sind. Als Konsequenz werden sich die Absolventinnen dann auch in der Spielebranche bei den Unternehmen bewerben, womit die Interviewten den hier theoretisch etablierten Virtuous Cycle auch praktisch in seinem Ablauf konkretisieren:

> „... generell kommt das natürlich von zwei Richtungen, dass sich das verbessern wird, das ist abzusehen. Einmal durch die zunehmende Anzahl Spielerinnen und auf der anderen Seite, weil natürlich auch die Informatikstudentinnen ansteigen. Und irgendwann findet sich das, dann gibt das auch eine steigende Tendenz. Aber das dauert jetzt halt." (P1)

Dabei prognostizieren einige der Gesprächspartner auch einen sehr mittelfristigen Wandel hin zu ausgeglichenen Geschlechterverhältnissen in den Ausbildungsgängen der Spielebranche: „Das heißt, es hat sich allein in diesen fünf Jahren rasant was verändert an diesem Anteil und das wird auch weiterhin passie-

131 „Und wir haben mittlerweile und das ist für ein Studio echt schon viel, wir sind ja ein Entwicklungsstudio, und trotzdem haben wir eine Frauenquote von knapp 14% und das ist gar nicht mal so schlecht" (P5).

132 „Und ich denke, in dem Moment, wo da Frauen in so ein Team reinkommen, verändert sich so was. Man achtet dann viel mehr darauf, dass dann alles ordentlich ist, das ist einfach so eine automatische Reaktion, möchte ich fast sagen" (P5).

ren. Aber die Leute müssen natürlich auch nach wie vor durch die Ausbildungen durch und Praktikum und so weiter. Also wenn wir uns die Zahlen in fünf Jahren anschauen, dann wird es mit Sicherheit paritätisch sein" (T4). Wobei Frauen allerdings noch weitaus weniger in informatiklastigen Studiengängen als beispielsweise in Designkursen vertreten sind.

Dabei zeigten die Frauen nach wie vor Präferenzen für bestimmte Bereiche: „Es sind deutlich mehr Frauen, die sich mittlerweile bewerben. Aber ich muss auch dort sagen, im Bereich Programmierung vielleicht ein paar weniger, aber im Bereich Art oder im Bereich Game Design, sind es deutlich mehr geworden. Auch Producing mittlerweile deutlich mehr" (P5).

Die Entwicklung wird also von fast allen Gesprächspartnern als sehr positiv bewertet, wobei davon ausgegangen wird, dass sich der Anteil der weiblichen Beschäftigten in der Spielebranche als natürliche Konsequenz der mittlerweile vorhandenen etablierten Ausbildungsmöglichkeiten sowie des in den letzten Jahren gestiegenen Interesses von Frauen an digitalen Spielen noch erhöhen wird: „Und von daher bin ich davon überzeugt, dass wir irgendwann vielleicht auch die 50/50 erreichen werden. Nicht in naher Zukunft, aber irgendwann wird das mit Sicherheit so sein, weil das einfach kein klassischer Männerberuf ist" (P5).

Insgesamt äußerten alle Gesprächspartner, dass aus ihrer Sicht keine Gründe gegen eine Einstellung von Frauen in der Spielebranche sprechen, weswegen teilweise darauf geschlossen wurde, dass Frauen offensichtlich nicht in diese Branche streben, weil ansonsten der weibliche Anteil an den Beschäftigten höher ausfallen würde.

Ob dies tatsächlich der Realität entspricht oder die eher wenig selbstkritische Perspektive der interviewten Vertreter aus der Industrie konnte im Rahmen der vorliegenden Untersuchung nicht näher exploriert werden. Dennoch sollte die Annahme, dass Frauen sich schlicht nicht für die Industrie interessieren, nicht als Artefakt akzeptiert werden. Wie auch aufgezeigt, verändern sich die Geschlechterverhältnisse innerhalb von für die Spieleindustrie relevanten Studiengängen gegenwärtig ja durchaus.

Abbildung 21: Frauen sind bislang auf Fachkonferenzen eher rar

Quelle: Aruba Event[133]

Bewertung des Virtuous Cycle

> Aber es ist halt wie gesagt ein Kreislauf – dadurch, dass man sich auf männliche Konsumenten mehr konzentriert, haben weniger Frauen auch Ansporn auch in die Branche reinzugucken, dort auch zu bleiben und dann bleibt es halt so, wie es ist. Das ist, glaube ich, auch schwierig, da so ein bisschen rauszubrechen. (T5)

Ob und inwiefern die bislang dargestellten Ebenen (Angebot, Konsum, Ästhetik, Produktion) – im Sinne eines Virtuous Cycle – in einem Zusammenhang stehen, wurde im Rahmen der geführten Gespräche einerseits indirekt erhoben, andererseits aber auch direkt abgefragt (siehe Gesprächsleitfäden). Angemerkt sei, dass die Verwendung des Begriffes „Virtuous Cycle" in den Experteninterviews vermieden wurde, stattdessen wurde in der Frageformulierung von „Zusammenhang" gesprochen. Dabei wurden rund 50 Items als relevant markiert, die jedoch wiederum in unterschiedliche Kategorien differenziert werden konnten.

Reziproke Beziehungen sahen die Gesprächspartner bei folgenden Feldern der Spieleindustrie: zwischen dem Spieleangebot und dem Konsum; dem Spiele-

133 Laut einem Konferenzdirektor der Aruba Events GmbH ist es tatsächlich schwer, Frauen als Rednerinnen zu engagieren, weshalb der Anteil von weiblichen Sprechern meist nur um die 10% liegt, obwohl der Anteil an Frauen bei brancheninternen Veranstaltungen seit Jahren kontinuierlich wächst.

angebot und der Produktion;[134] dem Konsum und der Produktion bzw. auch dem Spieleangebot sowie zwischen Produktion und Angebot bzw. auch der Ästhetik in den Spielen.

Die Gesprächspartner vermuten zunächst einen Zusammenhang zwischen dem Spieleangebot und dem Konsum. Eine Differenzierung des Angebotes wird nach Meinung der Befragten zwangsläufig zu einer Ausweitung der Ziel- bzw. Nutzergruppen führen: „... Und man muss ja Geld verdienen, es reicht halt nicht sich zu fokussieren auf die typischen Boys' Toys, sondern es geht halt weiter und man versucht sicherlich auch noch viele ältere Leute zum Spielen zu bekommen. [...] Das wird eher nicht weniger werden, also ich glaube das nimmt weiter zu... Und je mehr es davon gibt, umso mehr neue Altersgruppen und Schichten werden angesprochen" (T3).

Darüber hinaus verknüpfen die Befragten auch den Konsum mit dem Spieleangebot, da als Reaktion auf neue Zielgruppen auch neue Produktangebote entstehen:

> „Also ich glaube, dass es tatsächlich Angebote gibt, die sich an Frauen richten, das sind die Konsequenzen, diese Spiele. Es ist klar, dass Tanzspiele oder Fitnessspiele durchaus eine weiblichere Zielgruppe haben und diese Spiele gab es vorher nicht, die Tanzspiele. Weil es wahrscheinlich schwieriger war, Jungs zu begeistern sich vor den Fernseher zu setzen und zu tanzen." (P3)

Diese exemplarische Aussage ist insofern relevant, als dass ein Experte aus der Spieleindustrie explizit bestätigt, dass im Zuge der Ausdifferenzierung der Zielgruppen sich auch das Produktangebot erweitert hat, womit ein Zusammenhang zwischen diesen beiden Ebenen auch von den Produzenten selbst hergestellt wird.

Zum Zusammenhang zwischen dem Spieleangebot und der Entwicklung bzw. Produktion von Spielen wird angemerkt, dass bei Frauen das Interesse steigen würde, in der Spieleindustrie zu arbeiten, wenn die Unternehmen Frauen gezielt anwerben würden:

> „Ich denke, dass das schon ansprechender ist, wenn ich mich mit so einer Heldenfigur identifizieren kann und dass Frauen deshalb lieber spielen, kann natürlich auch als Rückschluss geführt werden, dass Frauen sagen, ‚ja, das ist für mich etwas Interessantes, ich

134 Konkret verknüpften die Gesprächsteilnehmer hier den Umstand, dass Frauen durch die bestehenden Spiele motiviert werden (könnten), in der Spieleindustrie zu arbeiten.

hätte auch Lust auf die Gaming Industrie'. Das kann zusammenhängen, aber ich denke, das müsste man untersuchen, um es wirklich konkret zu sagen." (P5)

Wodurch Frauen gewonnen werden könnten, darüber machen sich die Experten ebenfalls durchaus Gedanken: So muss von den Unternehmen mehr Toleranz und Offenheit gezeigt werden.[135]

Diese Aussagen sind im Hinblick auf das Virtuous Cycle-Konzept relevant, weil sie zwar einerseits für einen Zusammenhang zwischen dem Angebot an digitalen Spielen und der Beteiligung von Frauen innerhalb der Spieleindustrie sprechen. Andererseits wird dieser (vermutete) Zusammenhang gleichzeitig mit dem Vergleich zur Filmindustrie wieder entkräftet: „Hm, wenn ich in die Filmindustrie gucke, da gab es immer viele Frauen, viele Heldinnen und trotzdem nicht unbedingt mehr Frauen, die Filme machen wollten" (P3).

Auch zwischen dem Konsum von digitalen Spielen und ihrer Produktion sehen die Gesprächspartner eine Kausalität. Frauen wachsen aus der Perspektive der Befragten heute viel selbstverständlicher mit dem Medium digitale Spiele auf. Dadurch interessierten sie sich auch mehr für die Spielebranche, da Spiele nun weitaus mehr in die Alltagswelt auch von Mädchen integriert ist:[136]

„Die Produkte werden einfach auch interessanter für Frauen, sie sind ansprechender, das ist ja das, was wir gerade schon gesagt haben und das heißt, die Charaktere für die Frauen werden ansprechender, man identifiziert sich eher damit und man kommt viel eher auch auf die Idee, vielleicht im Games Bereich auch irgendwas zu machen." (P5).

Dadurch könnte sich auch die gesellschaftliche Wahrnehmung der Spieleindustrie als Männerdomäne ändern, wodurch dann auch Skrupel beseitigt werden könnten: „Dadurch, dass es irgendwie normaler wird, dass es mehr mit Frauen verbunden wird, sind vielleicht die Hemmungen irgendwann gar nicht mehr da

135 „Und ich glaube, wenn Frauen sehen würden, dass sie mindestens genauso viel beisteuern könnten, auch vielleicht auf einem anderen Weg, und das würde akzeptiert werden, dass dann auch viele mehr sich dafür interessieren würden und auch in diese Welt ein bisschen einsteigen würden" (T5). Weiter: „Also ich glaube, wenn man sich auch einfach ein bisschen öffnet, dass dann viele Frauen eher sagen würden, ‚OK, das könnte auch was für mich sein'" (T5).

136 „Bestimmt. Allein schon durch diese Design-Hochschulen, die es da gibt und die Möglichkeiten sich da in die Branche... Und da es halt auch mehr Frauen gibt, die spielen und die damit aufwachsen. Ich glaube, das ist halt auch ein Grund, wenn man halt damit aufwächst, dann ist das halt auch viel näher dran an einem" (P6).

und man denkt gar nicht mehr darüber nach, dass es eine Männerbranche ist" (P2). Ob die Anzahl von spielenden Frauen jedoch tatsächlich Auswirkungen auf den Anteil von weiblichen Produzentinnen hat, zweifeln die Gesprächspartner an.[137]

Quantitativ wurden zum Zusammenhang von Produktion und Angebot bzw. auch zu Produktion und Ästhetik die meisten Aspekte erhoben. Die Mehrzahl der Gesprächspartner sah einen Zusammenhang zwischen Produktion und Angebot. Begründet wurde dies zumeist mit der Vermutung, dass durch mehr Frauen auch (vermutlich) andere Produkte geschaffen werden würden: „Auf jeden Fall! Auf jeden Fall, vor allem, wenn man die Frauen einfach mal machen lassen würde, dann schlussendlich, was sie auch wirklich wollen und nicht, was ihnen von außen so ein bisschen vorgegeben würde. Ich glaube, dann ginge das schon in eine andere Richtung, als das jetzt ist" (T5). Dabei würden Frauen sowohl „andere Aspekte reinbringen"[138] als auch mehr charakterliche Tiefe.[139]

Möglicherweise sorgen Frauen auch für weniger Gewaltszenen in den Spielen,[140] wobei dies nicht automatisch sein muss, wie ein Gesprächspartner anhand eines Fallbeispiels beschreibt: „Wir haben jetzt für *Miramagia* mal eine Programmiererin, aber ich glaube nicht, dass sich das irgendwie auswirkt. Auswirken tut sich es nur, wenn sie Vorschläge macht zur Gestaltung des Spiels" (P1).

Da die Entscheider in den Unternehmen zumeist männlich sind, wird sich an den Entscheidungsstrukturen auch wenig ändern, wodurch das Aussehen der

137 „Ich glaub's eigentlich nicht, dass durch die Tatsache, dass es mehr Frauen gibt, die spielen, als es vielleicht vor fünf oder zehn Jahren der Fall war, so einen großen Einfluss hatte auf den Entwicklungsprozess" (P4).

138 „Aber, wenn man Spiele machen will, die beide ansprechen, dann könnte ich mir schon vorstellen, dass Frauen andere Aspekte reinbringen" (T3).

139 „Aber ich glaube, also rein aus meiner Sicht, dass Charaktere dann mehr Tiefe bekommen würden, dass soziale Aspekte wichtiger wären, also auch das Drumherum um die Charaktere, um das Spiel selber. Also mehr Einbindung von Bezügen zu Freunden und Familie und so weiter. Also ich glaube, das ist dann schon was, was dann stärker mit reinspielen würde" (T5).

140 „Vielleicht wäre dann weniger Gewalt drin. Das kann ich mir vorstellen. Dass es da vielleicht andere Interaktionsmöglichkeiten gäbe. Das könnte ich mir vorstellen" (P1). Und weiter: „Hm, ja, kann ich mir vorstellen, dass man dann anders in den Spielen interagieren kann mit den Charakteren. Dass es nicht nur die eine Wahl gibt, das kann ich mir vorstellen. Weil ich glaube, dass ist das, was Frauen abstößt. Gewalt im Spiel. Könnte ich mir vorstellen" (T1).

Produkte doch noch größtenteils in „männlichen Händen" liegt, wie die Experten ausführen:

„... da wenige Frauen in den Entwicklerteams zu finden sind, die sich dazu äußern könnten und noch weniger Frauen in den Chefetagen, die darüber befinden. Ich glaube, das ist auch ein ganz wichtiger Punkt. Dass die Menschen, die entscheiden, welche Inhalte vermarktet werden und welche nicht bzw. überhaupt erst erstellt werden, meistens männlich sind." (T2)

Angemerkt wird von den Interviewpartnern allerdings, dass dieser weibliche Effekt auf die Produkte kein für die Spieleindustrie spezifischer ist, sondern auch in anderen Branchen wirksam wäre.[141]

Gleichzeitig wird darauf hingewiesen, dass Frauen keine homogene Gruppe sind und von daher der Effekt auch kein linearer sein kann: „Wenn mehr Frauen mitentwickeln, muss da wahrscheinlich nicht heißen, dass die Produkte anders ausfallen. Weil ja auch Marktforschung betrieben wird, wo es dann heißt, bestimmte Inhalte sind gefordert, die müssen auf jeden Fall geliefert werden" (T2).[142]

Die beschriebene Verbindung zwischen der Herstellung von digitalen Spielen und dem Angebot korrespondiert mit dem Zusammenhang zwischen Produktion und der Ästhetik von Spielen.[143] Dabei vertreten die Interviewpartner durchaus unterschiedliche Meinungen: Einerseits wird vermutet, dass sich die Diversität in den Teams der Unternehmen durchaus in vielfältigeren Darstellungen und Perspektiven der Produkte widerspiegeln könnte.[144] Andererseits wird auch be-

141 „Also wenn wir jetzt sagen, wir haben im Marketing oder PR oder in welcher Abteilung auch immer, die der Entwicklung nachgelagert sind, mehr Frauen, dann hätte das sicherlich einen Einfluss auf die Art und Weise, wie in diesen Abteilungen gearbeitet wird, das hat dann aber nichts mit der Games-Branche zu tun. ... Ist aber für mich nicht auf die Games-Branche rein bezogen" (T6).

142 „Weil, es gibt so unterschiedliche Frauen, leider nicht so viele, aber so unterschiedliche Frauen, die in der Spielebranche arbeiten, die an den Spielen selbst arbeiten, aber auch da gibt es, man kann nicht sagen, nur, weil eine Frau da ist, ist sie so und so und deshalb hat sie die und die Wirkung. Deshalb, nein, ich habe keine Wirkung gesehen oder keine andere Richtung hat das Spiel genommen, nur, weil eine Frau die Gamedesignerin war oder Grafik Artist oder Programmiererin" (P3).

143 Rein analytisch sind die Ebenen Angebot und Ästhetik innerhalb der Auswertung schwierig voneinander abzugrenzen.

144 „Das denke ich schon, dass da die Möglichkeit wäre, dass wenn man in der Entwicklung mehr Frauen hätte, dass dann ein Spiel auch einen, naja, einen weiblicheren

tont, dass diese Diversität in der Produktion Folgen auf die Produkte haben *kann*, aber nicht *muss*: „Ja, wie eben schon gesagt denke ich nicht, dass es zwangsläufig so eintreten würde, sondern nur, wenn man eben kritisch reflektiert, wie die Inhalte eben beschaffen sind und welche geschlechtsspezifischen Inhalte vermittelt werden. Also, wenn man bloß mehr Frauen in die Industrie lässt, wird sich das nicht unbedingt einstellen" (T2).[145]

Neben den bisher dargestellten Korrelationen gab es auch einige konkrete Aussagen zum vermuteten Zusammenhang der unterschiedlichen Ebenen im Sinne eines Virtuous Cycle, die während der Auswertung in der gleichnamigen Kategorie zusammengefasst wurden, obwohl die Meinungen der Gesprächspartner diesbezüglich durchaus auseinandergingen. Einerseits bestätigen die Gesprächspartner mit ihren Äußerungen das Konzept des Virtuous Cycle und benennen es sogar wortwörtlich als „so ein Kreislauf. Wenn mehr Frauen Spiele entwickeln würden, würden sich auch mehr Frauen dafür interessieren und es würde sich alles ein bisschen verändern" (T5).

Diese Aussage erinnert stark an Tracy Fullertons „chicken-and-egg"-Zitat, nachdem mehr Frauen in die Industrie gehen würden, wenn es mehr Spiele gäbe, die auch die weiblichen Interessen berücksichtigten. Als kausales Bedingungsgefüge wird es auch von anderen Interviewpartnern beschrieben: „Ich glaube ja, also das hängt alles zusammen, definitiv. Also würde es mehr Frauen geben, wäre vielleicht das Bild anders, wie Frauen in den Videospielen dargestellt werden. Das glaube ich schon, das hängt ja alles miteinander zusammen für mich. [...] Also das eine betrifft das andere" (T1).

Ausschlaggebend sei der kommerzielle Aspekt, weil sich bestimmte Produkte in bestimmten Zielgruppen nicht verkaufen lassen, weshalb sich auch hier ein Zusammenhang im Sinne des Virtuous Cycle abzeichnet.[146] Dabei wird diese

---

Touch hätte oder zusätzliche Aspekte zu so einem Titel dann dazu kommen. Das kann ich mir gut vorstellen, aber ich könnte jetzt kein konkretes Beispiel nennen" (T6).

145 „Ich glaube aber, dass je mehr unterschiedliche Menschen an Spielen mitwirken, das Medium immer vielseitiger werden kann. Also, es kann dazu beitragen, es wird aber nicht die zwingende Folge sein" (T2). Auch hier wird wieder die Führungsebene angesprochen: „Nur, weil Frauen in den Teams vorhanden sind, wird sich nicht zwingend etwas ändern. Auch weil die Chefetage zum Beispiel darüber befindet, welche Inhalte erstellt und vermarktet werden oder nicht. Deswegen kann man das so vereinfacht einfach nicht sagen" (T2).

146 „Und ich denke, das ist bei den Frauen in Videospielen auch so ein Thema. Weil es gibt halt einfach viele pubertierende Männer und die finden das halt cool und des-

Verknüpfung als recht komplex und mehrdimensional eingestuft, weshalb mehrere Faktoren zusammenspielen müssten:

„Ähm, aber ich glaube, dass wenn mehr Frauen in die Branche streben, wenn kritisch reflektiert wird, wie die Darstellung der Frau im Spiel aussieht und sich innergesellschaftlich insgesamt etwas daran ändert, dass Frauen weniger in technischen Berufen gesehen werden, dann könnte sich insgesamt etwas ändern in der Branche. Aber all das muss wohl zusammenkommen.“ (T2)

Wie sich die unterschiedlichen Ebenen tatsächlich aufeinander auswirkten, blieb allerdings für die Gesprächspartner schwer greifbar. Zum Ursache-Wirkungs-Zusammenhang konnten die Interviewpartner keine konkreten Aussagen treffen, weil beispielsweise auch mit dem Virtuous Cycle als Konzept erstmalig in Berührung kamen.

Das folgende Zitat fasst dennoch recht kompakt die individuell wahrgenommene Beziehung zwischen den Ebenen zusammen:

„Wie gesagt, es steht alles im Zusammenhang, weil man noch nicht den Anreiz sieht, das zu ändern und viele Frauen sich nicht in die Branche reintrauen. [...] Dass Männer das dann aus ihren Videospielen mit rausnehmen auf die Arbeit und das dann auf ihre Kolleginnen übertragen. Dass dann viele auch die Befürchtung haben, dass das so sein könnte und deswegen auch nicht in die Branche gehen und dann gibt es dann natürlich auch weniger Spiele, die nicht für Frauen entwickelt sind, sondern wo das Frauenbild sich ändert. Das glaube ich schon, dass das eigentlich alles in einem großen Zusammenhang steht.“ (T5)

Dennoch gibt es auch Stimmen unter den Befragten, die das Konzept des Virtuous Cycle ablehnen, was allerdings nur von einem Gesprächspartner explizit angesprochen wird:

„Also das glaube ich nicht, dass es da einen Zusammenhang gibt! Also.... [denkt nach] ... wie könnte der aussehen?! ... Ähm, und vom Inhalt, also, wenn ich an einer entscheidenden Stelle bin, wo das eine Rolle spielt und ich begreife mich jetzt mit meiner Geschlechteridentität und will die auch zum Ausdruck bringen, dann könnte das natürlich einen Einfluss haben. Aber das wäre ja erst mal eine ziemlich komplizierte Frage, was ist denn jetzt meine Identität als Frau bei der Entwicklung eines Computerspiels, was will ich denn da erreichen?“ (P4)

---

wegen wird es solche Spiele immer geben. Und wenn es jetzt halt mehr Frauen gibt, die halt auch eine große Kaufkraft haben und die kaufen solche Spiele halt nicht, dann musst du für die halt andere Spiele machen“ (P6).

Im Hinblick auf die zukünftige Entwicklung liegen die Antworten und damit auch die Prognosen erheblich auseinander: Ein Teil der Gesprächspartner vermutet, dass sich Veränderungen in einem der Aspekte oder auch im Gesamtzusammenhang nicht von allein bzw. ohne weitere Einflussnahme von außen ergeben werden: „... aber ich glaube, dass wenn mehr Frauen in die Branche streben, wenn kritisch reflektiert wird, wie die Darstellung der Frau im Spiel aussieht und sich innergesellschaftlich insgesamt etwas daran ändert, dass Frauen weniger in technischen Berufen gesehen werden, dann könnte sich insgesamt etwas ändern in der Branche. Aber all das muss wohl zusammenkommen" (T2). Eine wirkliche Veränderung innerhalb der Spiele(r)-Kultur wird von einem Gros der Befragten nur dann für möglich gehalten, wenn Entwicklungen auf unterschiedlichen Ebenen einhergehen.

Die andere Hälfte der Befragten betont die bereits aktuell zu beobachtenden Veränderungen, die sich nach Einschätzung der Experten zunehmend verstetigen werden. „Wir werden jetzt, wenn sich diese ganzen technischen Sachen, dieses Ansteigen der Informatikerinnen, wenn sich das auswirkt, dann werden sich nach und nach mehr Leute bewerben. Und wenn mehr Frauen spielen, wird diese Schwelle auch natürlich abgebaut. Das wird jetzt jedes Jahr, so nach und nach, ich glaube die Zahlen gehen immer so 2% hoch und so wird es dann auch sein. Also eher noch zügiger" (P1).

Diese positive Entwicklung und deren Reflexion wird als wichtiger und richtiger Schritt bewertet, wobei sich Gendergrenzen womöglich auflösen dürften.[147] Offensichtlich gibt es u.a. bereits einen allmählichen Zuwachs von Mädchen und jungen Frauen an Ausbildungen und Studiengängen, die für die Spieleindustrie relevant sind.[148]

In der Abschlussreflexion fielen in vielen Gesprächen mit den eher theoretisch ausgerichteten Experten Bewertungen wie „das ist schwierig" oder „eine schwierige Frage" oder „ich weiß nicht genau". Es entstand dadurch der Eindruck, dass die Befragten ihre Äußerungen immer wieder relativieren wollten und betonten, dass ihre subjektiven Einschätzungen nicht der Realität entsprechen müssen.

---

147 „Ich sehe schon eine positive Entwicklung. Zumindest, dass man mal anfängt nachzudenken darüber. Das ist ja immer schon mal ein guter Schritt in die richtige Richtung. Ähm, ja, es ist schwierig. Ich sehe das ganz positiv, dass man zum Beispiel bei Games für das jüngere Alter schon nicht mehr so die Unterscheidung macht zwischen Jungs- und Mädchenspielen" (T5).

148 Im Januar 2016 wurde für den amerikanischen Bildungsmarkt sogar eine Dominanz von Frauen in Designstudiengängen festgestellt: „Why Women Now Outnumber Men At The Top US Video-Game Design School", URL: http://readwrite.com/2016/01/22/video-game-women-usc-gender-parity/ (Stand April 2016)

Dabei verweisen die Befragten auch auf andere Zuständigkeitsbereiche innerhalb der Spielindustrie, die dazu verlässlichere Aussagen treffen könnten: „Da müsste man halt eher mit Leuten sprechen, die tatsächlich im Entwicklungsprozess sind. Also zum Beispiel die Frage, ob sich die Produkte verändern, wenn mehr Frauen an der Entwicklung beteiligt sind, das finde ich eine spannende Frage, aber das können tatsächlich Leute besser beantworten, die an der Entwicklung beteiligt sind.“ (P4)

Abschlussreflexion

> Dadurch, dass es irgendwie normaler wird, dass es mehr mit Frauen verbunden wird, sind vielleicht die Hemmungen irgendwann gar nicht mehr da und man denkt gar nicht mehr darüber nach, dass es eine Männerbranche ist. (P2)

Zum Abschluss der geführten Interviews wurde den Gesprächspartnern stets noch Gelegenheit gegeben, zusätzliche relevante Aspekte zu erwähnen. Insgesamt stellten sich in den Gesprächstranskripten 17 Items als relevant heraus, die allerdings aufgrund ihrer Heterogenität keinen eindeutigen Kategorien zugeordnet werden konnten. Dennoch wurden einige Aspekte thematisiert, die vorher zu kurz kamen.

Einerseits wünschen sich einige der Interviewpartner perspektivisch mehr Anerkennung für die Branche bzw. auch die Produkte selbst, die auch Potenzial hätten. In der öffentlichen Wahrnehmung werden bislang primär die (Sucht-) Risiken diskutiert, anstatt die Lernmöglichkeiten und das Training von Fähigkeiten durch digitale Spiele zu erörtern: „Und ich glaube, dass Spiele eine ganz starke Möglichkeit haben, die Identifikationsprozesse, die stattfinden, für mehr Toleranz zu sorgen. Dass man sich in andere Lebensentwürfe hineinversetzt, die dem eigenen komplett fern sind und so Empathie erzeugen können. Das würde ich mir wünschen“ (T2). Aber auch die Gamer und Beschäftigten der Industrie werden größtenteils von der Gesellschaft unterschätzt: „Ich unterrichte seit Jahren Gamedesigner und das sind hochintelligente, dynamische, hochengagierte Menschen, also genau das Gegenteil von dem Klischee“ (T4).

Letztendlich wünscht man sich analog zum Buchmedium eine Rezensionsinstanz, bei der eine weitaus differenzierte Bewertung des Mediums stattfindet, als dies bisher oftmals der Fall ist. Hier bemängelt man vor allem, dass sich selbst ernannte Experten branchenfremd zu digitalen Spielen äußern.[149]

149 „Das heißt, diese Differenziertheit in der Betrachtung der Spiele, die existiert eigentlich nur in Fachkreisen, während sie in anderen Medien, Film und so weiter, genau-

Im Hinblick auf Diversität in den Unternehmen wird aufgezeigt, dass grundsätzlich auch die arbeitsorganisatorischen Rahmenbedingungen für Frauen verbessert werden müssten, wie z.B. Unterstützung bei der Kinderbetreuung, flexible Arbeitszeiten und eine gleichberechtigte Bezahlung. Aber auch generell appelliert man an alle Unternehmen, mehr weibliche Beschäftigte einzustellen, da dies aus eigener Erfahrung positiv war:

„Hm, ja. Stellt mehr Frauen ein! ... Das ist nur gut für diese Jungs. Ich bin schon echt der Meinung, dass es immer gut ist, wenn man seine Teams mischt. Ich habe damit nur gute Erfahrungen gemacht und das wäre halt von mir auch so als Tipp an alle Spieleentwickler. Guckt immer, dass ihr, je nach Teamgröße, ein bis zwei Frauen habt.“ (P6)

Allerdings sollte die Qualifikation der Frauen ausschlagendes Kriterium für Einstellung sein:

„Aber generell, eine gewisse Selbstverständlichkeit im Umgang mit allen Leuten wäre wichtig. Dass man Frauen keine Sonderbehandlung zukommen lässt, weder im Positiven noch im Negativen, sondern alle Mitarbeiter aufgrund ihrer Kompetenz schätzt.“ (T2)

Der Wunsch nach geschlechtsunabhängigen Spielen wird als eine erstrebenswerte Aussicht formuliert:

„Ich hoffe einfach für die Zukunft, dass man Spiele unabhängig des Geschlechts entwirft. Also das ist was, was ich schon sehr angenehm fände. Und dann auch unabhängig davon, wer sie entwickelt hat, dass man nicht mehr sieht, ob es jetzt ein Mann ist, der dieses Szenario erstellt hat oder eine Frau.“ (T5)[150]

---

so geführt wird... Und diese Diskussion wünsche ich mir viel mehr. Wie in der Literatur, literarisches Quartett, es geht um die Qualität der einzelnen Werke, also das ist das, was auch von allen Diskussionen auch insbesondere die Community stört. Da kommt einer von außen und versteht das Genre, versteht das Medium überhaupt nicht, aber hat wahnsinnig viel dazu zu sagen und das ist meistens Blödsinn.“ (T4).

150 „Ich finde, es sollte normal sein, dass Frauen Videospiele spielen. Für mich hat das einfach nichts mit dem Geschlecht zu tun, für mich persönlich. Also, das sollte geschlechtsunabhängig sein“ (T1).

Diskussion und Ausblick

> „Je größer unsere Industrie ist und je mehr Leute wir erreichen, desto mehr Gedanken sollten wir uns darüber machen, was wir damit bewirken." (E3)

Digitale Spiele sind in den letzten Jahren zu einem – wenn nicht gar *dem* – zeitgenössischen Alltagsmedium avanciert: Immer mehr Menschen spielen regelmäßig digitale Spiele und zwar unabhängig von Alter, Geschlecht, Bildungsgrad oder Einkommenssituation. Digitale Spiele, die lange Zeit als „Boys' Toys" galten, zu denen Frauen kaum Zugang hatten, üben also eine immer größere Faszination auf weibliche Spieler aus, weshalb die Industrie nun mit ihrem Angebot auf die neue, weibliche Zielgruppe reagiert.

Vor diesem Hintergrund bemüht sich die vorliegende Arbeit um die theoretische und empirische Auseinandersetzung mit einer möglichen Genderkonstruktion in bzw. von digitalen Spielen. Hier interessierte, ob bzw. inwiefern Gender in digitalen Spielen konstruiert wird. Darüber hinaus wurde in den Gesprächen eruiert, ob bzw. inwiefern die dabei zu differenzierenden Ebenen (Konsum, Produktion, Ästhetik und Angebot) zusammenhängen bzw. als reziprok wahrgenommen werden. Diese möglichen Wechselwirkungen wurden zwar in bisherigen Arbeiten auch als „Virtuous Cycle" bezeichnet und ansatzweise besprochen, allerdings beschränkte sich die Diskussion auf den Zusammenhang zwischen Produktangebot und Beteiligung von Frauen in den Unternehmen der Spieleindustrie. Bislang liegen einerseits nur wenige Untersuchungen vor, die diesen „Kreislauf" auch empirisch explorieren, und andererseits wurde das Konzept des Virtuous Cycle durch die vorliegende Arbeit auf erstmals vier Ebenen erweitert. Dabei steht aus forschungspragmatischen Gründen die deutsche Spieleindustrie als wichtigste europäische Teilbranche im Fokus des Forschungsinteresses.

Im Folgenden sollen zunächst kurz die wichtigsten Erkenntnisse der Arbeit zusammengefasst sowie diese Ergebnisse kritisch reflektiert und in den bisherigen Forschungskontext verortet werden. Im abschließenden Ausblick werden mögliche Anknüpfungspunkte für weitere Forschung nochmals gebündelt dargestellt.

RESÜMEE

Untersuchungsgegenstand der vorliegenden Arbeit war der mögliche Zusammenhang zwischen den unterschiedlichen Ebenen von Genderkonstruktion in digitalen Spielen im Sinne eines Virtuous Cycle. Dabei wurde das Thema zunächst in den bestehenden Diskurs zu digitalen Spielen verortet, um darauf aufbauend die einzelnen Ebenen angemessen skizzieren sowie die empirische Untersuchung darstellen zu können.

Die vorliegende Arbeit bemühte sich zunächst, eine angemessene Diskussionsgrundlage zu schaffen, indem der medienkulturwissenschaftliche Diskurs zu digitalen Spielen aufgezeigt, eine Begriffsbestimmung erarbeitet sowie die Relevanz digitaler Spiele als zeitgenössisches Medium dargelegt wurde. In einem nächsten Schritt wurden Kernbefunde der Medienwirkungsforschung zu digitalen Spielen aufgeführt sowie die Bedeutung von digitalen Spielen als Wirtschaftsgut dargestellt. Zudem wird eine theoretische Rahmung der Forschungsfrage vorgenommen, indem einerseits die Game Studies als interdisziplinärer Ansatz bzw. vielmehr als eine neue, junge wissenschaftliche Disziplin vorgestellt werden sowie andererseits der Genderbegriff skizziert wird und Genderaspekte in Games & Gaming aufgezeigt werden.

Anschließend wird das Konzept des Virtuous Cycle beschrieben und am Beispiel der Spielefranchise *The Sims* exemplarisch erläutert, bevor die einzelnen Ebenen des Virtuous Cycle ausführlicher erläutert werden:

- geschlechtsspezifische Konsumpräferenzen
- ästhetische Darstellung in digitalen Spielen
- Spiele von Frauen für Frauen
- Frauen in der Spieleindustrie.

Im Hinblick auf die *Ebene des Konsums* bzw. die Frage, ob und inwiefern geschlechtsspezifische Präferenzen im Hinblick auf digitale Spiele bestehen, kann aufgrund der bestehenden Forschung aufgezeigt werden, dass Frauen mittlerweile gleichermaßen wie Männer spielen, obwohl diese lange Zeit kaum Zugang zur notwendigen technischen Ausstattung (Videospielkonsolen u.ä.) hatten, die in den Anfängen der Videospielkultur noch aufwändig war.

Internationale wie nationale Studien belegen, dass rund die Hälfte der Spieler mittlerweile weltweit weiblich ist. Insofern können digitale Spiele weder als „Boy's Toys" bezeichnet noch Gaming als adoleszentes Hobby weißer, männlicher Jugendlicher verstanden werden. Auch wenn die Spielintensität sich bei Frauen den Männern angeglichen hat, so bevorzugen Mädchen und Frauen andere Spieleplattformen als Männer und andere Genres, wie beispielsweise auch Mobile & Social Games sowie überwiegend Casual Games, Simulations- und Rollenspiele. Frauen verfügen oft über andere Spielemotive als Männer, d.h. Freude und Spaß, Kreativität, das Aufbauen, das Zusammenspielen stehen im Vordergrund und weniger der Wettkampf bzw. kompetitive Elemente. Auch im bevorzugten Spielekontext unterscheiden sich Männer und Frauen: Frauen spielen oft allein, Männer hingegen oft in virtuellen Gemeinschaften und Teams. Für Frauen ist die Identifikation mit dem Spielcharakter wichtiger als für Männer.

Die *Ebene der ästhetischen Darstellung* von weiblichen Spielfiguren und Charakteren ist die mit Abstand am meisten explorierte innerhalb des Forschungsgebiets. Zahlreiche Arbeiten und auch empirische Untersuchungen gehen bis auf die Mitte der 90er Jahre zurück, wobei der Diskurs im Zuge der #GamerGate-Debatte im Sommer 2014 wieder an Aktualität gewonnen hat.

Insgesamt fällt allen Befragten auf, dass weibliche Charaktere nach wie vor quantitativ seltener vorkommen als männliche. Darüber hinaus sind diese auch meist qualitativ für den Spielverlauf weniger bedeutsam als ihre männlichen Pendants, d.h. für die narrative Relevanz im Spiel sind sie oft weniger relevant sind und tauchen zumeist auch nur in Opfer- und Nebenrollen auf. Auch statistische Erhebungen belegen die subjektive Wahrnehmung der Befragten: Weibliche Helden sind immer noch statistisch eher selten vertreten, obgleich jüngste Entwicklungen hier eine qualitative Veränderung andeuten.

Dennoch basiert die ästhetische Darstellung weiblicher Figuren oft auf Stereotypisierung und sexueller Stilisierung – Frauen werden reduziert auf übergroße Geschlechtsorgane in wenig oder unpassender Kleidung. Zwar werden männliche Charaktere in ihrem körperlichen Erscheinungsbild ähnlich stereotyp dargestellt, jedoch werden sie zumeist idealisiert und nicht sexualisiert. Zudem sind die weiblichen Charaktere meist schlechter mit Waffen, Kompetenzen oder Fähigkeiten ausgestattet, so die Forschungslage. Die Ebene der Ästhetik ist aufgrund von bestehenden Medienwirkungsmodellen im Hinblick auf den Virtuous Cycle bedeutsam.

Auf der *Ebene des Produktangebotes* stellt sich im Hinblick auf den Virtuous Cycle die Frage, inwiefern das bestehende Angebot an digitalen Spielen der weiblichen Zielgruppe gerecht wird. Versuche des sogenannten „Girls Game Movement" Mitte bis Ende der 90er Jahre des letzten Jahrtausends, welches

Spiele dezidiert für die weibliche Zielgruppe entwickelte und vermarktete, waren nur kurzfristig erfolgreich, wie z.B. *Sierra Entertainment* oder *Purple Moon Interactive*. Trotzdem konnte die Spielebranche spätestens seit Überraschungserfolgen, wie z.B. *Barbie Fashion Designer,* die Existenz bzw. den Bedarf der weiblichen Spielerschaft als Zielgruppe nicht mehr leugnen.

Dennoch bleibt hier kritisch zu hinterfragen, inwiefern ein Angebot speziell für Frauen angebracht und/oder wünschenswert wäre bzw. ob nicht die Gefahr der „Ghettoisierung des Angebotes“[1] drohen würde.

Im Hinblick auf die *Ebene der Produktion* wurde zunächst die Spieleindustrie als Arbeitgeber und damit als junge, dynamische Branche gesehen, die sich seit einigen Jahren zunehmend professionalisiert, wobei sie – zumindest in Deutschland – als Teilbereich der Kultur- und Kreativwirtschaft skizziert wird. Es wurden auch Spezifika von weiblichen Karrieren innerhalb der Branche aufgezeigt, u.a. das Crunch-Time-Phänomen, der Gender Pay Gap oder ein hohes Flexibilitätserfordernis.

Gegenwärtig wird der Anteil von weiblichen Arbeitnehmerinnen in der Spieleindustrie weltweit auf rund 20% geschätzt (mangels aussagefähiger Daten), wobei die Tendenz seit einigen Jahren steigt. Für Deutschland liegen zum gegenwärtig Zeitpunkt noch keine zuverlässigen Zahlen vor. Nach wie vor kann die Spieleindustrie als männlich dominiert beschrieben werden, ohne dass die Ursachen dafür wirklich bekannt sind. Von den Interviewteilnehmern werden Gründe genannt, wie z.B. die mangelnde Sichtbarkeit der Spieleindustrie für Frauen auf ihren bevorzugten Kanälen, das geringe Interesse von jungen Frauen an den für die Spieleindustrie qualifizierenden Ausbildungen, die Doppelbelastung von berufstätigen Frauen oder auch die „Boys' Club Mentalität“ innerhalb der Unternehmen. Diese liefern einige Erklärungsansätze für die geringe Beteiligung von Frauen an der Spielebranche, allerdings sagt dies noch wenig darüber aus, warum auch der Großteil der beschäftigten Frauen (ca. 75%) innerhalb der Unternehmen dann in den nicht-technischen Bereichen arbeitet, die mit den Produkten nicht in Berührung kommen. Insofern kann von einer horizontalen und vertikalen Segregation der Spieleindustrie gesprochen werden.[2] Auch die sogenannte „Gläserne Decke“ scheint für die Spieleindustrie zuzutreffen[3].

Schließlich wurden alle aus der bisherigen Forschung gesammelten Aspekte analytisch im Hinblick auf den Virtuous Cycle zusammengefasst und über-

1 Prescott & Bogg 2013b: 84.

2 Prescott & Bogg 2011b: 2006f.

3 Vgl. Hoppenstedt Branchenreport Games Branche, URL: http://www.vdav.de/deliver.php?id=1731 (Zugriffsdatum Mai 2015)

blicksartig dargestellt, wodurch Forschungsfragen für die empirische Erhebung formuliert werden konnten.

Der zweite Schwerpunkt dieser Arbeit lag neben der analytischen Darstellung des Virtuous Cycle-Konzeptes in dessen *empirischer Exploration*. Aufgrund des bislang wenig erforschten Untersuchungsgegenstandes wurde sich für ein induktives Vorgehen entschieden. Dabei stand die empirische Exploration des Forschungsgegenstandes im Fokus und weniger die Formulierung neuer Gesetzmäßigkeiten, wenngleich mit den empirischen Daten, also *gegenstandsbezogen,* neue Erkenntnisse generiert wurden.

Als methodisches Erhebungsinstrument dienten leitfadengestützten, teilstandardisierten Experteninterviews, in denen durch die relativ offenen Gesprächssituationen die Sichtweisen des Gesprächspartners vielmehr zum Ausdruck kommen können als in standardisierten Fragebögen.[4] Der Leitfaden wurde auf Basis des aus dem analytischen Teil gewonnenen Materials zum Konzept des Virtuous Cycle entwickelt.

Alle Gespräche wurden vollständig transkribiert, codiert und anschließend wurden die zentralen Aussagen in ein separates Dokument übertragen. Bei der Auswertung wurden zunächst die unterschiedlichen Ebenen des Virtuous Cycle sowie der Gesprächseinstieg und -abschluss als weitere Ebene differenziert. Danach wurden auf jeder dieser Ebenen Aussagen zu zentralen Kategorien zusammengefasst, wobei hier unterschiedliche Aspekte ermittelt wurden. Zwischen den beiden Subgruppen wurden teilweise inhaltliche Unterschiede festgestellt, jedoch gab es signifikante Unterschiede im Hinblick auf das Selbstbewusstsein bzw. -verständnis der Interviewpersonen: Die „Praktiker" zeigten sich insgesamt selbstsicherer in ihren Äußerungen, wohingegen die „Theoretiker" eher betonten, es würde sich nur um subjektive Meinungen handeln.

Insgesamt bestätigten sich in den Gesprächen einerseits die aus der Forschung gesammelten Argumente zu geschlechtsspezifischen Konsumpräferenzen und auch Produktangeboten. Analog waren die Äußerungen zu ästhetischen und narrativen Darstellungen von Weiblichkeit in digitalen Spielen sowie zur Beteiligung von Frauen in der Entwicklung und Vermarktung, die ebenfalls die Befunde der Forschungsliteratur widerspiegeln.

Jedoch förderten die Äußerungen der Experten auch neue, teils überraschende Aspekte zutage: So zeichneten weibliche Designer nach Expertenmeinung selbst gern stereotype Frauencharaktere. Außerdem sei in der Wahrnehmung der Befragten der Anteil von Frauen an Gamedesign Studiengängen in jüngster Zeit

4 Vgl. Flick 2012: 194

stark angestiegen. Darüber hinaus bemühten sich die Unternehmen mit speziellen Recruitingmaßnahmen um Frauen. Generell negierten die Teilnehmer der Befragung auch eine bewusste Diskriminierung von den Unternehmen.

Dennoch bestätigte sich in den Äußerungen der Interviewteilnehmer auch die Existenz des Virtuous Cycle, der analytisch aufgezeigt und theoretisch vermutet wurde. Nicht nur punktuell wurde dies belegt, wie dies Tracy Fullerton als „Henne-und-Ei"-Problem im „Gender in Games & Gaming"-Diskurs bereits angeführt hat, sondern auch in der eingangs beschriebenen und auf vier Ebenen erweiterten Form des Virtuous Cycle. Teilweise erklärten die Gesprächspartner den Zusammenhang des Virtuous Cycle direkt als zutreffend, teilweise sahen sie selbst Zusammenhänge zwischen einzelnen Ebenen und teilweise implizierten die Aussagen einen Kreislauf, der sich schlussfolgern ließ. Die Heterogenität der Aussagen, die zunächst etwas irritierend wirkte, ist m.E. mit der spezifischen Auswahl der Gesprächspersonen zu erklären.

Abschließend sei an dieser Stelle noch einmal unterstrichen, dass die vorliegende Arbeit sich weniger um die Erarbeitung einer neuen Theorie als vielmehr um die empirische und gegenstandsbezogene Erarbeitung neuer Erkenntnisse bemüht.

EINORDNUNG DER ERGEBNISSE

> Researchers and the games industry still need to explore whether more women playing games will result in an increase in women being attracted to the industry as a career.
> PRESCOTT BOGG/THE GENDERED IDENTITY OF WOMEN IN THE GAMES INDUSTRY

Wie einleitend festgestellt, erfreuen sich digitale Spiele seit einigen Jahren auch im Rahmen wissenschaftlicher Forschung großer Beliebtheit: Zahlreiche empirische Studien, theoretische Veröffentlichungen und Dissertationen beschäftigen sich mit unterschiedlichen Aspekten von Spielen, wie z.B. der Analyse medialer Produkte, der Wirkung bzw. Rezeption von Spielen bzw. deren Erfolgsfaktoren. Zusätzlich sind medienpädagogische, medienpsychologische und medienökonomische Aspekte im Fokus der Forschung, um exemplarisch einige Felder aufzuführen. Dabei kann die zunehmende Beliebtheit der Computerspieleforschung u.a. mit der heranwachsenden Generation der Wissenschaftler begründet werden, die mit Spielekonsolen aufgewachsen sind.

Auch die Genderkonstruktion in digitalen Spielen ist bereits seit vielen Jahren Gegenstand der Forschung, wobei bislang nur sehr ausgewählte Aspekte im Zentrum des Forscherinteresses standen, wie z.B. die ästhetische Darstellung weiblicher Figuren innerhalb der Spiele, die geschlechtsspezifischen Konsumpräferenzen, die Repräsentation von Frauen in bestimmten Spielergemeinschaften oder auch die Beschäftigungsbedingungen in der Spieleindustrie.

Bislang existiert aber nach Wissen der Autorin keine umfassende Studie, die den möglicherweise reziproken Zusammenhängen zwischen Frauen und digitalen Spielen nachgeht. In der vorliegenden Arbeit sollten die disparaten Untersuchungsfelder nun vereint werden, wie z.B. Konsumpräferenzen, ästhetische Darstellung von weiblichen Spielfiguren, Angebot an Spielen für die weibliche Zielgruppe und Beteiligung von Frauen an der Entwicklung von Spielen. Diesen Versuch hat die vorliegende Arbeit unternommen, in dem sie sich analytisch und empirisch mit der Frage der Existenz und Wirksamkeit eines Virtuous Cycle beschäftigt. Die vorliegende Arbeit trägt mit ihren Befunden zur medienkulturwissenschaftlichen Debatte bei, wobei besonders der Diskurs „Gender in Games & Gaming" im Forschungsgebiet Game Studies davon profitiert.

Die vorliegende Arbeit hat die Existenz und Wirksamkeit eines Zusammenhangs von geschlechtsspezifischen Konsumpräferenzen und den Produktangeboten, der Ästhetik innerhalb der Spiele sowie der geschlechtsspezifischen Beteiligung an der Entwicklung und Vermarktung von Spielen empirisch bestätigen können. Insbesondere fiel in den Äußerungen der Zusammenhang zwischen der Beteiligung von Frauen an der Herstellung von Spielen und deren Ästhetik bzw. auch dem Produktangebot stark ins Gewicht, wohingegen weniger Kausalitäten zwischen geschlechtsspezifischen Konsumpräferenzen und den anderen Ebenen vermutet wird.

Auch wenn sich die vorliegende Arbeit mit dem Problem konfrontiert sieht, nur von einem relativ begrenzten Sample an ausgewählten Gesprächspartnern auf generelle Aussagen schlussfolgern zu wollen, also von der Mikro-Ebene bzw. Mikro-Perspektive auf die Makro-Ebene[5], so liegt ihr Verdienst in der erstmaligen empirischen Untersuchung des Virtuous Cycle für die Spielebranche.

Auch einige Vorurteile gegenüber der Spieleindustrie als Arbeitgeber oder Frauen als Arbeitnehmer konnten revidiert werden. Insofern besteht nicht nur ein

5 Was als typisches Problem empirischer Forschung verstanden werden kann. Es gab keine klare, eindeutige Tendenz in den Aussagen, aufgrund der limitierten Auswahl an Gesprächspartner und die Folgerung von der Mikro-Ebene auf die Makro-Ebene hat notwendigerweise methodische Schwächen.

Erkenntnisgewinn zur bestehenden Forschung, sondern es entstehen dadurch auch zahlreiche Anknüpfungspunkte für weitere Forschung.

Der Mehrwert liegt sowohl in der Weiterentwicklung der Game Studies als auch der Gender Studies allgemein, da sich die Erkenntnisse des Zusammenhangs im Sinne des Virtuos Cycle u.U. auch auf andere Medien- bzw. Kulturprodukte (z.B. der Film- und Fernsehbranche) übertragen lassen könnten, was in anschließenden Untersuchungen exploriert werden müsste.

Zudem können die Ergebnisse der vorliegenden Arbeit auch für die Spielebranche selbst, insbesondere für die Unternehmen innerhalb der Spieleindustrie relevant sein, da der Zusammenhang zwischen Ausbildung und Berufseinstieg exploriert wurde. Hier könnten gezielte unternehmerische Fördermaßnahmen im Personalmanagement helfen, den weiblichen Anteil in der Beschäftigtenquote langfristig zu erhöhen.

Gleichzeitig wirft es Fragen auf, wie Frauen in der Branche grundsätzlich derzeit repräsentiert sind und welche Konsequenzen eine höhere Diversität in den Teams für die Produkte haben kann. Insofern bleibt zu hoffen, dass die Ergebnisse der vorliegenden Untersuchung womöglich nicht nur Anlass für weitere Forschung geben, sondern dadurch auch konkrete Maßnahmen in den Unternehmen der Spieleindustrie ergriffen werden.

KRITISCHE WÜRDIGUNG

> Ich bin dankbar für die schärfste Kritik, solange sie nur sachlich bleibt.
> OTTO VON BISMARCK

Die vorliegende Arbeit hat in ihrem Bemühen, neue wissenschaftliche Zusammenhänge und Erkenntnisse zu explorieren und darzustellen, sowohl im Vorgehen als auch in der Präsentation Stärken und Schwächen, wovon einige ausgewählte im Folgenden aufgezeigt werden.

Zunächst soll angemerkt werden, dass sich das Thema der Genderkonstruktion digitaler Spiele als relativ komplex erwies, was sich spätestens in der Phase der analytischen Differenzierung und Planung der darzustellenden Aspekte und nach erster Sichtung des forschungsrelevanten Materials zeigte. Eine Eingrenzung der Forschungsfrage bzw. die forschungspragmatische Entscheidung zur Exploration eines spezifischen Teilaspekts des Virtuous Cycle hätte das Forschungsprojekt im Umfang reduziert und die Aufgabe erleichtert. Dies wäre vor allem im Hinblick auf die empirische Erhebung vorteilhaft gewesen: Gegebenenfalls hätte zum Beispiel *weniger* Analyse und stattdessen *mehr* empirische Datenerhebung andere Resultate hervorbringen können. Dennoch sollte gerade in der vorliegenden Arbeit der Zusammenhang der unterschiedlichen Ebenen (Konsum, Angebot, Ästhetik und Produktion) in der Spieleindustrie erforscht werden, weswegen die geringe Analysetiefe jeder einzelnen Ebene zwangläufig in Kauf genommen wurde. Auch in den Gesprächen konnten einige Aspekte nur ansatzweise angesprochen werden.

Dennoch ist die analytische *und* empirische Erforschung des Virtuous Cycle auf den genannten vier Ebenen bislang ein Novum auf dem Forschungsgebiet der Game Studies, was deshalb die Leistung der vorliegenden Untersuchung trotz aller Einschränkungen keineswegs schmälert.

Die Komplexität des Forschungsthemas sollte nicht durch inhaltliche Begrenzung oder Vereinfachung reduziert werden, da diese Vorgehensweise nicht gegenstandsadäquat gewesen wäre. Vielmehr wurde sich um eine intersubjektiv nachvollziehbare Gliederung bzw. Struktur der Argumentation sowie eine verständliche Ausdrucksweise bemüht, um den Text nicht nur zugänglich, sondern auch transparent zu gestalten.

Im analytischen Teil der Arbeit wurden nicht nur die wichtigen Dimensionen des zentralen Forschungsthemas digitale Spiele beleuchtet, sondern insbesondere auch diejenigen des spezifischen Untersuchungsgegenstands *Frauen und digitale Spiele*.

Aufgrund forschungspragmatischer Beschränkungen konnten nicht alle Aspekte, die sich in Auseinandersetzung mit der Forschungsfrage ergaben, hier diskutiert werden. Zum Beispiel hätte der Aspekt „digitale Spiele als Jugendkultur“[6] noch elaboriert werden können, auf den in der vorliegenden Arbeit nur ansatzweise eingegangen wurde, der allerdings als zeitliche Phase für die Identitätsbildung sowie Entwicklung eines geschlechtsspezifischen Rollenverständnisses essenziell zu sein scheint.

Im Zuge der Digitalisierung gehört die Präsenz in sozialen Netzwerken bzw. digitalen Medien für Kinder und Jugendliche („Digital Natives“) zum Alltag.[7] Damit hängt auch die Konstruktion einer digitalen Repräsentation der Nutzer bzw. Spieler im virtuellen Raum zusammen: „Da Informationen wie Geruch,

6 Vgl. hierzu den Sammelband von Kai Uwe Hugger: Digitale Jugendkulturen. Wiesbaden 2014.

7 Im Alter von 12 bis 19 Jahren sind durchschnittlich 77 % der Jugendlichen täglich oder mehrmals in der Woche in Social Communitys unterwegs.“ – Tilgner 2014: bezugnehmend auf die JIM Studie des Medienpädagogischen Forschungsverband Südwest 2013

Bewegung, Sympathie, die unbewusst im Umgang mit Menschen in der realen Welt wahrgenommen werden im Netz (fast) nicht dargestellt werden können, kommt es zu einer Kanalreduktion auf die visuelle Ebene, so dass Bilder und die Konstruktion und Kombination von Bildern im virtuellen Raum als identitätsstiftend gewertet werden können."[8] Dabei kann die virtuelle Identität der realen entsprechen oder aber sich von dieser auch komplett unterscheiden. Insofern könnte die Phase der Adoleszenz intensiver beleuchtet werden. Dazu könnten insbesondere Jugendliche in teilnehmenden Beobachtungen beispielsweise untersucht und aufgezeigt werden, inwiefern die ästhetische Darstellung von Geschlechterbildern in digitalen Spielen sich tatsächlich auf den Prozess der Identitätsbildung und die Entwicklung eines geschlechtlichen Selbstverständnisses auswirkt. Hier ist Anschlussforschung dringend wünschenswert, nicht nur, um relevante Untersuchungsergebnisse zu erheben, sondern m.E. auch um unterschiedliche wissenschaftliche Disziplinen in ihrem Forschungsinteresse zusammen zu bringen.

Auch der Begriff des „Leitmediums", der im Zusammenhang mit digitalen Spielen immer wieder bemüht wird, hätte im analytischen Teil durchaus skizziert und in den Diskurs verortet werden können.

Generell kann an dieser Stelle angemerkt werden: „Die These, dass das ‚Computerspiel das Leitmedium des 21. Jahrhunderts' ist, braucht dennoch ein wenig mehr Untermauerung."[9] Auch Britta Neitzel bemängelt die unzureichende Begriffsbestimmung von Leitmedien als kommunikationswissenschaftliches Phänomen, das über einzelne Produkte hinausgeht: „Wenn die Kommunikationswissenschaft über Leitmedien spricht, so untersucht sie zumeist [...] einzelne Medienprodukte" – was im Hinblick auf digitale Spiele nicht gegeben ist.[10]

Für Leitmedien sei, so Neitzel, ein gewisser Qualitätsanspruch sowie ein sogenanntes „Agenda Setting" kennzeichnend, was digitalen Spielen nicht per se zugesprochen werden kann: „Statt nun aber die Idee vom Computerspiel als Leitmedium aufzugeben, soll vielmehr die kommunikationswissenschaftliche Konzeption von Leitmedialität hinterfragt werden."[11] Dafür muss im Rahmen der Arbeit der Exkurs genügen, zumal dies zur Beantwortung der zentralen Forschungsfrage, der Existenz eines Virtuous Cycle, nicht maßgeblich beitrug.

Auch der Aspekt der geschlechtsspezifischen Berufsinteressen sowie die tatsächliche Geschlechterverteilung in den Ausbildungs- und Studiengängen, die für die Spieleindustrie relevant sind, ist sicherlich für das Virtuous Cycle-Kon-

---

8 Vgl. Tilgner 2014

9 Neitzel in Kaminski & Lorber 2008: 61.

10 Vgl. Neitzel in Kaminski & Lorber 2008: 62f.

11 Ebd.: 63.

zept aufschlussreich. Zwar liegen bislang keine verlässlichen Zahlen für dezidierte Studiengänge der Spieleindustrie vor, jedoch kann zumindest als Indikator die Verteilung von Frauen in den sogenannten MINT-Studiengängen (Mathematik, Informatik, Naturwissenschaften und Technik) hilfreich sein.[12]

Demnach ist die Zahl der MINT-Absolventinnen in den letzten Jahren zwar einerseits deutlich gestiegen, dennoch ist der Anteil weiblicher MINT-Absolventen an allen MINT-Absolventen noch vergleichsweise gering.[13] Dieser beläuft sich auf rund 34 Prozent. Im Hinblick darauf wäre einerseits zu untersuchen, warum Mädchen und junge Frauen sich nach wie vor weniger für Ausbildungen im MINT-Bereich interessieren, und andererseits wäre es lohnenswert zu erforschen, wie sich die Geschlechterverteilung innerhalb der Ausbildungen und Studiengänge für die Spieleindustrie gegenwärtig darstellt. Da es im Hinblick auf mögliche Ausbildungs- und Studiengänge, die dezidiert für die Spieleindustrie qualifizieren sollen, in den letzten Jahren einen großen Zuwachs gegeben hat, empfiehlt sich auch hier ein empirisches Vorgehen, denn bislang fehlen repräsentative Zahlen zur Anzahl der Ausbilder, Studierenden, Berufschancen u.ä.

Im Rahmen der Experteninterviews der vorliegenden Arbeit wurde zwar bestätigt, dass die Zahl der weiblichen Absolventinnen an spezifischen Studiengängen für die Spieleindustrie wächst und im Zuge dessen auch (vermutlich) die Anzahl der weiblichen Bewerberinnen in den Unternehmen, was jedoch bislang nicht mit empirischen Daten belegt werden kann.[14]

Neben diesen exemplarisch dargestellten Aspekten im theoretischen Teil, denen es sich in künftigen Studien nachzugehen empfiehlt, sind im Rahmen einer kritischen Würdigung auch Potenziale im empirischen Teil der Arbeit aufzuzeigen.

Hierzu sollte primär die Auswahl der Gesprächspartner der Experteninterviews angeführt werden. Im Fokus standen hier weniger methodische Selektionskriterien als vielmehr forschungspragmatische Überlegungen wie Realisierbarkeit der Interviews und Zugang zum Feld sowie auch personelle und finanzi-

12 Vgl. hierzu die Webseite „Mint Zukunft schaffen", URL: http://www.mintzukunftschaffen.de/mint-frauenanteil.html (Zugriffsdatum?)

13 „So schlossen im Jahr 2005 rund 19.900 Frauen ein MINT-Studium ab, im Jahr 2011 waren es bereits 32.300," d.h. die Zahlen konnten innerhalb von nur 6 Jahren fast verdoppelt werden

14 Im Hinblick auf die Motive ist bislang nur eine Arbeit im deutschsprachigen Raum bekannt. Wimmer und Sitnikova untersuchten 2012 in einer qualitativen Studie die Berufsidentität von Beschäftigten der Spieleindustrie.

elle Ressourcen.[15] Auch die Anzahl der Gesprächspartner unterlag organisatorischen Zwängen, vermutlich fielen die Ergebnisse heterogener aus, wenn mehr Gespräche mit verschiedenen Gesprächspartnern geführt worden wären.

Schlussendlich hätte auch mit etwas mehr Nachdruck die wenig selbstkritische Perspektive der Experten im Hinblick auf ausgewählte Aspekte (z.B. sexualisierte Stereotypisierung weiblicher Charaktere in den Spielen) innerhalb der Gesprächssituationen hinterfragt werden können. Ursächlich könnten hier der Leitfaden sowie auch methodische Kompetenzen des Forschers angemerkt werden.

Dennoch ergaben die zwölf fruchtbaren Gespräche im Rahmen der Dissertation umfangreiche Befunde.

Letztlich wird die Auswertung und Analyse von Gesprächen immer vom subjektiven Erfahrungshintergrund des Forschers geprägt. Da dieser Umstand jedoch der vorliegenden Untersuchung inhärent ist, soll er weniger als Schwäche der vorliegenden Studie gewertet werden, dennoch muss hieraus verwiesen werden. Unter Umständen hätte durch mehr Abstand zum Untersuchungsgegenstand eine andere Perspektive eingenommen und so andere Einschätzungen formuliert werden können.

Trotz einiger Kritikpunkte wird davon ausgegangen, dass die vorliegende Arbeit einen wertvollen Beitrag zur gegenwärtigen Debatte über digitale Spiele und Frauen leistet. Dabei möchte sie sowohl im akademischen Game Studies-Diskurs als auch im unternehmerischen Kontext wertvolle Impulse schaffen und eine bestehende Forschungslücke schließen. Die analytische und empirische Erkundung der unterschiedlichen Ebenen, auf denen digitale Spiele Gender konstruieren bzw. rekonstruieren, wurden mit der vorliegenden Arbeit exploriert, wobei konkret den Zusammenhängen zwischen geschlechtsspezifischen Konsumpräferenzen, geschlechtsabhängiger Angebotsgestaltung, geschlechtsstereotyper ästhetischer (und narrativer) Darstellung sowie der unterschiedlichen Beteiligung der Geschlechter an der Produktion von digitalen Spielen untersucht wurde.

15 Zum Beispiel gab es auch potenzielle Gesprächspartner in Hamburg, München und Berlin, die aber aus zeitlichen und finanziellen Gründen nicht berücksichtigt wurden.

AUSBLICK

Wie sich in den vorangegangenen Kapiteln gezeigt hat, bietet die vorliegende Arbeit zahlreiche Anknüpfungspunkte für weiterführende Forschung. Im Folgenden sollen einige Aspekte exemplarisch benannt werden.

Während der Erarbeitung des Forschungsstandes deutete sich bereits an, dass der Aspekt der geschlechtsspezifischen Konsumpräferenzen bislang eher vernachlässigt wurde, obwohl es zahlreiche Arbeiten gibt, die alle jeweils sehr spezifische Facetten untersuchen. Was bislang noch weitestgehend aussteht und insofern Raum für weitere, insbesondere empirische Forschung bietet, ist die Erkundung weiblicher Konsumpräferenzen generell. Welche Spielegenres bevorzugen Frauen, wenn man hier überhaupt zwischen den Geschlechtern eindeutige Tendenzen festmachen kann? In welchen sozialen Kontexten spielen Mädchen und Frauen? Haben Frauen andere Spielemotive als Männer? Spielen sie weniger oder mehr? Leiden andere Freizeitaktivitäten durch das Spielen aus Sicht der Frauen? Wie viel Budget geben Frauen für digitale Spiele aus? Diese und ähnliche Fragen sollten im Rahmen einer repräsentativen quantitativen Studie untersucht werden, um besser zu verstehen, ob und inwiefern von geschlechtsspezifischen Konsumpräferenzen ausgegangen werden kann.

Auch eine intensivere Erforschung des Produktangebotes wäre in diesem Zusammenhang interessant, wie z.B. stellt sich die Frage: Auf welcher Grundlage positionieren Unternehmen bestimmte Produkte für die weibliche Zielgruppe? Inwiefern gehen Überlegungen geschlechterspezifischer Konsumpräferenzen in die Entwicklung von Spielen ein? Wird diesem Aspekt während der Entwicklung tatsächlich Rechnung getragen und wenn ja, inwiefern? Hierzu bieten sich qualitative Befragungen von Spieleentwicklern und Entscheidern in der Spielebranche geklärt werden.

Die ästhetische und narrative Repräsentation von Weiblichkeit scheint zwar umfangreich in digitalen Spielen erforscht, jedoch könnte eine gezielte Produktanalyse von neueren Spielen feststellen, ob auch faktisch eine Veränderung hin zu mehr Integration von weiblichen Protagonisten in Spielen beobachtbar ist, wie dies die Experten als jüngste Entwicklungen in den Interviews geschildert haben. Worauf basieren die Entscheidungen seitens der Unternehmen? Wie nehmen die Käufer bzw. Spieler diese Produkte auf? Handelt es sich um vereinzelte Versuche einiger Unternehmen oder um die strategische Entscheidung, Frauen als Zielgruppe gezielter anzusprechen, die mittlerweile die Hälfte der aktiven Spielerschaft ausmacht?

Als weiteren aktuellen Trend wurde die zunehmende Geschlechtsneutralität von Spielfiguren genannt. Einerseits sind nicht alle Spielfiguren per se menschlich (z.B. Fantasiefiguren, Elfen, Trolle usw.) und lassen sich deshalb schwerlich weder dem männlichen noch weiblichen Geschlecht zweifelsfrei zuordnen, andererseits können zunehmend auch die Protagonisten durch die Spieler selbst gestaltet werden. Nicht nur die Kleidung und die Frisuren sind frei wählbar, sondern eben auch die geschlechtliche Identität. Hier bietet sich u.a. eine quantitative empirische Untersuchung von Spieleneuheiten an, um die Entwicklung sowie Relevanz von geschlechtsneutralen Spielfiguren aufzuzeigen.

Großer Nachholbedarf herrscht m.E. bei der weiteren Erforschung von Frauen als Beschäftige in der Spieleindustrie. Nicht nur wird dieses Thema nun verstärkt von der Spieleindustrie selbst aktiv adressiert, sondern es besteht hier auch, durchaus Potenzial für Anschlussforschung vor dem Hintergrund der gegenwärtigen Forschungslage. Im Rahmen der Literaturrecherche konnten nur wenige Arbeiten identifiziert werden, die sich aus organisationstheoretischer Perspektive mit den Unternehmen der Spieleindustrie beschäftigen. Noch weniger Studien existieren zur Fragestellung, wie Frauen in diesen repräsentiert werden, welchen Arbeitsbedingungen sie unterliegen, wie sie sich in einer recht männlich geprägten Branche fühlen und welche Maßnahmen derzeit von den Unternehmen ergriffen werden.

Darüber hinaus ist auch Homosexualität, Transsexualität und Queerness in digitalen Spielen ein spannendes Forschungsfeld, das im Rahmen der vorliegenden Arbeit nicht thematisiert wurde, wenngleich es im Grunde zum Diskurs der Gender(re)konstruktion digitaler Spiele gehört. In jüngster Vergangenheit erregte dieses Thema im Zuge der zunehmenden Repräsentation sogenannter LGBT-Inhalte in digitalen Spielen zwar zunehmend die Gemüter der Fan-Communities und löste einen Diskurs aus, wodurch auch das Forschungsinteresse[16] geweckt wurde, jedoch zog dies bislang noch keine umfassenderen Studien nach sich. Insbesondere empirisches Material, wie z.B. Verbreitung von LGBT-Inhalten in zeitgenössischen digitalen Spielen oder Akzeptanz derselben durch unterschiedliche Zielgruppen scheint hier wünschenswert und notwendig, um den „Gender in Games & Gaming"-Diskurs weiter zu explorieren.

Schlussendlich sei auch noch die Ausweitung der vorliegenden Arbeit auf einen anderen geografischen Raum als mögliche Anschlussforschung erwähnt. Das Konzept des Virtuous Cycle entstammt zwar ursprünglich dem anglo-

16 Exemplarisch seien an dieser Stelle die Publikationen von Laura Härtel und Alexander Tilgner, beide Institut für Kunstpädagogik an der Universität Frankfurt, genannt.

amerikanischen Kulturraum bzw. Forschungskreis – da es initial auf die US-Gamedesignerin Tracy Fullerton zurückgeht – ist aber auf der theoretischen Ebene ortsunabhängig auf andere Länder bzw. Regionen übertragbar. Insbesondere Nordamerika und Großbritannien, aber auch Frankreich und Skandinavien und eventuell Asien wären als Bezugsrahmen für Anschlussforschung interessant.

Die an dieser Stelle benannten Desiderata entstanden in Auseinandersetzung mit der Forschungsliteratur und sind als Vorschläge zu verstehen, die in Anlehnung zu den Ergebnissen der vorliegenden Arbeit entstanden sind.

Generell wird die theoretische Erforschung und empirische Untersuchung digitaler Spiele, ihrer Rezipienten sowie der jeweiligen Entstehungszusammenhänge weiterhin sehr viele interessante Forschungsfragen aufwerfen. Nicht zuletzt, weil digitale Spiele in den letzten Jahren zu einem unsere Alltagskultur prägenden Medienprodukt avanciert sind, sondern auch weil sie in ihrer Ausgestaltung derart komplex, vielfältig und divers sind, dass ein breites Spektrum an Produkten vorhanden ist. Immer weniger kann von *dem* digitalen Spiel die Rede sein.

Die vorliegende Arbeit war bemüht, einzelne, vorhandene Puzzleteile im derzeitigen Games Studies-Diskurs zusammenzusetzen, wohlwissend, dass sich daraus auch ein neues Bild ergeben könnte.

Anhang

LITERATUR

Aarseth, Espen. 2003. Playing Research: Methodological approaches to game analysis. Im Internet: http://hypertext.rmit.edu.au/dac/papers/Aarseth.pdf [November 2013]

Aarseth, Espen. 2006. Warum Game Studies? In: Kaminsk, Lorber (Hg). 2006. Clash of Realities. Computerspiele und Soziale Wirklichkeit. Kopaed Verlag, 17-23

Alheit, Peter. 1999. Grounded Theory. Ein alternativer methodologischer Rahmen für qualitative Forschungsprozesse. S. 1-19. Im Internet: http://www.fallarchiv.uni-kassel.de/wp-content/uploads/2010/07/alheit_grounded_theory_ofas.pdf [November 2013]

Altmeppen, Klaus-Dieter. 2006. Journalismus und Medien als Organisationen. VS Verlag

Anthropy, Anna. 2012. Rise of the Videogame Zinesters. How Freaks, Normals, Amaterus, Artists, Dreamers, Dropouts, Queers, Housewives, and People Like You Are Taking Back An Art Form. New York. Seven Stories Press

Averbeck-Lietz, Stefanie (Hg.). 2016. Handbuch nicht standardisierte Methoden in der Kommunikationswissenschaft. VS Verlag

Bachmann, Götz & Wittel, Andreas. Medienethnographie. In: Ruth Ayaß & Jörg Bergmann (Hg.). 2011. Qualitative Methoden der Medienforschung. Verlag für Gesprächsforschung. Im Internet: https://www.academia.edu/1474086/Medien-Ethnographie [Januar 2016]

Beil, Benjamin. 2013. Game Studies – eine Einführung. Lit Verlag

Bevc, Tobias & Zapf, Holger (Hg). 2009. Wie wir spielen, was wir werden: Computerspiele in unserer Gesellschaft. UVK Verlag

Birbaumer, Tolar, Wagner. 2006. From the Margins to a Field of Opportunities: Biographies of Austrian Women in ICT. Im Internet: http://www.media.

tuwien.ac.at/fileadmin/user_upload/abirbaumer/Studien/conference_paper_life_story_patterns.pdf [Oktober 2013]

BITKOM. Gaming in Deutschland. 2012. Im Internet: http://www.bitkom.org/files/documents/BITKOM_Praeentation_Gaming_13_08_2012.pdf [August 2013]

Blake, Kim. 2011. A Women In Games: A Personal Perspective, 1993 – 2010. *International Journal of Gender, Science and Technology,* Vol 3. No 1. S. 244–249; *Im Internet*: http://genderandset.open.ac.uk/index.php/genderandset/article/viewArticle/133 [März 2013]

Bogner, Littig, Menz (Hg.). 2005. Das Experteninterview. Theorie, Methode, Anwendung. 2.Auflage. VS Verlag

Bogner, Littig, Menz. 2014. Interviews mit Experten. Eine praxisorientierte EInführung. VS Verlag

Bogost, Ian. 2011. How To Do Things With Videogames. University of Minnesota Press

Bohnsack, Ralf. 2008. Rekonstruktive Sozialforschung: Einführung in qualitative Methoden. 7.Auflage, UTB Verlag

Bortz, Döring. 2006. Forschungsmethoden und Evaluation. Für Human- und Sozialwissenschaftler. 4. Auflage. Springer Medizin Verlag

Breuer, Johannes et al. 2015. Sexist Games = Sexist Gamers Gaming. A Longitudinal Study on the Relationship Between Video Game Use and Sexist AttitudesVisibility. Im Internet: http://online.liebertpub.com/doi/abs/10.1089/cyber.2014.0492?journalCode=cyber [Juli 2015]

Bryce, Jo & Rutter, Jason. 2002. Killing Like a Girl: Gendered Gaming and Girl Gamers' Visibility. Im Internet: http://www.cric.ac.uk/cric/staff/Jason_Rutter/papers/cgdc.pdf [Mai 2014]

Bryce, Jo & Rutter, Jason. (Hg.).2006. Understanding Digital Games. London. SAGE

Bundesverband Interaktive Unterhaltungssoftware e.V. (BIU). Gamer in Deutschland 2011.

Bundesverband Interaktive Unterhaltungssoftware e.V. (BIU). Games Report 2012. Zahlen und Fakten zur deutschen Games Industrie.

Bundesministerium für Wirtschaft und Technologie. 2012. Monitoring zu ausgewählten wirtschaftlichen Eckdaten der Kultur- und Kreativwirtschaft 2011.

Bundesministerium für Wirtschaft und Technologie. 2014. Monitoring zu ausgewählten wirtschaftlichen Eckdaten der Kultur- und Kreativwirtschaft 2013. (Kurzfassung)

Burril, Derrek A.. 2008. Die Tryin'. Videogames, Masculinity, Culture. Peter Lang

Burgess, Stermer, Burgess. 2007. Sex, Lies and Video Games: The Portrayal of Male and Female Characters on Video Game Covers. Im Internet: http://

www.researchgate.net/publication/226396946_Sex_Lies_and_Video_Games_The_Portrayal_of_Male_and_Female_Characters_on_Video_Game_Covers [September 2014]

Butler, Judith. 1991. Das Unbehagen der Geschlechter. 16.Auflage 2012. Edition Suhrkamp.

Cassell, Justine & Jenkins, Henry (Hg.). 1998. From Barbie to Mortal Kombat: Gender and Computer Games. MIT Press

Cassell, Justine. 2002. Genderizing HCI. In: Jacko & Sears (Hg.) The Handbook of Human-Computer Interaction. Mahwah, NJ: Lawrence Erlbaum, S. 402-411. *Im Internet:* http://www.media.mit.edu/gnl/pubs//gender.hci.just.pdf [Mai 2013]

Caillois, Roger. 1960. Die Spiele und die Menschen: Maske und Rausch. Stuttgart. Schwab Verlag

Chatfield, Tom. 2010. Fun Inc. Why games are the 21st century's most serious business. London. Random House

Consalvo, Mia. 2009. There is No Magic Circle. Im Internet: https://www.academia.edu/654444/There_is_no_magic_circle [Mai 2014]

Deutscher Kulturrat. Olaf Zimmermann und Theo Geißler (Hg). 2008. Streitfall Computerspiele. Computerspiele zwischen kultureller Bildung, Kunstfreiheit und Jugendschutz. Im Internet: http://www.kulturrat.de/dokumente/streitfall-computerspiele.pdf [September 2014]

Diekmann, Andreas. 2007. Empirische Sozialforschung. 6.Auflage, rororo

Dietz, Tracy. 1998. An Examination of Violence and Gender Role Portrayals in Video Games: Implications for Gender Socialization and Aggressive Behaviour. Im Internet: https://www.academia.edu/830776/An_examination_of_violence_and_gender_role_portrayals_in_video_games_Implications_for_gender_socialization_and_aggressive_behavior [Mai 2014]

Donnelly, Jamie. 2012. The under-representation of women in gaming. Im Internet: http://beefjack.com/features/the-under-representation-of-women-in-gaming/ [Mai 2013]

Dovey, John & Kennedy, Helen. 2006. Game Cultures: Computer Games As New Media. Open University Press

Eskelinen, Markku. 2001. The Gaming Situation. Im Internet: http://www.gamestudies.org/0101/eskelinen/ [Dezember 2014]

Fielding & Schreier. 2001. Introduction: On the Compatibility between Qualitative and Quantitative Research Methods. In: Forum Qualitative Social Research. Im Internet: http://www.qualitative-research.net/index.php/fqs/article/view/965/2107 [Dezember 2015]

Flick, Uwe. 2011. Triangulation: Eine Einführung. 3. Auflage. VS Verlag

Flick, Uwe. 2012. Qualitative Sozialforschung. Eine Einführung. 5. Auflage. Rowohlt

Freyermuth, Gundolf S.. 2015. GAMES, GAME DESIGN, GAME STUDIES. Transcript

GfK. 2012. Digital Games Market. Report September 2012

Gareth Jones, Ricarda Bouncken. 2008. Organisation – Theorie, Design und Wandel. 5. Auflage. Addison-Wesley Verlag

GamesCoop.2012. Theorien des Computerspiels. EIne Einführung. Junius Verlag GmbH

Ganguin, Sonja & Hoblitz, Ana. 2014. High Score & High Heels: Berufsbiografien von Frauen in der Games-Industrie. VS Verlag

Glaser & Strauss. 2005. Grounded Theory. Strategien qualitativer Forschung. 2. Auflage. Huber Verlag

Goldberg, Daniel & Larsson, Linus (Hg.). 2015. The State Of Play. Zinesters. Creators and Critics on Video Game Culture. New York. Seven Stories Press

Graner Ray, Shary. 2004. Gender Inclusive Game Design: Expanding the Market. Charles River Media Inc.

Grapenthin, Hella. 2009. Geschlechterbilder in Computer- und Videospielen. In: Tobias Bevc, Holger Zapf (Hg). 2009. Wie wir spielen, was wir werden: Computerspiele in unserer Gesellschaft. UVK Verlag, 281-292

Haines, Lizzie. 2004. Why are there so few Women in Games? Im Internet: http://www.equalworks.info/resources/contentfiles/537.pdf [Juni 2013]

Hayes, Elisabeth. 2011. *The Sims* as a Catalyst for Girl's IT learning. International Journal of Gender, Science and Technology, Vol 3, No 1 (2011) Im Internet: http://genderandset.open.ac.uk/index.php/genderandset/article/viewArticle/132 [Juni 2013]

Heeter, Carrie et al. 2004. Alien Games – Do Girls Prefer Games Designed by Girls? Im Internet: http://gel.msu.edu/carrie/publications/aliengames.pdf [Juli 2015]

Heep, Andreas. 2005. Kommunikative Aneignung. Im Internet:_http://www.andreas-hepp.name/hepp_2005_kommunikative.pdf [Juli 2016]

Horkheimer, Max & Adorno, Theodor. 1988. Dialektik der Aufklärung. Philosophische Fragmente. Fischer Verlag

Hugger, Kai Uwe (Hg.). 2014. Digitale Jugendkulturen. VS Verlag.

Huizinga, Johan. 2006. Homo Ludens – Vom Ursprung der Kultur im Spiel. 20. Auflage, Rowohlt Taschenbuch Verlag

IGDA Report 2005: Game Developer Demographics. An Exploration of Workforce Diversity. Im Internet: http://www.igda.org/sites/default/files/IGDA_DeveloperDemographics_Oct05.pdf [Juni 2013]

IGDA Report 20014: Developer Satisfaction Survey. Im Internet: https://c.ymcdn.com/sites/www.igda.org/resource/collection/9215B88F-2AA3-4471-B44D-B5D58FF25DC7/IGDA_DSS_2014-Summary_Report.pdf [Juli 2014]

Jöckel, Sven. 2009. Spielend erfolgreich. Der Erfolg digitaler Spiele im Spannungsfeld ökonomischer, technologischer und nutzungsbezogener Aspekte. VS Verlag

Juul, Jesper. 2005. Half-Real. Video Games Between Real Rules and Fictional Words. MIT Press

Juul, Jesper. 2009. A Casual Revolution. University Press Group Ltd

Juul, Jesper. 2010. The Game, the Player, the World: Looking for a Heart of Gameness. In: Kaminski/Lorber (Hg). 2008. Clash of Realities. Computerspiele und Soziale Wirklichkeit. Kopaed Verlag, 25-45

Kafai, Heeter, Denner, Sun (Eds) 2008. Beyond Barbie and Mortal Kombat: New Perspectives on Gender and Gaming. University Press Group Ltd

Kaminski/Lorber (Hg). 2006/2008/2010. Clash of Realities. Computerspiele und Soziale Wirklichkeit. Kopaed Verlag.

Kerr, Aphra. 2006. The Business and Culture of Digital Games. Sage Publ. Ltd

Kennedy, Helen. 2002. Lara Croft: Feminist Icon or Cyberbimbo? On the Limits of Textual Analysis. Im Internet: http://www.gamestudies.org/0202/kennedy/ [Februar2014]

Kiel, Nina. 2014. Gender in Games. Geschlechtsspezifische Rollenbilder in zeitgenössischen Action-Adventures. Verlag Dr. Kovac

Kirkpatrick, Graeme. 2013. Computer Games and the Social Imaginary. Polity Press

Krause, Melanie. 2010. Weibliche Nutzer von Computerspielen: Differenzierte Betrachtung und Erklärung der Motive und Verhaltensweisen weiblicher Nutzer von Computerspielen. VS Verlag

Krotz, Friedrich. 2005. Neue Theorien entwickeln. Herbert von Halem Verlag

Lange, Ralf. 1998. Geschlechterverhältnis im Management von Organisationen. Hampp Verlag

LaLone, Nick. 2009. Representation of Women in Popular Video Games. Im Internet: https://www.academia.edu/1709590/Representation_of_Women_in_Popular_Video_Games_Rediscovery_Through_Cultural_Proximity [Mai 2014]

Laurel, Brenda. 2001. Utopian Entrepreneur. MIT Press

Lünenborg, Margreth & Maier, Tanja. 2013. Gender Media Studies. Eine Einführung. UVK Verlag

Mayring, Phillipp. 2002. Einführung in die qualitative Sozialforschung. Beltz Verlag

McKinsey & Company. 2007/2010. Women Matter. Gender Diversity, a corporate performance driver. Vol. 1 (2007) & Vol. 2 (2010). Im Internet: http://www.mckinsey.com/features/women_matter [September 2013]

Mäyrä, Frans. 2008. An Introduction to Game Studies. Games in Culture. SAGE

McLuhan, Marshall. (1964 Original: Understanding Media. The Extension of Man. Hier: 2001. Understanding Media. Routledge

Meuser, Michael. 2004. Geschlecht und Arbeitswelt – Doing Gender in Organisationen. Vortrag; Im Internet: http://www.dji.de/kjhgender/Vortrag290404 meuser.pdf [Juni 2013]

Müller, Riegraf, Wilz. 2013. Geschlecht und Organisation. Springer Fachmedien Verlag

Müller-Lietzkow, Bouncken, Seufert. 2006 (a). Gegenwart und Zukunft der Computer- und Videospielindustrie in Deutschland. Entertainment Media Verlag

Müller-Lietzkow, Bouncken. 2006 (b). Internationalisierung in der Computer- und Videospieleindustrie: Erfolge durch interkulturelle Teams? In: Interkulturelle Kooperation. 2006. Duncker & Humblot Verlag. Berlin.

Müller-Lietzkow, Jörg. 2009. Überblick über die Computer- und Videospieleindustrie. In: Tobias Bevc, Holger Zapf (Hg). 2009. Wie wir spielen, was wir werden: Computerspiele in unserer Gesellschaft. UVK Verlag, 241-261

Müller-Lietzkow, Jörg. 2010. Die „Killerspieldebatte", Jugendmedienschutz und deren mögliche wirtschaftliche Konsequenzen. Paderborner Universitätsreden 117

Müller-Lietzkow, Jörg (Hg.). 2012. Ökonomie, Qualität und Management von Unterhaltungsmedien. Nomos Verlagsgesellschaft

McGonigal, Jane. 2012. Besser als die Wirklichkeit: Warum wir von Computerspielen profitieren und wie sie die Welt verändern. Heyne Verlag

Neitzel, Britta. 2001. Gespielte Geschichten. Struktur- und prozessanalytische Untersuchungen der Narrativität von Videospielen. Dissertation. Im Internet: e-pub.uni-weimar.de/opus4/files/69/Neitzel.pdf [Mai 2014]

Neitzel, Britta. 2008. Computerspiele als Leitmedium des 21. Jahrhunderts. In: Kaminski & Lorber (Hg.): Clash of Realities 2008. Spielen in digitalen Welten. München. Kopaed. S. 61-75.

Neitzel, Nohr, Wiemer. 2009. Benutzerführung und Technik-Enkulturation. Leitmediale Funktionen von Computerspielen. In: Gendolla et al.(Hg.): Leitmedien. Konzepte – Relevanz – Geschichte. Bielefeld. Transcript. S. 231-256.

Neitzel, Britte & Nohr, Rolf. 2010. Game Studies. In: MEDIENwissenschaftet 4/2010. S. 416-435. Im Internet: archiv.ub.uni-marburg.de/ep/0002/article/download/441/393 [Mai 2016]

Nieborg & Hermes. 2008. What is games studies anyway? In: European Journal of Cultural Studies. S. 131-147. Im Internet: http://www.ssoar.info/ssoar/handle/document/22744 [Juni 2013]

Nohl, Arnd-Michael. 2009. Interview und dokumentarische Methode. Anleitung für die Forschungspraxis. VS Verlag

Parmar, Belinda. 2012. Little Miss Geek. Bridging the Gap between Girls and Technology. Little Miss Geek Ltd.

Pickler, Teresa. 2011. Mann oder Frau?? *GameStar* Artikel 08/2011, S. 116-119. Im Internet: www.uni-potsdam.de/db/ler/getdata.php?ID=111 [Januar 2016]

Prescott, Julie & Bogg, Jan. 2011 (a) Seggregation in a Male-Dominated Industry: Women Working in the Computer Games Industry. *International Journal of Gender, Science and Technology,* Vol 3. Nr 1.; Im Internet: http://genderandset.open.ac.uk/index.php/genderandset/article/viewFile/122/259 [Mai 2013]

Prescott, Julie & Bogg, Jan. 2011 (b). Career Attitudes of Men and Women Working in the Computer Games Industry. *Eludamos, Journal for Computer Games Culture*; Im Internet: http://www.eludamos.org/index.php/eludamos/article/viewArticle/vol5no1-2 [Mai 2013]

Prescott, Julie & Bogg, Jan. 2013 (a). The Gendered Identity of Women in the Games Industry. *Eludamos, Journal for Computer Games Culture*; Im Internet: http://www.eludamos.org/index.php/eludamos/article/viewArticle/vol7no1-3/7-1-3-html [Mai 2013]

Prescott, Julie & Bogg, Jan. 2013 (b). Gender Divide and the Computer Games Industry. IGI Global

Quandt, Wimmer, Wolling. 2008. Die Computerspieler: Studien zur Nutzung von Computergames. VS Verlag

Raessens, Joost & Goldstein, Jeffrey (Hg). 2005. Handbook of computer game studies. MIT press

Richard, Birgit. 2004. Sheroes. Genderspiele im virtuellen Raum. transcript Verlag

Riegraf, Spreen, Mehlmann. 2012. Medien – Körper – Geschlecht. Diskursivierung von Materialität. Transcript Verlag

Rommes, Bos, Geerdink. 2011. Design and Use of Gender Specific and Gender Sterotypical Toys. *International Journal of Gender, Science and Technology,* Vol 3. Nr 1.; Im Internet: http://genderandset.open.ac.uk/index.php/genderandset/article/viewFile/131/263 [Mai 2014]

Rosenfelder, Andreas. 2008. Digitale Paradiese. Von der schrecklichen Schönheit der Computerspiele. Kiwi Verlag

Sachs-Hombach & Thon (Hg.). 2015. Game Studies. Aktuelle Ansätze der Computerspielforschung. Bereich der Video- und Computerspiele. Herbert von Halem Verlag.

Schweiger, Wolfgang & Fahr, Andreas (Hg.). 2013. Handbuch Medienwirkungsforschung. VS Verlag

Sandberg, Sheryl. 2013. Lean In – Women, work and the will to lead. Random House

Schulz et al. 2007. Das deutsche Jugendschutzsystem im Bereich der Video- und Computerspiele. Hans Bredow Institut, Universität Hamburg. Im Internet: http://www.hans-bredow-institut.de/webfm_send/107 [Januar 2014]

Shaw, Adrienne. 2009. Putting the Gay in Games. Cultural Production and GLBT Content in Video Games. Im Internet: https://www.academia.edu/1013626/Putting_the_Gay_in_Games [Mai 2014]

Sigl, Rainer. 6 September 2014. #GamerGate: Spieler-Revolution oder Rückzug ins Ghetto? Artikel auf Standard.at Im Internet: http://derstandard.at/2000005205238/GamerGate-Spieler-Revolution-oder-Rueckzug-ins-Ghetto [Januar 2016]

Stampfl, Nora S. 2012. Die verspielte Gesellschaft. Gamification oder Leben im Zeitalter des Computerspiels. Heise Zeitschriften Verlag.

Strauss & Corbin. 1996. Grounded Theory. Grundlagen Qualitativer Sozialforschung. Beltz Verlag.

Teipen, Christina. 2006. Arbeit und Beschäftigung in kreativen Industrien: Entwicklungen in der Computerspielindustrie in Deutschland, Schweden und Polen. Wissenschaftszentrum Berlin für Sozialforschung (WZB), Im Internet: http://hdl.handle.net/10419/49638 [Juni 2013]

Tilgner, Alexander. 2014. MELTING POT: Zum emanzipatorischen Potential von Gender & Games bei der Identitätsarbeit. PAIDIA Special. Im Internet: http://www.paidia.de/?p=4598 [Januar 2016]

Thimm, Caja (Hg.). 2010. Das Spiel: Muster und Metapher der Mediengesellschaft. VS Verlag.

Trepte, Sabine und Reinecke, Leonard. 2009. Medienpsychologie. Gender und Games – Medienpsychologische Gender-Forschung am Beispiel Video- und Computerspiele. Im Internet: https://www.researchgate.net/publication/215667813_Medienpsychologie_Gender_und_Games_-_Medienpsychologische_Gender-Forschung_am_Beispiel_Video-_und_Computerspiele [Januar 2016]

Usva, Friman. 2015. The Concept and Research of Gendered Game Culture. Im Internet: http://www.digra.org/wp-content/uploads/digital-library/177_Friman_The-Concept-and-Research-of-Gendered-Game-Culture.pdf [August 2015]

Wagner, Hans (Hg.). 2008. Qualitative Methoden in der Kommunikationswissenschaft. Verlag Reinhard Fischer.

Wimmer, Jeffrey & Sitnikova, Tatiana. 2012. The Professional Identity of Gameworkers Revisited. A Qualitative Inquiry on the Case Example of German Professionals. In: Eludamos – Journal for Computer Game Culture.

Im Internet: http://www.eludamos.org/index.php/eludamos/article/view/vol6no1-11/6-1-11-html [September 2013]

Wimmer, Jeffrey. 2013. Massenphänomen Computerspiele: Soziale, kulturelle und wirtschaftliche Aspekte. UVK Verlag.

Wimmer, Jeffrey. 2014. Moralische Dilemmata in digitalen Spielen. Wie Computergames die ethische Reflexion fördern können. In: Communicatio Socialis, 47. Jg. 2014, H. 3. Im Internet: http://ejournal.communicatio-socialis.de/index.php/cc/article/viewFile/717/716 (Mai 2016)

Wimmer, Mitgutsch, Rosenstingl (Hg). 2012. Applied Playfulness. Proceedings of the Vienna Games Conference 2011. Wien. New Academic

Winter, Hepp, Krotz (Hg.) 2008. Theorien der Kommunikations- und Medienwissenschaft. VS Verlag

Wirtz, Bernhard W. 2011. Medien- und Internetmanagement. 7.Auflage. Gabler Verlag

Witzel, Andreas. Das problemzentrierte Interview. In: Gerd Jütemann. 1985. Qualitative Forschung in der Psychologie: Grundfragen, Verfahrensweisen, Anwendungsfelder. S. 227-255. Im Internet: http://www.ssoar.info/ssoar/handle/document/563 [November 2013]

Witzel, Andreas. 2000. Das problemzentrierte Interview. Im Internet: http://www.qualitative-research.net/index.php/fqs/article/view/1132/2520 [November 2013]

Witzel, Andreas & Reiter, Herwig. 2012. The problem-centred Interview. Principle and Practice. SAGE

Wolf, Perron (Hg.). 2013. The Routledge Companion to Video Game Studies. Routledge Chapman & Hall

Vermeulen, Lotte. 2011. You Are What You Play? A Quantitative Study into Game Design Preferences across Gender and their Interaction with Gaming Habits. Im Internet: http://www.digra.org/wp-content/uploads/digital-library/11313.31106.pdf [Mai 2013]

Yeasmin & Rahman. 2012. ‚Triangulation' Research Method as the Tool of Social Science Research. In: BUP JOURNAL, Volume 1, Issue 1, September 2012. Im Internet: http://www.bup.edu.bd/journal/154-163.pdf [Dezember 2015]

Zaremba, Jutta. 2006. Gender Nonikonform. Die produktive Uniformität von Heldinnen und Gamerinnen. In: Kaminsk, Lorber (Hg). 2006. Clash of Realities. Computerspiele und Soziale Wirklichkeit. Kopaed Verlag, 161-174

Zaremba, Jutta. 2009. „Sie will doch nur spielen" – Von Cyber Heldinnen und Gamerinnen Kulturen. In: Tobias Bevc, Holger Zapf (Hg). 2009. Wie wir spielen, was wir werden: Computerspiele in unserer Gesellschaft. UVK Verlag, 281-292

TABELLEN

Tabelle 1: Leitfragen der Experteninterviews

EINSTIEGSFRAGE BZW. ERSCHLIESSUNG DES THEMAS
Das Thema „Frauen und Digitale Spiele" wird seit geraumer Zeit medial und innerhalb der Spieleindustrie sehr rege diskutiert. Was glaubst du, warum das so ist?
FRAGEN AUF DER EBENE „KONSUM"
Mittlerweile ist die Hälfte aller Spieler weiblich – was glaubst du, warum das so ist?
In der Literatur lassen sich Hinweise auf unterschiedliche Spielemotive von Männern und Frauen sowie auf unterschiedliche Genrepräferenzen finden. Wie beurteilst du das aus deiner Position heraus?!
Welche Konsequenzen siehst du im Hinblick auf die Spiele/Produkte, dadurch dass mehr Frauen spielen?
FRAGEN AUF DER EBENE „ÄSTHETIK"
Wie beurteilst du (persönlich) die Darstellung von Frauen und weiblichen Charakteren in zeitgenössischen digitalen Spielen?
Inwiefern hat sich aus deiner Perspektive durch das Anwachsen der weiblichen Zielgruppe die ästhetische und narrative Darstellung von weiblichen Spielfiguren sowie deren Rezeption verändert?
Wie bewertest du die, Ende letzten Jahres statt gefundene, #GamerGate Debatte und welche Konsequenzen siehst du durch diese für die Spieleindustrie?
FRAGEN AUF DER EBENE „ANGEBOT"
Findest du, dass es „Spiele für Frauen", also dezidiert für die weibliche Zielgruppe, geben sollte und wenn ja (nein), warum?
Welchen Zusammenhang zwischen der Anzahl von Frauen in den Entwicklungsteams und den von ihnen entwickelten Produkten siehst du?
Die Anzahl der Frauen in der Spieleindustrie ist in den letzten Jahren leicht angestiegen – welche Konsequenzen könnte das aus deiner Perspektive für die Produkte selbst haben?

FRAGEN AUF DER EBENE „PRODUKTION“
Es ist bekannt, dass es relativ wenige Frauen in der Spieleindustrie gibt (ca. 15%–20%) – welche Gründe siehst du persönlich dafür?
Das Angebot an weiblichen Spielefiguren mit denen sich Frauen identifizieren können, ist erst in jüngster Vergangenheit spürbar angestiegen. Glaubst du, dass dadurch mehr Frauen in die Spieleindustrie möchten und warum?
Unterliegen Frauen in der Spieleindustrie deiner Einschätzung nach anderen Arbeitsbedingungen als Männer und inwiefern?
ZUSATZ- BZW. ABSCHLUSSFRAGEN
Gibt es aus deiner Sicht noch andere Aspekte, die im Zusammenhang mit dem Thema angesprochen werden sollten?

Tabelle 2: Kategorisierung der zentralen Aussagen der Experteninterviews

Ebene	**Kategorien**
Einstieg	Relevanz des Themas; Frauen als Beschäftigte; Frauen als Minderheit; Umsatzpotenzial von Frauen
Angebot	Relevanz Spiele für Frauen; kommerzielle Aspekte; Bemühen um Diversität
Konsum	Genre-Präferenzen; Nutzung allgemein; soziale Aspekte
Ästhetik	Perspektive der Spieleentwicklung; Rezeption und Wirkung; Differenzierung der Betrachtung; mangelnde Vielfalt; stereotype Darstellung kritisch/nicht kritisch; qualitative Entwicklung
Produktion	„Boys' Club“-Mentalität; Diversität in den Unternehmen; Frauen in technischen Berufen; mangelnde Sichtbarkeit und Attraktivität der Industrie; Vereinbarkeit mit Familie; qualitative Entwicklung
Zusammenhang	Angebot – Produktion; Angebot – Konsum; Konsum – Produktion; Produktion – Ästhetik; Produktion – Angebot; Virtuous Cycle

Abschluss	Anerkennung der Branche; Diversität in den Unternehmen; Gleichberechtigung allgemein; mehr Forschung notwendig

Tabelle 3: Übersicht über die Gesprächspartner der Experteninterviews

Name	Position bzw. Funktion
T1	Leidenschaftliche Spielerin & Nintendo Merchandise-Sammlerin;
T2	Gamedesignerin & Spielejournalistin
T3	Brand Marketing Manager; verantwortet ein Browserspiel nur für Frauen
T4	Professor Game Design; unterrichtet Game Design-Studenten; engagiert in unterschiedlichen Funktionen innerhalb der deutschen Spieleindustrie
T5	Selbstständige Spielejournalistin
T6	Marketing-Experte; seit rund 15 Jahren in der Spieleindustrie; privat leidenschaftlicher Gamer
P1	Gamedesigner; Mitbegründer eines Entwicklerstudios; seit über 15 Jahren in der Spieleindustrie
P2	„Lead Artist"; eine der wenigen Frauen im Entwicklungsbereich
P3	Professor Game Economics; langjährige ehemalige Geschäftsführerin eines Entwicklungsstudios und damit eine der wenigen Frauen im Top-Management-Level
P4	PR-Direktor & Jugendschutzbeauftragter eines großen Publishers
P5	HR-Direktor bei einem großen französischen Entwickler bzw. Publisher
P6	„Lead Game Designer" bei einem deutschen Entwicklungsstudio

ABBILDUNGSVERZEICHNIS

Medienwissenschaft

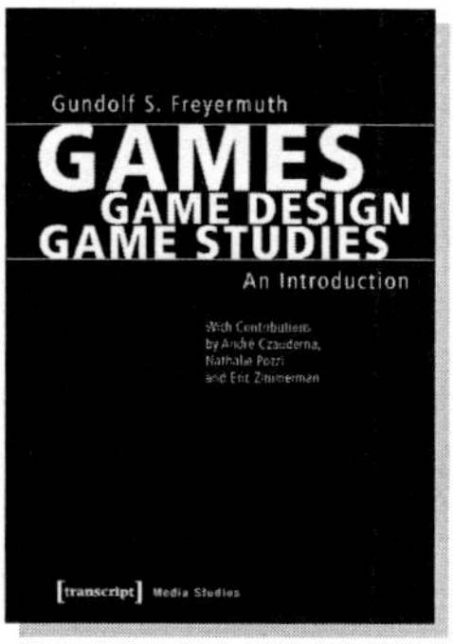

Gundolf S. Freyermuth
Games | Game Design | Game Studies
An Introduction
(With Contributions by André Czauderna, Nathalie Pozzi and Eric Zimmerman)

2015, 296 p., 19,99 € (DE),
ISBN 978-3-8376-2983-5
E-Book: 17,99 € (DE), ISBN 978-3-8394-2983-9

Beate Ochsner, Robert Stock (Hg.)
senseAbility –
Mediale Praktiken des Sehens und Hörens

September 2016, 448 S., kart., zahlr. Abb., 34,99 € (DE),
ISBN 978-3-8376-3064-0
E-Book: 34,99 € (DE), ISBN 978-3-8394-3064-4

Pablo Abend, Mathias Fuchs, Ramón Reichert, Annika Richterich, Karin Wenz (eds.)
Digital Culture & Society
Vol. 2, Issue 1/2016 –
Quantified Selves and Statistical Bodies

März 2016, 196 p., 29,99 € (DE),
ISBN 978-3-8376-3210-1
E-Book: 29,99 € (DE), ISBN 978-3-8394-3210-5

Leseproben, weitere Informationen und Bestellmöglichkeiten finden Sie unter www.transcript-verlag.de